REISENDE IN ARABIEN

25 v. Chr. – 2000 n. Chr.

Herausgegeben von Ulrike Keller

Die Deutsche Bibliothek – CIP-Einheitsaufnahme

Reisende in Arabien: 25 v. Chr. – 2000 n. Chr;
ein kulturhistorisches Lesebuch ; [das andere Reisebuch]
hrsg. von Ulrike Keller
Wien : Promedia, 2002
ISBN 3-85371-193-6

Titelbild: Mit freundlicher Genehmigung von Knud Ehrentraut
Gestaltung: Hans-Georg Köhl
Lektorat: Gabriele Habinger
Druck: WB-Druck
Printed in Austria
ISBN 3-85371-193-6

***Reisende* in Arabien**

Ein kulturhistorisches Lesebuch

Herausgegeben von Ulrike Keller

PROMEDIA

Inhalt

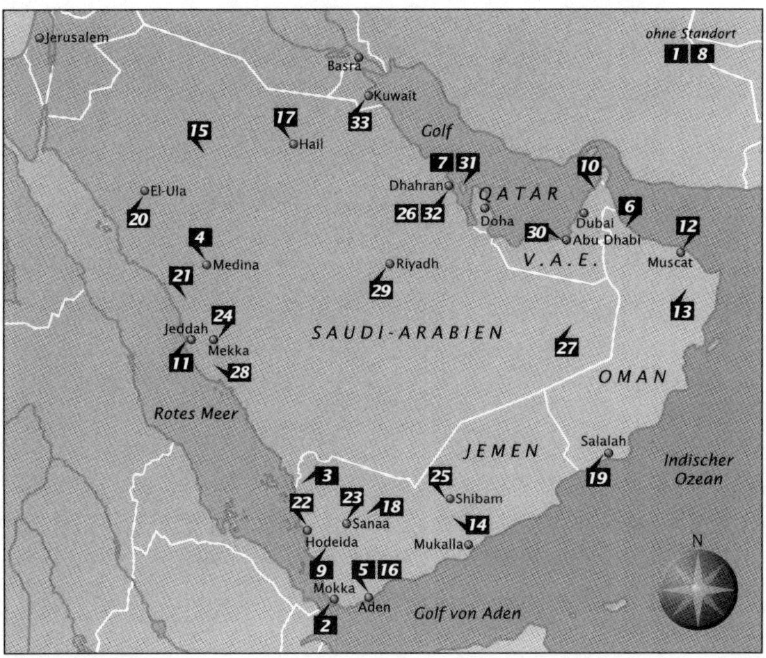
Jerusalem
ohne Standort
1 8
Basra
Kuwait
33
17
15
Hail
Golf
7 31
10
Dhahran
QATAR
El-Ula
26 32
6
20
Doha
Dubai
12
30
Abu Dhabi
4
V.A.E.
Muscat
Medina
Riyadh
21
29
13
24
Jeddah
SAUDI-ARABIEN
27
Mekka
11
28
OMAN
Rotes Meer
Salalah
JEMEN
Indischer Ozean
19
3
25
22
23
18
Shibam
Sanaa
14
Hodeida
Mukalla
N
9
5 16
Mokka
Aden
Golf von Aden
2

Vorwort

Mit Bildern von schimmernden Glaspalästen, gebettet in sattes Grün, und von wohlpräparierten Monumenten der Vergangenheit im Wüstensand präsentiert sich das moderne Arabien.

Die Alten nannten es das »Glückliche Arabien« – Weihrauch und alle anderen Schätze des Orients kamen aus seinen unwirtlichen Landstrichen. Heute birgt es den größten Schatz der modernen Weltwirtschaft, das Erdöl.

Und noch einen Schatz hat es zu bieten: den Glauben an den Gott, dessen Prophet Mohammed ist. Dieser Glaube hat Anhänger im gesamten Orient, in Asien, Afrika und Europa gefunden – sie alle wenden sich zum Gebet in Richtung Mekka; für viele ist eine Wallfahrt an diesen Ort Höhepunkt ihres Lebens.

Schriftliche Zeugnisse der arabischen Kultur sind zweitausend Jahre alt, aber die ersten, die etwas über das Land und seine Bewohner aufgeschrieben haben, waren die Römer. Aus der Blütezeit der islamischen Kultur und Wissenschaft im Mittelalter sind auch geographische Texte überliefert. In den letzten Jahrhunderten war Arabien das verschlossene Land, das zu betreten für Fremde lebensgefährlich war: Den Polen konnten Forscher und Entdecker sich eher nähern als weiten Teilen der Arabischen Halbinsel.

Generationen von Reisenden hat Arabien fasziniert, das Land, das nur in den Randgebieten und einzelnen, weit verstreuten Oaseninseln von seßhafter Bevölkerung bewohnt, zum größten Teil aber ein Meer von Sand und Fels ist, in dem Nomaden ein hartes Leben am Rand – wenn nicht jenseits – der bewohnbaren Welt führten.

Ulrike Keller — *Stuttgart, im Juli 2002*

Der Zug des Aelius Gallus in die Arabia Felix

1 *Die nordarabischen Küsten waren schon in vorgeschichtlicher Zeit besiedelt. Zwischen Mesopotamien und dem Indus-Delta gab es Handelsbeziehungen zur See, die Niederlassungen an der Golfküste brauchten – Bahrain war einer dieser Stützpunkte. Der Archäologe Geoffrey Bibby führt dazu den Beweis in seinem Bericht über seine Ausgrabungen (Text Nr. 31). Es gibt auch Hinweise, daß aus den antiken Minen des Oman Kupfer in das Zweistromland gebracht wurde.*

Lange Zeit nahmen die Ägyptologen an, daß Südarabien das Land Punt sei, aus dem die Pharaonen Weihrauch holen ließen. Nach neueren Forschungen ist Punt aber in Nordostafrika zu finden. Alexander der Große schickte bei seiner Rückkehr aus Indien eine Erkundungsflotte aus. Berichte über eine Landung in Arabien sind aber nicht bekannt. Auf der Insel Failaka, die zu Kuwait gehört, sind jedoch Reste hellenistischer Tempel gefunden worden.

Die Römer unter Augustus waren nach dem Tod von Kleopatra Herren über Ägypten geworden und wollten ihr Reich weiter nach Asien ausdehnen. Die Nabatäer (deren Hauptstadt Petra heute eine der großen Attraktionen Jordaniens ist), zwar mit den Römern verbündet, hatten natürlich kein Interesse daran, den Zwischenhandel mit den Reichtümern des »Glücklichen Arabien« zu verlieren. Tausende von Kamelen sollen jährlich die Weihrauchstraße vom Jemen durch den Hedschas entlanggezogen sein, beladen mit arabischen Duftstoffen und Luxusgütern aus Indien und China, um Ägypten, Athen und Rom zu beliefern. Die Orte, die die Truppe erreicht hat, sind bis heute nicht zweifelsfrei identifiziert. Es wird angenommen, daß die Route um Medina herumführte und Najran (Negrana) erreichte.

Viele Eigentümlichkeiten des Landes lehrt uns auch der vor kurzem von den Römern gegen die Araber unternommene Feldzug kennen, dessen Anführer Aelius Gallus war. Ihn sandte Cäsar Augustus aus, damit er sowohl die Araber als auch die äthiopischen Völker und Länder erforsche, weil er sah, daß die neben Ägypten liegende Troglodytenküste oder Küste der Höhlenbewohner [das Westufer des Roten Meeres] den Arabern benachbart und der die Araber von den Troglodyten scheidende Arabische Meerbusen [das Rote Meer] sehr schmal sei. Daher beschloß er, diese Völker sich entweder zu Freunden zu machen oder zu unterwerfen. Dazu kam noch, daß diese Völker seit alter Zeit im Rufe großer Schätze standen, da sie ihre Gewürze und kostbarsten Steine gegen Silber und Gold tauschten und von dem Empfangenen nichts an Auswärtige verschwendeten. Er hoffte also, entweder reiche Freunde zu erwerben oder reiche Feinde zu besiegen. Auch ermutigte ihn die Hoffnung auf die Nabatäer, welche seine Freunde waren und ihn in allem zu unterstützen versprachen.

Mit diesen Zielen also unternahm Gallus den Feldzug; aber der Statthalter der Nabatäer, Sylläus, betrog ihn; er versprach zwar, Gallus des Weges zu führen und alles zu liefern und zu fördern, aber er handelte in allem mit Hinterlist und zeigte ihm weder eine sichere Küstenfahrt noch einen sicheren Landweg, sondern führte ihn auf Umwegen, im Kreis und durch leere Gegenden oder zu hafenlosen, mit Klippen und Riffen unter Wasser mit Untiefen gefüllten Brandungsufern; am meisten schadeten jedoch in diesen Gegenden Ebbe und Flut.

Der erste Fehler aber bestand darin, daß man große Schiffe baute, obwohl ein Krieg zur See weder im Gange war noch bevorstand; denn die Araber sind nicht einmal zu Lande große Krieger, viel weniger noch zur See, sondern bessere Krämer und Kaufleute. Gallus aber baute bei Kleopatris am alten Nilkanal [in der Nähe des heutigen Suez] nicht weniger als achtzig Zwei- und Dreiruderer und Barken. Als er seinen Irrtum erkannte, zimmerte er hundertunddreißig Frachtfahrzeuge, auf denen er mit 10.000 römischen Fußsoldaten aus Ägypten und Bundesgenossen, von denen 500 Judäer und 1.000 Nabatäer unter Sylläus waren, hinüberfuhr. Nach vielen Leiden und Beschwerden erreichte er am fünfzehnten

Tage den Flecken Leuké Komé, das heißt weißer Flecken, einen großen Handelsplatze im Lande der Nabatäer [möglicherweise Yanbu im heutigen Saudi-Arabien], nachdem er viele seiner Schiffe, einige mitsamt der Mannschaft, durch die unglückliche Fahrt und nicht durch Feinde verloren hatte. Dies Unglück verschuldete die Falschheit des Sylläus, der vorgab, der Landweg sei für ein Heer bis zum Flecken Leuké ungangbar, wohin und woher doch die zu Kamel reisenden Kaufleute mit so großen Mengen von Menschen sicher und bequem nach Petra und aus Petra ziehen, daß sie von einem Heere nicht verschieden sind.

Dies alles erfolgte so, weil sich der König Obodas um die öffentlichen Angelegenheiten und besonders die des Krieges nicht sehr kümmerte, ein allgemeiner Fehler aller Könige der Araber, sondern alles der Willkür des Statthalters Sylläus überließ. Dieser aber leitete alles mit Hinterlist und suchte, wie ich glaube, das Land [für eigene Zwecke] zu erkunden und einige Städte und Völker der Araber mit den Römern zu erobern, sich selbst aber, wenn diese durch Hunger, Drangsale, Krankheiten und andere Übel, die er ihnen mit Hinterlist bereitete, vernichtet wären, zum Oberherrn aller aufzuwerfen.

Gallus also landete beim Flecken Leuké, als sein Heer schon von Mundfäule und Schenkelschwäche, zwei einheimischen Krankheiten [vermutlich Skorbut], befallen war, indem bei einigen der Mund, bei anderen die Schenkel eine gewisse Lähmung zeigten, eine Wirkung des Wassers und der Kräuter. Daher war er gezwungen, zur Wiederherstellung der Kranken den Sommer und Winter in Leuké zu verweilen. Aus diesem Flecken Leuké werden die Waren nach Petra, von da aber nach Rhinokolura in Phönizien neben Ägypten und von dort wieder zu anderen Völkern gebracht, jetzt jedoch größtenteils auf dem Nil nach Alexandria. Aus Arabien und Indien aber werden sie nach Myoshormos geführt, dann gelangen sie über Land auf Kamelen nach der an einem Kanal des Nil in der Thebais gelegenen Stadt Koptos [das heutige Qift in der Nähe von Luxor] und dann nach Alexandria.

Vom Flecken Leuké nun mit dem Heere wieder aufgebrochen, kam Gallus wegen der Treulosigkeit der Führer durch so dürre Gegenden, daß sogar Wasser auf Kamelen mitgeführt werden mußte. Daher gelangte er erst nach vielen Tagen in das Land des Aretas, eines Verwandten des Obodas. Zwar nahm Aretas ihn freundlich auf und überreichte ihm Geschenke, aber der Verrat des Sylläus erschwerte auch hier den Durchzug. Denn auf Umwegen durchzog er in dreißig Tagen dieses Land, das nur Spelz, wenige Datteln und Butter statt des Öles lieferte.

Das nächste Land, in das er kam, war von Wanderhirten bewohnt und größtenteils wirklich menschenleer: Es hieß Ararene, und der König war Sabos. Auch dieses Land durchzog er auf Umwegen, fünfzig Tage verschwendend, bis zur Stadt Negrana und ihrem friedlichen und fruchtbaren Lande. Der König entfloh, die Stadt aber wurde mit Ansturm genommen. Von dort kam er nach sechs Tagen an einen Fluß. Als sich hier die Barbaren auf Kampf einließen, fielen von ihnen gegen zehntausend, von den Römern aber zwei Mann; denn diese völlig unkriegerischen Menschen verstanden nichts vom Gebrauch der Waffen, nämlich Bogen, Lanzen, Schwerter und Schleudern, die meisten aber bedienten sich zweischneidiger Äxte. Bald danach eroberte er auch die von ihrem König verlassene Stadt Aska. Von hier kam er zur Stadt Athrulla. Nachdem er sie ohne Kampf erobert, eine Besatzung hineingelegt und Getreide und Datteln als Mundvorrat beschafft hatte, gelangte er zur Stadt Marsyaba beim Volk der Rhamaniten, die Ilasaros beherrschte. Sechs Tage lang berannte und belagerte er sie; aber wegen Wassermangels gab er auf. Er war hier, wie er von den Gefangenen hörte, zwei Tagesreisen vom Gewürzlande entfernt.

Auf diesen Zügen verbrachte er, treulos umgeführt, eine Zeit von sechs Monaten. Er erkannte es bei der Umkehr, zu spät die Hinterlist durchschauend, und zog auf einem anderen Wege zurück. Am neunten Tage also kam er nach Negrana, wo die Schlacht stattgefunden hatte; von dort am elften zu den nach der Sache selbst benannten Sieben Brunnen. Von hier gelangte er schon durch friedliches Land zu dem Flecken Chaalla und wieder zu einem anderen, an einem Flusse gelegenen, mit Namen Malotha. Dann ging der Weg durch eine wenige Wasserquellen enthaltende Wüste bis zum Flecken Egra, der im Lande des Obodas am Meere liegt. Den ganzen Weg vollendete er auf dem Rückmarsche in sechzig Tagen, während er auf dem Hinweg sechs Monate zugebracht hatte. Von Egra setzte er das Heer in elf Tagen nach Myoshormos [am ägyptischen Ufer des Roten Meeres, südlich von Hurghada] über, von wo er nach Koptos ging und mit den noch Dienstfähigen [auf dem Nil] nach Alexandria hinabfuhr. Die übrigen hatte er verloren, nicht durch Feinde, sondern durch Krankheiten, Drangsale, Hunger und schlechte Wege; denn durch Krieg waren nur sieben umgekommen.

Aus diesen Gründen brachte auch der Feldzug der Kunde dieser Gegenden keinen großen Nutzen; dennoch hat er sie etwas gefördert. Die Schuld des Mißlingens aber fällt auf Sylläus. Jedoch büßte der zu Rom die Strafe, da er, zwar Freundschaft heuchelnd, jedoch außer jener Treulosigkeit noch anderer Verbrechen überführt, enthauptet wurde.

Der Handel von Muza

Jemen

In zwei griechischen Handschriften auf Pergament, die eine etwa fünfhundert, die andere etwa tausend Jahre alt, ist der »Periplus des Erythräischen Meeres« überliefert: ein Segelhandbuch für das Rote Meer und den nördlichen Indischen Ozean. In der überlieferten Fassung stammt er wohl aus dem Anfang des 3. Jahrhunderts, es wird aber angenommen, daß auch frühere Ausgaben bestanden haben. Der unbekannte Autor scheint selber am Roten Meer ansässig gewesen zu sein, denn für dessen Küsten sind die Beschreibungen besonders ausführlich. 2

Der Periplus enthält Angaben zu Häfen, Entfernungen, Winden und den Jahreszeiten, zu denen die Seefahrt am sichersten ist, sowie die üblicherweise gehandelten Güter. Er ist ein höchst erstaunliches Werk: Mehr als 1.000 Jahre vor Vasco da Gamas Reise nach Indien, das ihm im übrigen ein arabischer Lotse finden half, war dem Verfasser des Periplus bekannt, daß der Indische und der Atlantische Ozean sich am Südende Afrikas »vermischen«.

Arabische und römische Schiffe bedienten reguläre Handelsrouten zwischen Ägypten und Arabien sowie Sansibar und Tansania auf der afrikanischen und bis hinunter nach Ceylon auf der östlichen Seite des Indischen Ozeans. Als Beispiel für den Ein- und Ausfuhrhandel auf der Arabischen Halbinsel folgt ein Verzeichnis der in Muza vermarkteten Güter, das in der Nähe des heutigen Mokka lag – eine erstaunliche Vielfalt an teuren Waren. Weihrauch, der noch heute im südlichen Oman gewonnen wird und von dem große Mengen exportiert wurden, fehlt in dieser Liste – er wurde über andere Häfen und über Land ausgeführt. Die »Spezereien« sind nicht einzeln genannt: Pfeffer und Zimt gehörten aber auf jeden Fall dazu.

Der Handelsplatz Muza [bei Mokka] ist zwar hafenlos, aber wegen seiner sandigen Ankerplätze gut geeignet zum Aufenthalt der Schiffe und zum Landen. Als Waren führt man dahin ausgezeichnete und geringere Purpurzeuge, arabische Ärmelkleider, sowohl einfache wie auch gewöhnliche, mit schildartigen Figuren versehene und mit Goldfäden durchschossene, ferner Safran, Cypergras, Baumwollstoffe, Abollen [Mäntel oder Umhänge], gewebte Decken in nicht großer Anzahl, einfache und landesübliche, buntfarbige Gürtel, ein mäßiges Quantum wohlriechender Salben, hinreichende Spezereien, Wein aber und Getreide nicht viel; denn das Land bringt auch ein mäßiges Quantum Weizen und ein größeres an Wein hervor. Dem König aber und seinem Vasallen werden Pferde gegeben und Maulesel zum Tragen von Lasten, goldene und silberne Gefäße mit erhabener Arbeit, prächtige Gewänder und kupferne Geschirre. Exportiert werden dagegen von da als einheimische Produkte ausgezeichnete Myrrhe, auch in Tropfenform, die sogenannte abeiräische und minäische, weißer Marmor und alle früher erwähnten Waren aus dem gegenüberliegenden Adulis [bei Massaua in Eritrea].

An anderer Stelle im Periplus werden die folgenden Handelsgüter von Adulis aufgelistet:

Eingeführt werden ungewalkte Oberkleider für die Barbaren, die in Ägypten gefertigt werden, Arsinoetische Stolen (ärmellose Überwürfe), unechte gefärbte Abollen, doppeltgesäumte Linnenzeuge, mehrere Arten von Glas und anderen Murrhinischen Gefässen [aus behandeltem Achat], die in Diospolis [Theben in Ägypten] gefertigt werden, künstlich bereitetes Messing, das man zum Schmuck und zum Zerschneiden statt Münzen gebraucht, weiß-gelbliche Kupferbarren, sowohl zum Schmelzen als auch zum Zerschneiden für Arm- und Schenkelbänder für manche Frauen, und Eisen, das zu Lanzen gegen die Elefanten und übrigen wilden Tiere wie gegen die Feinde verwendet wird. Ebenso importiert man kleine Beile, Holzäxte, Dolche, große runde Becher aus Kupfer, wenige Denare (römische Münzen) für die sich dort aufhaltenden Fremden, laodikenischen

Wein [aus Syrien] und italischen in nicht großer Menge und nicht viel Olivenöl; für den König aber als Geschenke silberne und goldene Gefässe, nach dort einheimischer Form gearbeitet, und von Kleidern Abollen und persische Pelze, einfache, von keinem großen Wert. Ebenso von den inneren Gegenden Ariakes (in Vorderindien) indisches Eisen, Stahl, indische baumwollene Gewebe, und zwar breitere, Molochinen und Sagmatogenen genannt, Gurte, persische Pelze, baumwollene Gewänder in geringer Anzahl und mit Lackfarbe getränkte baumwollene Zeuge. Ausgeführt aber werden aus diesen Orten Elfenbein, Schildpatt und Nashornhörner.

Der Dschebel Tuhla

Jemen

3 *Der Sturm der religiösen Begeisterung, den Mohammed entfacht hatte und der muslimische Krieger bis an den Atlantik und nach Asien brachte, verminderte die Bevölkerungszahl der Arabischen Halbinsel. Das Reich der Königin von Saba war lange untergegangen, der Damm von Marib war schon im 6. Jahrhundert endgültig außer Funktion, und arabische Geschichte spielte sich nun außerhalb des Kernlandes ab. In Spanien und auf Sizilien, in Bagdad, Kairo und Damaskus, in Persien, Afghanistan und Indien lebten gelehrte Männer, die durch eine gemeinsame Sprache, das Arabisch des Korans, miteinander in Diskurs treten konnten.*

Über den Jemeniten Hamdani, richtig Abu Mohammed Bin Ahmad al-Hamdani oder Ibn el-Fakih el-Hamdani, ist wenig mehr bekannt, als daß er in Sanaa geboren wurde und dort vermutlich um das Jahr 945 starb. Sein Werk ist nur unvollständig erhalten, man weiß aber, daß er außer der »Beschreibung der Arabischen Halbinsel«, aus der der folgende Text stammt, weitere Werke über Astronomie und Astrologie, Philosophie und Philologie geschrieben hat. Damit ist er einer der Wissenschaftler, denen die Welt das Überleben des antiken Wissens und seine Weiterentwicklung verdankt. Im deutschen Wortschatz gibt es eine Vielzahl von Begriffen arabischen Ursprungs, von Admiral bis Ziffer, und sogar das Wort Alkohol gehört dazu.

In Medizin und Pharmakologie, in Mathematik, Physik, Chemie, Geographie und Astronomie waren die Araber tätig: Wissenschaft galt als gottgefällige Beschäftigung (diese Meinung verlor sich leider im Lauf der Zeit), weil die Weisheit Allahs sich in seiner Schöpfung offenbart: Diese Schöpfung zu verstehen, dient der Verehrung Gottes.

Luft- und Witterungsverhältnisse sind besonders im Winter gemäßigt, so daß im Winter klares Wetter herrscht. Unter Winter verstehe ich die von den Kalendermachern Herbst genannte Jahreszeit. Es ist die Zeit der Waage, des Skorpions und des Schützen. Ihr gleicht hier oft die Zeit des Steinbocks, des Wassermanns und der Fische. Aber während des größten Teiles dieser Zeit regieren die Plejaden(regen), nämlich während der Zeit des Steinbocks und der Hälfte der Zeit des Wassermanns. Die Gußregen herrschen während der Zeit der Fische. Die Zeit des Widders, des Stieres und der Zwillinge ist bei den Kalendermachern der Frühling. Zu dieser Zeit gibt es hier viele Regenfälle, Hagelschauer und Hitzeperioden. Wenn die Plejadenregen bis zum Frühlingsregen reichen, dann wird die Sonne wegen der Nebel, die hartnäckig hier bleiben, fast nicht mehr gesehen. Die Hunde begehren danach; wenn aber die Zeit heiteren Himmels kommt und die Sonne erscheint, bellen sie sie an. Der Herbst, nach den Kalendermachern der Sommer, ist hier die Zeit des Krebses, des Löwen und der Jungfrau; dann gibt es wegen der Höhe (des Berges) viele Regenfälle und Gewitter. In ihr treten sie auf und raffen manche der Bewohner fort. Der Donner entsteht nur infolge einer Kraft, die den Blitz entzündet, und infolge der Anfänge von deren Bewegung. Jede donnernde Wolke ist eine blitzende. Wenn sie hoch in der Luft schwebt, so erreicht diese Bewegung ihr Ende in der Luft, bevor sie zur Erde gelangt. Ist aber die blitzende (Wolke) der Erde nahe, so treffen ihr Schall und ihre Bewegung auf die Erde, und sie (selbst) erreicht das Ziel nicht. Dabei bewirkt sie in den von ihr getroffenen Körpern dasselbe wie der Pfeil, dem ein Körper in der Nähe entgegentritt, wobei er ihn infolge des heftigen Stoßes durchbohrt. Trifft der Pfeil den Körper aber am Ende seines Laufes, so fällt er aus der Höhe herab, und kein Stoß erfolgt.

Bestimmend für einen guten Teil seiner (des Dschebel Tuhla) natürlichen Beschaffenheit ist der Mond. In den Tagen heiteren Wetters ist (der Berg) stets wolkenlos, bis die Sonne aus dem Meridian des Himmels zu sinken beginnt und der Mond neben ihr sichtbar wird. Nun erhebt sich der Dunst aus den Tiefen der Wadis der Umgebung des Dschebel Tuhla und aus den Niederungen mit unterirdischen Gewässern in dicken, weißen Schwaden. Er erscheint, wird dichter, steigt rasch empor. Bevor sich der Himmel noch um zwei oder drei Grade gedreht hat, verhüllt der Nebel den Gipfel des Berges von allen Seiten. Dieser umkleidet sich mit ihm, und du erblickst ihn, sich gegen dich erhebend, wie er sich zwischen dich und das Maultier, auf das du siehst, einschiebt, falls es vor dir ist, oder zwischen dich und deinen Reisegefährten, wenn er auf dich zueilt. Ist es zur Zeit eines Regens, so vergießt die Wolke, in der du dich befindest, reichlich rieselnden Regen. Dann steigt sie empor, verdichtet sich, und sobald sie sich verdichtet, erscheint in ihr das Feuer des Blitzes, dem das Dröhnen des Donners folgt, rasch oder langsam, je nach der Entfernung des Blitzes. Ein Beispiel dafür (daß es von der Entfernung abhängt, wie rasch man einen Schall vernimmt) ist auch das: Wenn du in einer Ebene bist und sich in Sichtweite von dir einer befindet, der mit einem Steinbrecher auf Steine oder mit einer Axt auf Bäume schlägt, und du auf das Fallen der Axt schaust, so erreicht dich der Schall davon erst beim Fallen des zweiten Schlages und der Schall des zweiten Schlages beim Fallen des dritten Schlages. Oft geht es langsam, nach dem Maße der Entfernung; so blitzt es oft dreimal nacheinander, ohne daß man den ersten Donnerschlag hört, bis es zum dritten Male geblitzt hat.

Oft verdichten sich jene Wolken, wenn sie aus den Tiefen der Wadis unterhalb der Engpässe aufsteigen, sammeln sich, stoßen sich gegenseitig auf halber Höhe des Berges; dann bildet sich ein Blitzstrahl, es blitzt unter dir, und du siehst die Wadis durch Wolken zerschnitten und darüber die Sonne. Wenn die Wolken vorüber sind, siehst du das Regenwasser in den Tiefen der Wadis fließen, und wenn dann der heitere Himmel über dem Gipfel erscheint, hört der Regen auf, und die Luft ist rein. Dann siehst du, von welchem Aussichtspunkte des Berges du willst und von welcher erhöhten Stelle aus, die du bestiegen hast, die Tihama darunter von der Mitte des Bl. Hakam bis Al-Mahgam und von Surdud an. Du siehst auch den Wasserlauf von Maur wie weißes Haar zwischen dem langen Gras der Tihama, ihrem kurzen Gras und ihren uruffan [?]. Weiterhin siehst du das Meer, ein karfunkelrotes Rechteck, und, wenn der Blick weiterschweift, dahinter die Farasan-Inseln.

Die Kreuzritter im Roten Meer und vor Medina

Die Kreuzzüge, die fast zweihundet Jahre lang den Vorderen Orient verwüsteten, wurden von den Christen mit frommen Sprüchen und barbarischer Grausamkeit geführt und sind bis heute unvergessen. Mit besonderen Schändlichkeiten tat sich Rainald (auch Reinhald, Reynaud, Reinhold, Renaud) von Chatillon hervor, der 16 Jahre seines Leben in einem Kerker in Aleppo gefristet hat. Er erheiratete sich die Herrschaft über die christlichen Ländereien jenseits des Toten Meeres; von den Burgen Kerak und Montreal zog er nach Arabien – bis zur Oase Teima soll er mit seinen Kriegern gekommen sein –, brach Waffenstillstände und fiel über Pilgerkarawanen her. 4

Als größte seiner Missetaten gilt den Muslimen sein Angriff über See auf Mekka und Medina; seine Schiffe kamen vom Golf von Aqaba und brandschatzten die Küsten und Karawanenstraßen beiderseits des Roten Meeres. Erst kurz vor Medina wurden seine Ritter geschlagen und enthauptet oder als Gefangene nach Alexandria gebracht, wo Ibn Dschubair auf sie traf. Sultan Saladin schwor, Rainald, der nicht zu den Besiegten vor Medina gehörte, in seine Gewalt zu bringen und eigenhändig zu töten. Dieses Gelübde hat er vier Jahre später bei Jerusalem erfüllt. Die Mongolenstürme des 13. Jahrhunderts jedoch, die weite Teile des Orients in Rauch, Asche und verödetes Land verwandelten, gingen an Arabien vorbei.

Ibn Dschubair (ca. 1144–1217) war ein spanischer Maure aus Valencia. Er soll seine Pilgerfahrt nach Mekka als Sühne dafür unternommen haben, daß er sich hatte betrunken machen lassen. Er brach von Granada auf, gelangte nach Alexandria, wo er auf die gefangenen Christen traf, deren Geschichte er hier berichtet, reiste weiter nach Mekka und kehrte über Bagdad, Damaskus und Sizilien zwei Jahre später nach Spanien zurück.

Als wir im Monat Muharram (26. April – 26. Mai) in Alexandria waren, sahen wir eine große Volksmenge hinausströmen, um die Gefangenen aus dem Lande Rum [eigentlich Byzanz, hier sind die Kreuzfahrerstaaten gemeint] anzusehen.

Auf Kamele gebunden, das Antlitz gegen den Schweif gewandt, wurden sie in der Mitte von Pauken- und Trommelschlägern in die Stadt gebracht. Die Aufschlüsse, die wir über sie auf Fragen erhielten, waren derartig, daß die Leber beinahe vor Bedauern und Entrüstung geplatzt wäre. Die Christen in Sam [Palästina] hatten nämlich an den Orten, die dem Meer von Kulzum [dem Golf von Suez und dem nördlichen Roten Meer] am nächsten lagen, Schiffe gebaut, die zerlegbaren Teile dann auf Kamelen der umwohnenden Beduinen, mit denen sie sich über den Preis verständigt hatten, an Ort und Stelle hinbringen, sie dunkel anstreichen und die einzelnen Stücke zusammenfügen und ineinanderpassen lassen.

Vom Stapel gelaufen, suchten sie den Hadsch-Pilgern den Seeweg zu verlegen. Sie kamen ins Meer von Jemen und verbrannten dort 16 Schiffe. Bis Aidab [an der ägyptischen Küste, etwa auf der Höhe von Jeddah] segelnd, nahmen sie ein mit Pilgern beladenes, von Jeddah her kommendes Schiff; zu Lande bemächtigten sie sich ebenfalls einer starken, von Kus [nördlich von Luxor am Nil] gegen Aidab ziehenden Karawane, deren Reisende sie alle töteten, ohne auch nur einen am Leben zu lassen. Außerdem fielen zwei Kauffahrteischiffe Jemens in ihre Gewalt. Eine große Menge von Lebensmitteln, die zum Unterhalt von Mekka und Medina bestimmt war, verbrannten sie an dieser Küste.

Solch schreckliche Nachrichten vernahm man niemals im Islam, noch getraute sich fürwahr ein Römer, in diese Gegend zu kommen. Ja, das Schrecklichste, was man hören konnte, war, daß sie die Absicht hegten, in die Stadt des Propheten einzudringen und ihn aus seinem heiligen Grabe zu entführen.

Diese Nachrichten liefen von Mund zu Mund; doch Allah züchtigte sie und ließ die Strafe zur Tat werden. Sie waren keine Tagesreise mehr von Medina entfernt, als er ihre Bosheit rächte; mit den in Kairo und Alexandria gebauten Schiffen, die mit Matrosen aus dem Maghreb bemannt waren, lief der Flottenführer Lulu gegen den Feind aus, der ihm beinahe entwischt wäre, und er bemächtigte sich seiner, nachdem er ihm über eineinhalb Monate nachgespürt hatte. Nach einem Gemetzel wurden die übrigen als Gefangene abgeführt und einige von ihm nach Mekka und Medina gebracht, um dort hingerichtet zu werden. Allah hatte durch sein Eingreifen den Islam beschützt und durch diese Großtat die Gemüter der Muslime beruhigt; Lob ihm, dem Herrn der Welten!

1422 · MAHUAN

Eine chinesische Gesandtschaft in Aden

Jemen

5 *Chinesische Dschunken, in Flotten von mehr als 300 Schiffen, mit mehr als 20.000 Mann Besatzung, mit Bambusmatten als Segeln und mit bis zu neun Masten verkehrten im Pazifik. Sie waren viel größer als alle portugiesischen Schiffe, die sich an Afrikas Küsten entlangtasteten und die bald im Indischen Ozean auftauchen sollten. Die chinesischen Expeditionen kamen unter dem Kommando des Admirals Chengho (Zheng He nach moderner chinesischer Schreibweise, 1371–1433) bis in das Rote Meer, nach Mekka, bis zum nördlichen Ende des Golfes und nach Ostafrika.*

In der Nähe von Nanjing, der damaligen chinesischen Hauptstadt, die bald durch Beijing abgelöst werden sollte, wurden die Schiffe gebaut. Dort gibt es ein kleines Museum zu Ehren des Admirals, in dem auch Karten mit seinen Reiserouten gezeigt werden.

Der Eunuch Zheng He war ein Muslim, aber ein nicht ganz sortenreiner Gläubiger, der auch die nach chinesischer Tradition für eine glückliche Überfahrt nötigen Riten vollzog. Sein Vater und Großvater führten als Mekkapilger den Titel Hadji – der Verkehr zwischen Arabien und Asien muß also wohletabliert gewesen sein. Dafür ist auch der arabische Reisende Ibn Battuta Zeuge, der etwa 80 Jahre vor Zheng He nach China und zurück gelangte.

Nach dem Tode Zheng Hes wurden die chinesischen Überseeaktivitäten bis zum 18. Jahrhundert eingestellt – über die Gründe, die dazu führten, daß das Reich der Mitte sich aus dem internationalen Handel zurückzog und sich für die nächsten Jahrhunderte selbst genug war, wird immer noch spekuliert. Noch 1795 beschied der chinesische Kaiser einem britischen Gesandten, im Ausland gäbe es nichts, was nützlich sei und was China nicht selbst hervorbringen könne.

Das Königreich Aden kann von Calicut [in Indien] bei günstigem Wind und westlichem Kurs in einem Monat erreicht werden. Der König und seine Untertanen sind alle Mohammedaner, die Ah-la-pek (Arabisch) sprechen; sie sind stolz und hochfahrend in ihrem Auftreten. Sie haben eine Streitmacht von sieben- oder achttausend Soldaten, bestehend aus Infanterie und Kavallerie, durch die sie bei ihren Nachbarn sehr gefürchtet und respektiert sind.

Im 19. Jahr des [Kaisers] Yung-lo [1422] wurde ein kaiserlicher Gesandter, der Eunuch Li [Titel], von China mit einem Schreiben und Geschenken für den König in dieses Land geschickt. Bei seiner Ankunft wurde Li sehr ehrenvoll empfangen, bei der Landung vom König erwartet und von ihm zum Palast geführt. Während des Aufenthaltes der Gesandtschaft war es den Leuten, die seltene Dinge besaßen, erlaubt, sie zum Verkauf anzubieten. Katzenaugen von außerordentlicher Größe, Rubine und andere Edelsteine, große Korallenzweige, Bernstein und Rosenessenz gehörten zu den Dingen, die gekauft wurden. Giraffen, Löwen, Zebras, Leoparden, Strauße und weiße Tauben wurden ebenfalls angeboten.

Die Kleidung, die der König üblicherweise trägt, sind ein langes weißes Gewand und ein Turban aus feinem weißem Stoff mit einem Brokatknopf darauf. Wenn er in die Moschee geht, um zu beten, wechselt er diese Kleidung gegen eine gelbe Robe ein, die in der Taille von einem edelsteinbesetzten Gürtel zusammengehalten wird, und auf dem Kopf trägt er eine goldene Krone. Er reist in einem Wagen mit einer Eskorte von Soldaten. Jeder seiner Offiziere hat eine besondere Kleidung, die seinem Rang entspricht. Die Kopfbedeckung der Männer ist der Turban; ihr Gewand ist aus Wolle, Seide oder Baumwolle. Die Frauen tragen ein langes Kleid. Von ihren Schultern hängt eine Kette aus Perlen und Edelsteinen mit seidenen Quasten am Ende, wie sie die Göttin der Gnade [Guang Yin] trägt; an jedem Ohr hängen vier Paar goldbelegte Ohrringe, sie tragen goldene Armbänder und Ringe an den Fingern. Sie tragen auch ein Tuch aus Brokat über dem Kopf, so daß man nur den oberen Teil des Gesichtes sieht.

Die Goldschmiede dieses Landes sind geschickt in der Herstellung von goldemaillierten Haarnadeln und anderem Gold- und Silberschmuck für das Haar, der in seiner Darstellung von natürlichen Objekten sehr lebendig wirkt. In der Stadt gibt es Marktplätze, Badehäuser, Häuser, in denen man essen kann, und Läden für verschiedene Waren. Die Münzen des Landes sind Goldstücke, genannt Poololi, die auf beiden Seiten graviert sind, und für kleinere Geschäfte sind Kupfermünzen im Umlauf, die Pu-kio-szu genannt werden.

Das Klima des Landes ist immer warm bei einer Temperatur wie bei uns im achten und neunten Monat [etwa September/Oktober]. Das Jahr besteht aus einer bestimmten Anzahl von Tagen und Monaten; zwölf der letzteren bilden ein Jahr, sie sind geteilt in große und kleine Monate. Sie haben keine Schaltmonate. Der erste Tag eines Monats ist der Tag nach der Nacht des ersten neuen Mondes. Die vier Jahreszeiten liegen nicht fest, sondern ihr Beginn wird durch einen Astronomen bestimmt. Er sagt auch Sonnen- und Mondfinsternisse voraus, ebenso Winde und Regen sowie Ebbe und Flut; seine Berechnungen sind niemals fehlerhaft.

Alles, was man zum Leben braucht, gibt es im Überfluß. Viel Butter, Öl und Honig kann man hier bekommen. Reis und anderes Getreide, Hülsenfrüchte und jede Art von Gemüse sind erhältlich. Ihre Früchte sind Datteln, Mandeln, getrocknete Trauben, Walnüsse, eine Art von wilden Äpfeln, Granatäpfel, Pfirsiche, Aprikosen und kernlose weiße Trauben.

An Tieren gibt es Elefanten, Kamele, Maultiere, Esel, Schafe, Kühe, Hunde und Katzen; es gibt auch Geflügel und Enten, aber keine Schweine oder Gänse. Es gibt hier eine bestimmte Art von Schafen mit weißem Haar, aber ohne Hörner; wo die sein sollten, befinden sich nur zwei dunkle Punkte. Das Fleisch unter dem Hals hängt herunter wie die Wamme bei einer Kuh. Das Haar ist kurz wie bei einem Hund und der Schwanz so groß wie eine Schüssel [damit sind offensichtlich Fettschwanzschafe gemeint]. Hier gibt es auch Zebras: diese Tier sind so groß wie ein Maultier, Körper und Gesicht sind weiß mit dunklen Streifen, die in der Mitte der Stirn beginnen und in regelmäßigen Abständen über den ganzen Körper und die Beine hinunter verteilt sind, als ob sie aufgemalt wären. Die Giraffe gibt es in diesem Land auch: Ihre Vorderbeine sind drei Meter hoch, und die hinteren etwa zwei. Ihr Hals ist mehr als fünf Meter lang. Weil das Vorderteil hoch und das Hinterteil niedrig ist, kann man sie nicht reiten. Sie hat zwei kurze Hörner an den Seiten bei den Ohren. Der Schwanz ist wie der einer Kuh und der Körper wie der eines

Hirsches. Der Huf ist dreigeteilt, das Maul flach, und sie lebt von Hirse und Hülsenfrüchten. Die Löwen ähneln Tigern. Sie sind schwarz und gelb, aber ohne Streifen. Sie haben große Köpfe, weite Mäuler und spitze Schwänze, an deren Ende Büschel von langem, schwarzem Haar hängen. Ihr Brüllen ist wie Donner, und wenn andere Tiere es hören, verkriechen sie sich vor Angst und wagen nicht sich zu rühren. Dies ist wirklich der König der Tiere, sagt der Reisende.

Die Häuser bestehen aus Stein, mit Dächern aus Ziegeln oder Lehm. Manche Gebäude sind dreizehn bis siebzehn Meter hoch und haben drei Stockwerke.

Der König, dankbar für die Herablassung, die ihm der chinesische Kaiser bezeigte, hat für Seine Majestät zwei goldemaillierte, mit Perlen und Edelsteinen besetzte Gürtel anfertigen lassen. Diese und eine Kappe aus Gold, Rubinen und allen anderen Arten von Edelsteinen, zwei Hörner vom Nashorn und ein Brief, auf goldenem Blatt geschrieben, wurden als Tribut mit unserer Flotte auf die Heimreise geschickt.

Die Einnahme von Sohar

Oman

6 *Mit dem Auftauchen der Portugiesen im Indischen Ozean, im Golf und im Roten Meer bahnte sich eine auch für die Araber dramatische Veränderung der internationalen Handelsströme an: Die Verkehrswege zwischen Asien und Europa liefen künftig um die Südspitze Afrikas herum und damit an Arabien vorbei. Nach den Portugiesen, die etwa 150 Jahre lang Niederlassungen in Arabien besaßen, dominierten die Holländer und später die Briten die Ozeane. Die Europäer trieben mit den Arabern Handel, hauptsächlich ging es dabei um Kaffee, aber die Blütezeit des arabischen Fernhandels war vorbei und kam nicht mehr wieder.*

Die Portugiesen legten auf territoriale Eroberungen keinen Wert, ihnen lag nur an ungestörtem Handel; arabische Städte legten sie erbarmungslos in Schutt und Asche, weil ihnen brutales Vorgehen in Verbindung mit diplomatischen Verbindlichkeiten als bestes Mittel erschien, Niederlassungen zu errichten, die mit einer kleinen oder gar keiner portugiesischen Besatzung aufrechterhalten werden konnten. Sie bauten Forts, die zum Teil noch heute existieren; in Muscat kann man noch heute besonders eindrucksvolle und malerische Anlagen besuchen, auch in Sohar gibt es noch die alte Festung zu besichtigen. Die omanische Regierung bemüht sich sehr, archäologisch und geschichtlich wichtige Stätten zu erhalten und der Öffentlichkeit zugänglich zu machen.

Alfonso d'Albuquerque (1453–1515) war zweiter Vizekönig von Ostindien, Eroberer von Goa und Oberbefehlshaber der Flotten, die auf mehreren Expeditionen versuchten, sich die Küstenstädte des Golfes und des Roten Meeres untertan zu machen und ihre Reichtümer zu vereinnahmen. Sein Sohn hat seinen schriftlichen Nachlaß zusammengestellt.

Am Morgen erblickten sie eine große und sehr schöne Stadt. Alfonso d'Albuquerque fragte die maurischen Piloten nach dem Namen des Ortes, und sie sagten, es sei das Fort von Sohar. Sie wagten nicht, ihn dorthin zu führen, denn es sei sehr stark und beherberge viele Männer, Reiterei wie Fußsoldaten, und wenn er dort unterläge, würde er sie dafür verantwortlich machen. Aber Alfonso d'Albuquerque erwiderte, daß er trotz der großen Stärke von Sohar mit diesem Ort genauso umgehen werde wie mit den anderen und daß sie gut daran täten, ihm keine Plätze verheimlichen zu wollen, denn er hätte durch eine vom Lotsen Omar erstellte Karte Kenntnis von allen Orten an der Küste, und wenn sie von jetzt ab ihm auch nur einen verschweigen würden, würde er sie mit einer Kanonenkugel um den Hals ins Meer werfen lassen.

Dann gab er Befehl, Anker zu lichten, und segelte so nah ans Ufer, wie es mit der ganzen Flotte ging; da es aber felsigen Untergrund gab, ankerten die Schiffe eine halbe Legua [etwa 2,5 km] vor der Stadt. Als die gesamte Flotte vor Anker lag, kam ein Maure aus der Stadt und brachte eine Nachricht für Alfonso d'Albuquerque vom Befehlshaber des Forts. Er erklärte ihm, daß das Fort vor ihm dem König von Hormuz gehöre; deshalb sei es besser, keinen Landungsversuch zu machen und auch nicht zu denken, er könnte hier so verfahren wie an sonstigen Orten, an denen er gewesen sei, denn sie seien in der Lage, sich ganz anders zu verteidigen. Während der Maure diese große Rede hielt, begannen am Ufer Soldaten zu Pferd und zu Fuß zu paradieren, und die Leute bliesen Trompeten und Posaunen ohne Unterlaß.

Alfonso d'Albuquerques Antwort war, daß der Maure dem Befehlshaber mitteilen möge, daß er seine Taten abwägen solle, denn wenn er den Gehorsam dem König von Portugal, seinem Herrn, verweigere, möge er sicher sein, daß er [Albuquerque] am nächsten Morgen zu ihm an Land käme, ihm sein Fort wegnehmen und ihn selbst in Ketten legen würde.

Der Maure ging weg, nicht sehr erfreut über diese Anwort; aber auch unsere Leute waren nicht ganz zufrieden angesichts einer so starken Festung mit so vielen Leuten darin; aber eingedenk dessen, was an anderen Orten geschehen war, vertrauten sie auf den Herrgott und seine Hilfe.

Sobald der Maure sich mit der Botschaft entfernt hatte, schickte Alfonso d'Albuquerque den Kapitänen Nachricht darüber, was mit dem Mauren besprochen worden war, und ersuchte sie, sich bereitzuhalten und Leitern mitzubringen, um die Mauern zu ersteigen. Er befahl auch, zwei Kanonen sowie viele Äxte und Hacken und Forken und all das Gerät bereitzuhalten, das man für die Errichtung eines Walles brauche, von dem aus das Fort angegriffen werden könne; und im Fall, daß der Angriff nicht gleich erfolgreich sei, könnten sie sich gefahrlos in den Booten sammeln. Das alles geschah mit großer Eile, so daß am Mittag des nächsten Tages alles fertig war und in die Boote verladen wurde.

Als alle Landungsvorbereitungen abgeschlossen waren, kamen drei hohe Vertreter der Mauren mit einer Nachricht vom Befehlshaber der Festung und den Herren des Landes für Alfonso d'Albuquerque, die besagte, sie hätten sich nach eigenem Entschluß von 2.000 Reitern und 5.000 Fußsoldaten getrennt, die die Benjabar [ein Stamm im Landesinneren] für ihre Verteidigung abgestellt hätten. Aber da diese nicht vertrauenswürdig seien, wollten sie sie nicht in die Festung lassen, und da der König von Hormuz ihnen nicht die verlangte Unterstützung geschickt hätte, hätten sie sich entschlossen, Vasallen des Königs von Portugal zu werden; der Festungskommandant sei bereit, Alfonso d'Albuquerque das Fort zu übergeben.

Alfonso d'Albuquerque erwiderte, sie sollten dem Festungskommandanten und den Landesherren übermitteln, daß er Stadt und Festung im Namen seines Herrn, des Königs von Portugal, annähme und daß er sehr froh sei, daß sie ihre ursprüngliche Meinung geändert hätten, denn es wäre traurig, so einen großartigen Ort zerstören zu müssen. Aber die Übernahme wäre mit der Bedingung verbunden, daß sie angemessenen Tribut leisteten. Die Mauren waren von dem Anblick all der Gerätschaften, die in den Booten für den Angriff bereitlagen, so niedergeschlagen, daß sie die Verhandlungen nicht weiter ausdehnen wollten und sagten, sie müßten nicht erst an Land zurückkehren, er könne ein Abkommen nach seinem Belieben mit ihnen schließen, denn sie seien eine vom Festungskommandanten und den Landesherren bevollmächtigte Abordnung.

Da nun der große Alfonso d'Albuquerque bestrebt war, die Angelegenheit nicht zu verzögern, entschied er sich für ein endgültiges Abkommen mit den Mauren und sagte ihnen, da sie nun Vasallen des Königs von Portugal werden und sich unter seinen Befehl stellen wollten, würde er ihnen eine Fahne mit seinem königlichen Wappen schicken, die als Zeichen ihrer Gefolgschaft auf dem höchsten Turm zu setzen sei. Deshalb müßten sie nun an Land gehen und dem Festungskommandanten und den Landesherren sagen, daß sie mit der ganzen Bevölkerung zum Strand kommen sollten, um die Fahne in Empfang zu nehmen; er würde sie an Land bringen lassen. Mit dieser Nachricht gingen die Mauren an Land, und Alfonso d'Albuquerque befahl Francisco de Tavora und Afonso Lopez da Costa, ihre Boote mit fröhlich flatternden Bannern zu versehen und ihre Leute die besten vorhandenen Rüstungen anlegen zu lassen, um die Fahne zu eskortieren, die in seinem Boot sein würde, und er befahl Dom Antonio de Noronha, seinem Neffen, sich bereitzumachen, die Fahne an Land zu begleiten. Und er befahl Jorge Barreto de Crasto, Aires de Sousa Chichorro und Duarte de Sousa de Portalegre, sie mit fünf wohlausgesuchten Männern zu tragen, und João Estão, der Schreiber der Flotte, sollte alles notieren, was geschah. Und er instruierte die Kapitäne, die die Flagge tragen sollten, daß sie nicht an Land gehen sollten, bevor nicht gewisse Mauren als Geiseln in die Boote gekommen seien; und niemand dürfe das Fort betreten außer denen, die er für die Inbesitznahme bestimmt habe.

Als alles gerichtet war, legten die Kapitäne in den Booten ab, und bei der Landung verlangten sie nach sechs Mauren, die auch unverzüglich in die Boote gebracht wurden. Dann stieg Jorge Barreto mit den anderen an Land, und der Festungskommandant und die Landesherren, die mit der ganzen Bevölkerung am Strand waren, nahmen die Fahne mit großer Wonne in Empfang und marschierten los, vorneweg der Festungskommandant in sehr kostbarer Aufmachung mit einem türkischen Schwert im Gürtel und einem Stab in der Hand, mit dem er den Weg freimachte und die Volksmenge nach rechts und links auseinandertrieb.

Als sie am Tor der Festung ankamen, gingen Duarte de Sousa und alle anderen, wie schon erwähnt, mit der Fahne hinein und setzten sie auf den höchsten Turm. Als das die Männer auf den Schiffen sahen, gaben sie Salut mit der gesamten Artillerie. Und João Estão nahm die Festung für den König von Portugal in Besitz und schloß alle Tore, ohne daß jemand darin blieb, und ein offizielles Dokument über dieses Ereignis wurde aufgesetzt. Als das geschehen war, gingen alle wieder in die Boote, und die maurischen Geiseln wurden freigelassen.

Am folgenden Morgen schickte der Festungskommandant die Bitte an Alfonso d'Albuquerque, ihm Zugang zur Festung zu gewähren, und versprach, dem König von Portugal gehorsam zu sein und alles zu erfüllen, was man von ihm verlange. Alfonso d'Albuquerque ließ die Kapitäne und einige der Edelleute der Flotte zusammenrufen und wiederholte ihnen diese Botschaft des Festungskommandanten und fragte sie nach ihrem Rat, was in dieser Angelegenheit am besten zu tun sei.

Der größere Teil war der Ansicht, er solle das Fort halten, denn wenn er einen Kapitän und eine Besatzung dort stationieren würde, wäre ihm die ganze Küste untertan. Alfonso d'Albuquerque antwortete, daß er, als er das Fort so stark vorgefunden habe, es habe halten wollen. Aber da er entschlossen sei, nach Hormuz zu segeln, und über keine Schiffe oder Mannschaften für einen weiteren Einsatz verfüge, habe er seine Meinung geändert und wolle das Fort dem Festungskommandanten überlassen und weitersegeln und sehen, wie sich der Besuch in Hormuz entwickeln würde. Und da diese Ansicht Alfonso d'Albuquerques von allen gutgeheißen wurde, ließ der dem Festungskommandanten ausrichten, daß er ihm die Festung unter der Bedingung überließe, daß er weiterhin dem König von Portual Gehorsam leiste und sein Gefolgsmann würde. Der Festungskommandant, dem daran gelegen war, die Angelegenheit abzuschließen und seine Position als Herr des Forts wiederzugewinnen, schickte einen Diener mit der Nachricht an Alfonso d'Albuquerque, daß er den ihm angebotenen Gunstbeweis annähme; da das Fort nun dem König von Portugal gehöre und er gegen den König von Hormuz aufgestanden sei, hoffte er, Alfonso würde die Bezahlung der Leute veranlassen, die Dienst täten. Wenn sie nicht bezahlt würden, würden alle fortlaufen.

Die Darstellung des Festungskommandanten erschien Alfonso d'Albuquerque sehr vernünftig; er konnte keinesfalls eine Zahlung an die stationierten Männer verweigern, da er nun beschlossen hatte, das Fort nicht mit eigenen Truppen zu besetzen. Also rief er die Landesherren zusammen und teilte ihnen mit, daß ihr jährlicher Tribut in Zukunft für das Einkommen und den Unterhalt der Leute, die der Festungskommandant für die Bemannung des Forts benötigte, eingesetzt würde, gerade so wie sie ihn bisher an den König von Hormuz gezahlt hätten. Und sie hätten dafür Sorge zu tragen, daß ein entsprechendes Dokument in Arabisch aufgesetzt würde, das sie und der Festungskommandant zu unterzeichnen hätten, und er selbst würde ein Gegenstück im Namen des Königs von Portugal anfertigen lassen, mit dem königlichen Siegel versehen; auf diese Art würde er sie in die Gefolgschaft des Königs von Portugal aufnehmen. Dann gingen die Landesherren an Land und riefen das Volk in Stadt und Land zusammen und legten ihm Alfonso d'Albuquerques Forderungen vor; es wurde einmütig beschlossen, ihnen in allem nachzukommen.

Am Morgen des nächsten Tages wurde Alfonso d'Albuquerque also ein Dokument überreicht und dazu als Geschenk einige Kühe, Schafe und Geflügel; er dagegen schickte ihnen sein Dokument mit dem Siegel des Königs von Portugal und Waren aus Portugal für den Festungskommandanten und die zwei obersten Landesherrren.

Er befahl auch dem Gaspar Rodrigues, dem Dolmetscher, den Häuptling der Benjabar aufzusuchen, der mit 30 Reitern zurückgeblieben war – die, die das Fort übergeben hatten, hatten die anderen (Benjabar) fortgeschickt –, damit er käme, um sich die Schiffe und die Portugiesen anzusehen. Er sandte ihm ein silbernes Becken und eine goldene Kette. Als das getan war, trennte man sich vom Festungskommandanten, und die Schiffskapitäne bekamen Befehl, alles für das Auslaufen am folgenden Tag vorzubereiten.

Die Bevölkerung von Sohar ist sehr zahlreich, die Stadt ist sehr schön und besteht aus sehr guten Häusern. Es gibt dort ein viereckiges Fort mit sechs Türmen und noch zwei sehr großen Türmen über dem Eingangstor. Die Mauer ist von guter Höhe und entsprechend dick und verläuft nahe an der Uferlinie in einer Bucht. Der Hafen hat sehr felsigen Grund. Unsere Schiffe ankerten bei sechs Faden [ca. 11 m] in einer Entfernung von einer halben Legua vom Ufer. Das Fort ist so groß, daß es mehr als 1.000 Mann zu seiner Verteidigung benötigt. Es heißt, man könne es mit Süßwasser umgeben, denn es gibt welches in geringer Entfernung. Das Fort ist sehr günstig gelegen, und bei Flut reicht die See fast bis an die Mauer. Im Fort gibt es nur Unterkunft für die Besatzung. Die Pferde des Festungskommandanten waren wunderschön; er war ein vornehmer Mann aus Hormuz, den der vorherige König ruiniert und der Stadt verwiesen hatte wegen Streitigkeiten, die er mit einem Diener hatte; aber er war trotzdem von den Mauren als Edelmann hochgeschätzt.

Im Ort gibt es 6.000 oder mehr Bewohner und 500 Edelleute, die meisten mit Rüstungen aus Stahl versehen, die mit wie Dachziegel angeordneten Eisenplatten bedeckt und so stark sind, daß sie dem Schuß einer Armbrust widerstehen können. Pferde werden vorn auch so gepanzert. Die Sättel sind von türkischer Art, ziemlich hoch am Sattelknopf; die Steigbügel ähneln auch den türkischen; die Sporen sind eiserne oder kupferne Dornen auf einer Platte, die an der Stiefelferse angebracht und immer getragen werden.

Der Ort Sohar hat mehr Edelleute als irgendein anderer Ort an der Küste. Das Land ist hier offener von den Bergen ins Innere als an anderen Orten; das Land ist weit und bebaut mit Weizen, Mais und Roggen, und da es dichte Gehölze gibt, werden eine Menge Großvieh und viele Pferde gezüchtet. Das Landesinnere gehört zum Reich der Benjabar; es lebt mit dem König von Hormuz in Frieden; und wenn es Streitigkeiten gibt und die Benjabar angreifen, zieht sich die Bevölkerung in das Fort zurück. Die Leute im Landesinneren werden Baden (Beduinen) genannt; der größte Teil ihrer Reiter gehört zu den Bogenschützen, aber manche tragen auch Lanzen und türkische Keulen; alle Fußleute sind von der Taille aufwärts nackt. Sie tragen Filzkapuzen, Lanzen und Schilde. Die Pferde sind arabisch, sehr groß, gut gebaut und schnell. Große Mengen an Datteln und Mais werden von hier ausgeführt.

1665 · Jean Thevenot

Von Perlen- und Wasserfängern

Bahrain

7

Im 17. und 18. Jahrhundert stand Bahrain unter persischer Herrschaft. Jean Thevenot, ein französischer Reisender, berichtet, daß der Schah das Monopol über den Handel mit Perlen besaß und nur die minderen frei gehandelt werden durften. Die größte bekannte Perle aus Persien, die Perle d'Asie, gefunden 1628, schenkte der indische Schah Jehan seiner Frau Mumtaz, der er auch das Taj Mahal widmete. Ein chinesischer Kaiser wurde mit ihr bestattet, Grabräuber brachten sie wieder ans Tageslicht, nach dem 2. Weltkrieg wurde sie für – so heißt es – 50.000 US-Dollar verkauft; heute ruht sie versteckt in einem unbekannten Privattresor. 8 cm lang, 5 cm dick und 605 Karat bzw. 2.420 Grän (ca. 120 g) schwer ist sie. Auch in die Krone der iranischen Kaiserin Farah für ihre Inthronisation im Jahr 1967 dürften Perlen von Bahrain eingelassen sein – die französischen Goldschmiede, die diese Krone arbeiteten, durften aus den ungefaßten Juwelen des persischen Kronschatzes die schönsten Stücke auswählen.

Um 1930 kamen die ersten japanischen Zuchtperlen auf den Markt. Glücklicherweise war das auch die Zeit, in der Öl auf Bahrain entdeckt wurde; die kommerzielle Perlentaucherei, ein sehr mühseliges und gefährliches Geschäft, ging schnell zu Ende. Heute dürfen Touristen nach Perlen tauchen und ihre Funde behalten. Zuchtperlen dürfen auf Bahrain nicht gehandelt werden.

Die ausgezeichnete Qualität der Perlen von Bahrain, die schon im Altertum als »Fischaugen von Dilmun« bekannt waren, wird der Tatsache zugeschrieben, daß sich vor den Inseln (auch heute noch) in der See Süßwasserquellen finden, die den Salzgehalt des Meerwassers reduzieren. Thevenot beschreibt, wie die Quellen früher gefaßt waren und wie das Wasser an Land gebracht wurde.

Die Insel [Bahrain] ist sehr berühmt wegen des Perlenfangs, der dort im Juni, Juli, August und September vor sich geht. Er muß bedeutend sein, wenn man nach der Zahl der Barken urteilt, von denen bis zu 2.000 oder 3.000 in Gebrauch sind. Auf der Insel Bahrain liegt eine Stadt und gut anderthalb Meilen davon eine Festung, und obgleich es in dieser Stadt gutes Wasser gibt, so fahren doch die Fischer aus, um sich mit süßem Wasser zu versorgen. Sie finden Gelegenheit zum Schöpfen des Wassers aus der Tiefe des Meeres bei drei lebendigen Quellen guten Wassers, jedoch sind diese nicht an einem Orte, sondern hie und da, und alle drei sind über zwei Meilen von der Insel gelegen.

Herr Manuel Mendez Henriquez, Agent des Königs von Portugal zu Congon [an der iranischen Küste des Golfes] hat mir zu unterschiedlichen Malen erzählt, auf welche Art sie dieses Wasser schöpfen, und dies geschieht so: Die Barken fahren zu dem Ort, wo die erwähnten Quellen sind, was sie an der Situation des Untergrundes erkennen. Wenn die Flut hoch ist, steht bei diesen Orten 2 Klafter Wasser [1 Klafter entspricht knapp 2 m], und wenn sie niedrig ist, nicht mehr als ½ Klafter; bisweilen sind sie auch trocken, denn Bahrain wird von Sandbänken umschlossen, die sich sehr weit erstrecken und so wenig Grund haben, daß die Barken nicht fahren können. Aber es gibt zwischen ihnen Ströme von guter Tiefe, und da hindurch laufen die Schiffe und Barken; und wenn irgendein Ungestüm auf dem Meer entsteht, so empfinden die darin befindlichen Schiffe keine Bewegung. Wenn nun diese Barken bei besagten Quellen angekommen sind, wartet man, bis die Flut abnimmt, und steckt auf jeder Seite der Quelle, an der man Wasser laden will, zwei Ruder in den Sand und bindet dann unten an die Ruder unter Wasser ein locker gespanntes Seil. Man muß wissen, daß die Araber allezeit die Hälfte eines großen Kruges, nämlich das Oberteil mit der Öffnung, auf einer jeder dieser Quellen stehen haben und das weiteste Ende [das Unterteil] an die Öffnung des Oberteils vier Daumen über den Sand setzen, auch noch ringsherum Kalk und Pech legen, damit das Salzwasser nicht hereinkommen möge, und bei Abnutzung und Zerbrechen solcher geteilter Krüge Sorge tragen, andere an ihre Stelle zu setzen.

Nachdem hernach die Fischer die Ruder aufgerichtet und das Seil daran gebunden haben, steigt ein Mensch mit einem zugemachten Schlauch ins Meer, taucht den Kopf hinunter und legt sich unter das ausgespannte Seil, damit ihn die mit großem Ungestüm aus dem Kruge hervorsprudelnde Gewalt des süßen Wassers nicht zurück in die Höhe treibe. Hierauf hält er den Mund seines Schlauches an den engen Hals des Kruges, öffnet ihn, der alsbald mit diesem süßen Wasser angefüllt wird, macht ihn, wenn er voll, wieder zu, kommt alsdann zur Barke und schüttet es aus. Kehrt danach wieder zur Quelle zurück, um Wasser zu holen, und treibt das so lange, bis die Barke genug hat. Der erwähnte portugiesische Edelmann sagte mir, daß sich dieses sehr leicht tun ließe und daß er selbst aus Curiosität einen Schlauch gefüllt hätte.

Ich will hier erzählen, auf welche Weise man die Perlen fängt, wie mir davon ebenfalls Manuel Mendez Henriquez, der dabei zugegen gewesen, Nachricht gegeben hat. Dieser Fang geht gegen das Ende des Juni an und währt bis zum Ausgang des Septembers. Um diese Zeit finden sich um Bahrain herum über 2.000 oder 3.000 Barken mit lauter arabischen Fischern, die jeder für sich dem Fürsten, dem sie untertan sind, für die Gestattung des Fangs eine Steuer zahlen; und überdies entrichtet jede Barke dem Sultan oder Gouverneur zu Bahrain jährlich 15 Abbassis. Der König in Persien bekommt nichts von dieser Einnahme, denn sie gehört den Moscheen. Nur die Perlen insgesamt, die ein halbes Medicat [etwas mehr als 2 g] oder mehr wiegen, stehen ihm zu, jedoch verhindert solches nicht, daß er dem Fischer, der ihm dergleichen bringt, aus Freigebigkeit ein anständiges Geschenk gibt. Wenn es aber geschieht, daß einer das nicht tut, und solche Perlen außerhalb seines Reiches, und wäre es am Ende der Welt, zu verkaufen sucht, so erfährt es der König bald und läßt, um sich deswegen zu rächen, die Familie und sämtliche Anverwandten des Fischers bis auf das siebte Geschlecht, sowohl Weiber wie Männer, umbringen.

Eine jede Barke hat ihre Leute zum Hinabfahren ins Meer, die Muscheln oder Perlmutter aufzulesen, und die anderen ziehen sie heraus, denn es sind nicht alle Taucher. Die Barken gehen auf 10, 15 oder 30 Meilen weit von Bahrain längs am Ufer hin, und wenn sie an einen Ort kommen, wo sie meinen, einen guten Fang zu tun, werfen sie Anker auf 5 Klafter tief, und hernach machen sich zwei Wassertreter fertig, einer auf jeder

Seite, die Perlmutter aufzusammeln. Alle ihre Zurüstung besteht in Auskleiden und Anlegen eines sonderlichen Stückes Horn, welches auf die Art, wie es mir dieses Edelmann wies, wie ein Zänglein gespalten ist und von solchen Leuten allzeit an einer Schnur um den Hals getragen wird. Ehe sie ins Wasser gehen, setzen sie es wie eine Brille auf die Nase, und dasselbe drückt die Nasenlöcher so fest zusammen, daß Wasser nicht hineinkommen kann und sie auch nicht vermögen, durch die Nase Atem zu schöpfen.

Nebst dieser Zubereitung versieht sich noch ein jeder Taucher mit einem ziemlich großen Stein, den er an einen armlangen Strick bindet, und einem Korb, den er gleichfalls an einem anderen Strick anmacht, und indem der Strick mit dem Stein zwischen den Zehen seines Fußes durchgeht und er den Korb in die Hand nimmt, läßt er die Enden von beiden Stricken in der Barke und taucht ins Meer. Der Stein bringt ihn alsbald zu Boden, wo er nach Ankunft den Strick, woran der Stein gebunden ist, von seinem Fuß losmacht, den die in der Barke wieder hinaufziehen, und ohne Verlust der Zeit alle Perlmutter, die er sieht, geschwind aufliest, in den Korb legt und, wenn derselbe voll ist, wieder in die Höhe kommt. Die anderen ziehen den Korb herauf, während er etliche Male Atem schöpft und ein wenig Tabak schmaucht; hierauf fährt er auf die gleiche Art wieder hinab, und mit solchem Hin- und Herfahren kontinuiert er von früh acht Uhr bis um elf, ißt danach mit seinen Gesellen Pilao [ein Reisgericht] und Datteln, welche ihre gewöhnlichen Speisen sind, kehrt gegen Mittag wiederum in dieTiefe und geht noch bis gegen drei Uhr nachmittags auf und nieder; dann begibt er sich nicht weiter ins Wasser, weil er es allzu kalt empfindet.

Wenn sie in der Barke eine gute Quantität Perlmutter haben, fahren sie zur Abladung derselben damit zu einer Sandbank und machen sie dort auf; dazu hat jeder ein besonderes Eisen. Der Herr des Fangs wendet die Augen niemals von ihnen weg aus Sorge, sie möchten einige Perlen entführen, denn wenn sie nicht genau beobachtet werden, werfen sie selbige hurtig in ihren Mund, nachdem sie sie aus der Muschel herausgezogen haben. Wenn der Herr sie auf der Barke aufmachen ließe, wäre es noch ärger, denn wenn einer von ihnen einige schöne Perlen fände, schmisse er solche samt der Schale geschwind auf den Schiffsboden, ohne daß man es merkt, und wenn er die Barke auskehrte, sollte er nicht ermangeln, dieses Amt zu verrichten, und indem er nebst dem anderen Unflat alle Muscheln ins Meer wirft (sintemal sie nichts daraus zu machen wissen), würde er die hinuntergeworfenen Perlen verbergen, solche in der Stadt um ein Geringes verkaufen und, was das Ärgste wäre, nichts mehr tun wollen, weil diese Leute, wenn sie etwas Geld gewonnen haben, so lange, wie es währt, durch kein Mittel wieder zum Perlenfang zu bringen sind.

Über den Kaffeebaum

8 *Irgendwann im 15. Jahrhundert war der Kaffee von Äthiopien in den Jemen gekommen. Nach der lokalen Legende soll ein Scheich Schädeli als erster seine Gäste damit bewirtet haben. Um 1580 tauchten die ersten Nachrichten über das Getränk in Europa auf, das tintenschwarz und heiß in kleinen Schlucken als Medizin zu trinken sei. Als die Osmanen im Jahr 1683 die Belagerung von Wien aufgaben, fanden sich unter ihren Hinterlassenschaften auch 500 Säcke mit Kaffeebohnen, mit denen die Wiener zunächst nichts anzufangen wußten; mit Honig oder Zucker versetzt, eroberte sich das Getränk aber bald ganz Europa, und die Jemeniten machten gute Geschäfte. Sie selbst benutzten die Hülsen, um daraus für sich Kaffee zuzubereiten (das tun sie auch heute noch), und verkauften die Bohnen (das Wort leitet sich von der arabischen Bezeichung »bun« ab); es gelang ihnen aber nicht, ihr Monopol aufrechtzuerhalten: Schon um 1670 legten die Holländer auf Java eigene Plantagen an. Heute wird in Ostafrika, Mittel- und Südamerika Kaffee angebaut; jemenitische Produktion spielt auf dem Weltmarkt keine Rolle mehr. Statt dessen wird Kat angebaut – dazu mehr im Text Nr. 22 in diesem Band.*

Zunächst war Mokka der Haupthandelsplatz, nach dem der Kaffee auch benannt wurde, wo die Niederländisch-Ostindische Kompanie und später die englische East India Company Faktoreien errichteten. Der Hafen versandete aber immer mehr, so daß Hodeida und Loheia Hauptausfuhrplätze wurden.

Jean de la Rocque (1661–1745) war ein französischer Reisender, der selbst nur bis nach Syrien gekommen ist, aber in seinem schnell bekannt gewordenen Werk »Reise in das Glückliche Arabien« auch fremde Berichte verarbeitete.

Der Baum, der den Kaffee hervorbringt, erreicht eine Höhe zwischen sechs und zwölf Fuß. Die Dicke [des Stammes] beträgt 10 oder 12 bis 15 Zoll im Umfang. Wenn der Baum ausgewachsen ist, ähnelt seine Form sehr dem unserer Apfelbäume im Alter von acht oder zehn Jahren. Die unteren Zweige sind in der Regel gebogen, bis der Baum etwas gealtert ist; gleichzeitig erstrecken sie sich in die Runde und bilden eine Art Schirm. Das Holz ist recht weich und so biegsam, daß die Spitze des längsten Zweiges bis auf zwei oder drei Fuß über dem Boden herabgezogen werden kann. Die Rinde ist etwas rauh und weißlich. Die Blätter ähneln stark denen des Zitronenbaums, sie sind aber nicht ganz so dick und spitz. Ihre Farbe ist von einem etwas dunkleren Grün. Der Kaffeebaum ist immer grün und wirft nie alle Blätter auf einmal ab. Die Blätter sitzen zu beiden Seiten der Zweige in mittlerem Abstand voneinander und stehen einander ungefähr gegenüber. Zu jeder Jahreszeit sieht man die Bäume gleichzeitig Blüten und Früchte tragen; die Früchte sind zum Teil noch grün, zum Teil reif oder fast reif. Die Blüten sind weiß und sehen Jasminblüten sehr ähnlich; sie haben auch fünf kleine, kurze Blütenblätter. Ihr Geruch ist angenehm, mit einem Hauch von Balsam, der gar nicht dem bitteren Geschmack [der Früchte] entspricht. Sie sitzen an den Winkeln zwischen Blattstil und Zweig.

Sobald die Blüte abgefallen ist, wächst an ihrer Stelle eine kleine Frucht, die zuerst grün ist, mit der Reife rot wird und etwa die Form einer großen Kirsche hat. Sie ist sehr gut zu essen, sie ist nahrhaft und erfrischend. Unter ihrem Fleisch findet man an Stelle eines Kerns die Bohne oder Beere, die wir Kaffee nennen und die in einem sehr zarten Häutchen steckt. Die Bohne ist auch sehr zart, aber der Geschmack nicht angenehm. Aber wie die Kirsche reift, so wird auch die Bohne mit der Zeit fester. Wenn schließlich die Sonne die rote Frucht ganz getrocknet hat, wird das Fleisch, das man vorher essen konnte, zu einer Hülle oder Hülse von kräftig brauner Farbe, die die äußere Schale des Kaffees bildet. Die Bohne ist auch fest und von klarem Grün. Sie schwimmt in einer Art dicker brauner Flüssigkeit, die ausgesprochen bitter ist. Die Schale, die mit einem kurzen dicken Stil am Baum sitzt, ist etwas größer als die Beere des Lorbeerbaums, und jede Frucht enthält nur eine Bohne, die in der Regel in zwei Hälften geteilt ist. Diese Bohne ist ganz von dem sehr dünnen Häutchen umgeben, das die zweite oder innere Schale bildet. Die Araber benutzen Bohnen und Schalen, um das Getränk zu brauen, das sie den Kaffee des Sultans nennen.

In den Kaffeegärten

Jemen

9

Carsten Niebuhr (1733–1815), Bauernsohn und Vermesser aus Dithmarschen in Schleswig-Holstein, ist der berühmteste aller Arabienreisenden. Seine lebendigen Berichte, mit Unvoreingenommenheit und trockenem Humor geschrieben, und seine genauen Beobachtungen werden auch heute noch geschätzt und immer wieder nachgedruckt. Die Wohntürme von Sanaa mit ihrem einzigartigen Ornamentschmuck erwähnt er mit keinem Wort – die meisten Gebäude, so wie man sie heute sieht, standen zu seiner Zeit noch nicht, aber es gibt dafür einen anderen Augenzeugen aus dem 20. Jahrhundert (siehe Text Nr. 23).

Zu sechst zogen 1761 die Mitglieder der dänischen Expedition nach mehrjähriger Vorbereitung von Kopenhagen in das »lykkelige Arabien«, mit langen Listen abzuklärender Fragen von Wissenschaftlern mehrerer Länder gespickt – das dänische Vorhaben stieß überall auf größtes Interesse.

Nur Niebuhr kehrte sechs Jahre später zurück, um als einziger Bericht zu erstatten. Knapp ein Jahr nach dem hier beschriebenen Aufenthalt in den Bergen östlich Beit el-Fakih, dem Zentrum des Kaffeeumschlags, waren alle seine Kameraden gestorben, vermutlich an Malaria. Über Bombay, Persien und Konstantinopel kehrte Niebuhr heim. Er führte sein Überleben darauf zurück, daß er sich den jeweiligen einheimischen Sitten in Hinsicht auf Essen und Kleidung weitgehend angepaßt hatte.

Die Dänen richteten die erste Arabien-Expedition aus, die überhaupt stattgefunden hat. Aber sie waren ja gewöhnt, über den Horizont hinaus zu gucken. Grönland gehörte zu ihren Ländereien und auch ein Stückchen Indien: Tranquebar, eine kleine Stadt in der Nähe von Madras war bis 1845 dänische Besitzung.

Meine Reisegefährten, die ich zu Hadie zu treffen glaubte, waren in den Kaffeegärten auf dem Berge. Ich folgte ihnen ungefähr nach Ostnordost von Hadie auf dem Weg nach Kusma und erreichte sie nach zwei Stunden bei Bulgose, einem der Dörfer, die sich vornehmlich vom Kaffeebau ernähren. Maulesel und Esel können auf diesem Gebirge gar nicht gebraucht werden. Man muß es sich gefallen lassen, den steilen Berg zu Fuß hinaufzuklettern, und der Weg ist sehr schlecht, weil er nur selten ausgebessert wird. Trotzdem war er mir sehr angenehm, denn aus den dürren und sandigen Ebenen, die ich in der Tihama gewohnt war, sah ich mich hier zwischen lauter Gärten und meistenteils zwischen Kaffeeplantagen versetzt.

Bei Kahhame hatte ich nur einen kleinen Hügel von langen fünfeckigen Steinen gesehen. Hier schien ein großer Teil des Gebirges aus dieser Steinart zu bestehen. Es gibt den abgerissenen Felsen, vornehmlich da, wo das Wasser herunterstürzt, ein schönes Ansehen; denn ein solcher Wasserfall scheint von lauter aufrecht stehenden kleinen Säulen unterstützt zu sein. Diese Steine lassen sich bequem vom Felsen trennen; man benutzt sie daher für die Treppen auf dem Weg, auch für die Mauern, mit denen die Kaffeegärten an der unteren Seite unterstützt werden müssen. Sie kommen also den Einwohnern dieser Gegend trefflich zustatten.

Der Kaffeebaum ist in Europa hinlänglich bekannt. Er stand bei Bulgose eben in voller Blüte und machte einen angenehmen Geruch. Die Gärten liegen alle stufenweise übereinander. Einige werden bloß durch Regen gewässert. Andere Gärten haben in ihrem obersten Teil große Birkets (Wasserbehälter), in die Quellwasser geleitet wird, das nach und nach auf alle Bänke, worauf die Bäume im allgemeinen so dicht stehen, daß die Sonne kaum durchscheinen kann, verteilt wird. Man sagte, daß die Bäume, die künstlich gewässert werden, jährlich zweimal Früchte tragen, aber die Kaffeebohnen sollen dann einmal nicht völlig zur Reife kommen und deswegen nicht so gut sein wie die von der Haupternte.

Da es hier nicht wie in der Tihama an Steinen fehlt, so sind alle Häuser, die in Dörfern wie diejenigen, die zerstreut auf den Bergen liegen, von Stein gebaut. Und obgleich alle im Vergleich zu guten europäischen Häusern nur schlecht sind, so geben sie doch aus der Ferne ein hübsches Ansehen, besonders diejenigen, die auf der obersten Spitze eines Hügels oder Berges liegen und schöne Baumgärten stufenweise um sich herum haben. Wir waren schon hoch über der Tihama, aber noch kaum auf der Hälfte des Weges nach Kusma, dem Wohnort des Dola [Verwaltungsbeamter und Steuereinnehmer] dieses Distriktes, oben auf dem Gebirge. Die Aussichten sind hier gar schön. Wir kamen an eine Stelle, wo man ein Haus hinter einen schräg stehenden Felsen gebaut hatte und wo die Aussicht überhaupt so malerisch war, daß Herr Baurenfeind [ein Expeditionsmitglied] sie zeichnete.

Wir blieben die Nacht über in Bulgose. Wir hatten Besuch von verschiedenen Arabern aus diesem Dorf, und als sie weggegangen waren, kamen unsere Wirtin und einige Frauen und Mägde, die alle begierig waren, Europäer zu sehen. Sie schienen nicht so eingeschränkt gehalten zu werden wie die Mohammedanerinnen in den Städten, denn sie hatten ihr Gesicht gar nicht bedeckt und redeten auch ganz frei mit uns. Herr Baurenfeind zeichnete hier die Kleidung eines Bauernmädchens, das Wasser holte. Ihr Hemd und ihre Beinkleider waren von blau und weiß gestreifter Leinwand. Das Hemd hatte um den Hals und vor den Knien und die Beinkleider unten um die Beine einige mit verschiedenen Farben ausgenähte Zierrate nach der allgemeinen Mode in diesem Land. Weil das Klima auf den Bergen nicht so heiß ist wie in der Tihama, so sind die Frauenzimmer dort auch viel weißer als an der Küste.

Am 22. März stiegen wir das Gebirge wieder herunter bis Hadie. Dieser Ort ist den europäischen Kaufleuten, die nach Beit el-Fakih kommen, um Kaffee zu kaufen, nicht unbekannt; denn sie kommen im allgemeinen auf einige Zeit hierher, weil die Gegend viel angenehmer ist, besonders weil es hier nicht so heiß und das Wasser besser ist als in der dürren Tihama. Hadie ist eher ein großes Dorf als eine kleine Stadt zu nennen, und seine Häuser sind auch nur schlecht. Der Ort ist bloß wegen des Kaffeehandels bemerkenswert. Es werden hier an gewissen Tagen in der Woche viel Kaffeebohnen von den benachbarten steilen Bergen zu Markte gebracht und, nachdem ein gewisser Teil davon an den Dola zu Kusma bezahlt worden ist, eingepackt und auf Kamelen nach Beit el-Fakih oder gleich nach Hodeida gebracht.

Wir hatten auch vom Haus des Unter-Dola zu Hadie eine vortreffliche Aussicht. Vor uns war ein tiefes Tal mit verschiedenen Absätzen, die mit Korn und Gartenfrüchten besät waren, und hinter ihnen lagen verschiedene steile Berge, was alles zusammen einen so außerordentlichen Prospekt machte, daß Herr Baurenfeind ihn für wert hielt, gezeichnet zu werden.

Von Hadie nach Beit el-Fakih gingen wir denselben Weg zurück, den wir gekommen waren.

Nirgends im Jemen machten uns die Einwohner unsere Beobachtungen weniger beschwerlich als zu Beit el-Fakih. Da sie gewohnt waren, Europäer zu sehen, nämlich einige wenige Kaufleute, die wegen des Kaffeehandels hierher kommen, und da sie schon wußten, daß diese nicht den ganzen Tag so ruhig auf einer Stelle sitzen können wie die Morgenländer, so achteten sie nicht auf unsere Spazierreisen; und wenn sie uns auch deswegen befragten, so unterließen wir nicht zu sagen, daß dieses notwendig zur Erhaltung unserer Gesundheit wäre, und damit waren sie zufrieden. Unseren Freunden, mit denen wir immer überlegten, ob wir mit Sicherheit nach diesem oder jenem Ort gehen könnten, war es unbegreiflich, wie Herr Forskål und ich Vergnügen finden konnten, beständig in der großen Hitze herumzureisen, da sie als geborene Araber in der heißen Jahreszeit am Tag nicht ohne Not aus ihren Häusern gingen. Da wir vorgaben, daß wir nach Tranquebar in Ostindien zu gehen gedächten, und schon so weit von Europa entfernt waren, so glaubten sie, daß wir Grund hätten, alle Nebenreisen zu vermeiden und besser für unsere Gesundheit Sorge zu tragen. Es befremdete die Araber, daß wir einen so weiten Weg gekommen waren, ohne Handel zu treiben. Man konnte nicht begreifen, wie wir so viel Geld verzehren könnten, ohne etwas zu verdienen, man mutmaßte, wir könnten Gold machen, und der Botanikus sei deswegen immer auf den Bergen, um ein gewisses Kraut zu suchen, das ihrer Meinung nach hierzu notwendig ist. Auch meinten sie, daß ich heimliche Künste verstehen müßte, weil ich die Sterne oft beobachtete.

In der Tihama reist man mit der größten Sicherheit sowohl des Nachts als auch bei Tage; in den bergigen Gegenden aber begibt man sich nicht gerne bei Nacht auf den Weg, und selbst bei Tage könnte auf solchen Nebenwegen, wie ich sie nehmen wollte, für einen einzelnen Reisenden etwas zu fürchten sein. Überdies war mir der Dialekt der Araber in den bergigen Gegenden noch unbekannt. Ich suchte daher meinen Freund Forskål zu überreden, die Reise mit mir zu machen; denn von ihm hatte ich nicht nur Gesellschaft, sondern auch Hilfe in der Sprache, da er auf den Kaffeebergen schon viele Wörter gelernt hatte, die in der Tihama gar nicht gebräuchlich sind und mir daher unbekannt waren. Forskål war nicht lange im Zweifel, eine solche Reise anzutreten, von der er ebenso viel Vorteil haben konnte als ich. Wir brauchten dazu nicht mehr Vorbereitung als zu unseren vorhergehenden kleinen Reisen. Wir mieteten zwei Esel, und deren Eigentümer, der uns zu Fuß folgen mußte, war unser Wegweiser und Bedienter und bisweilen auch unser Dolmetscher. Wir beide hatten schon einen ehrwürdigen arabischen Bart und auch in der langen Kleidung ein ziemlich morgenländisches Aussehen. Damit wir aber noch weniger für Europäer gehalten werden möchten, so nahm jeder von uns einen arabischen Namen an, und diese unsere Anstalten überredeten selbst unseren Eseltreiber, daß wir keine Europäer wären, sondern etwa morgenländische Christen sein müßten.

1816 · James Silk Buckingham

Bei den Piraten von Ras al-Khaimah

Vereinigte Arabische Emirate

10 *Schon die Assyrer hatten sich über Piraten beklagt – berühmte Seefahrer waren die arabischen Stämme an der Küste des Golfes, die bis nach China und Ostafrika Handel trieben, aber berüchtigt für ihre waghalsigen Plünderungen waren sie auch; bedenkenlos griffen sie selbst die größten und bestbewaffneten Schiffe an, auch die der englischen East India Company.*

Zur der Zeit, als der Reisende und Journalist James Silk Buckingham eine Passage auf einem englischen Schiff von Basra nach Bombay angeboten bekam, waren die Briten dabei, den kürzesten Weg zwischen Indien und England zu sichern: per Schiff von Bombay den Golf hinauf, über Land durch Mesopotamien und Syrien und weiter über das Mittelmeer in den Atlantik und die Nordsee. Napoleon war gerade auf St. Helena angekommen, Portugal, Spanien und Holland existierten als große Mächte nicht mehr und die USA noch nicht; so konnte die Expansion des britischen Empire ungestört vor sich gehen.

Die zu kolonisierenden Völker waren aber nicht unbedingt bereit, sich kolonisieren zu lassen. Ein Beispiel für den – wenn auch nur kurzfristig wirksamen – Widerstand bildeten die Piraten von Ras al-Khaimah. Schon 1809 war die Stadt in Schutt und Asche gelegt worden. Die hier beschriebene Aktion, in der die Briten nicht gerade als siegreiche Helden agierten, löste große Aufregung bei der Regierung in Indien aus. 1819 wurde die Stadt wiederum zerstört und besetzt. In den folgenden Jahrzehnten entstanden mehrere Vertragswerke, die aus den Piratenländern, die sich auch untereinander bekämpften, die Vertragsstaaten (Trucial States) werden ließen, aus denen wiederum im 20. Jahrhundert die Vereinigten Arabischen Emirate entstanden.

Bei Tagesanbruch [am 27. November] wurden in einem Boot Mr. Taylor und der arabische Mullah als Überbringer eines Briefes an Land gebracht. Der Inhalt des Briefes war kurzgefaßt so: Er enthielt die feste Überzeugung der britischen Regierung, daß im Roten Meer die Eroberung von Schiffen unter britischer Flagge stattfände, obwohl bekannt sei, daß diese Schiffe britisches Eigentum seien. Jede Diskussion über diesen Punkt sei fruchtlos. Gefordert würde eine sofortige Rückgabe der erbeuteten Sachen, die einen Wert von 1,2 Millionen Rupien darstellten. Gefordert würde weiterhin die Auslieferung des Kommandierenden der Piratenflotte, Emir Ibrahim, zur Bestrafung, und daß zwei Scheich-Söhne als Geiseln der Regierung in Bombay zu übergeben seien, um künftiges Wohlverhalten sicherzustellen. Eine Weigerung, diese Bedingungen anzuerkennen, würde als Widerstand gegenüber der britischen Macht betrachtet. Eine klare Antwort würde bis Mittag erwartet; über weitere Aktionen der britischen Schiffe würde dann entschieden.

Die Überbringer dieses Schreibens kamen zum Schiff zurück und berichteten, daß sie nach der Landung am Strand zum Stadttor gegangen waren; dieses war von innen bewacht und öffnete sich nur einen Spalt, durch den der Brief gereicht wurde. Dann wurde ihnen das Tor vor der Nase zugemacht. So hatten sie zum Boot zurückkehren müssen, ohne Gelegenheit gehabt zu haben, irgendeinen Teil der Stadt zu betreten oder irgendwo anders hinzugehen als direkt zurück zum Strand.

Da Kapitän Bridges sich nicht ganz sicher war, daß der Brief seinen Adressaten erreicht hatte, und argwöhnte, daß man als Ausrede angeben könnte, daß er nicht in die richtigen Hände gelangt sei, wollte er sich Gewißheit verschaffen und auch selber den Landeplatz, die Wassertiefen, Befestigungen und so weiter in Augenschein nehmen. Das sagte Kapitän Bridges mir selbst und fragte mich nach meiner Meinung, ob das durchführbar sei und ob ich ihn begleiten und als Dolmetscher agieren könnte. Ich stimmte bereitwillig zu.

Gegen neun Uhr verließen wir das Schiff, ruderten direkt auf den Strand zu und maßen dabei die Wassertiefe, die von sechs Faden [11 m] an unserem Ankerplatz auf 2 ½ Faden [4,5 m] eine Viertelmeile [400 m] vor dem Ufer abnahm. An dieser Stelle lagen vier große Dhaus hintereinander vor Anker, den Bug seewärts gerichtet, jede mit einigen Kanonen bestückt und voll bemannt. Als wir passierten, wurde uns salutiert, wir grüßten zurück und fuhren weiter.

Als wir am Strand landeten, fanden wir ihn auf voller Länge von einer Reihe bewaffneter Männer besetzt; manche trugen Musketen, der größte Teil aber war bewaffnet mit Schwertern, Schilden und Speeren. Die meisten waren Schwarze, die im Krieg nur sparsam eingesetzt werden, denn sie werden hier eher als wertvoller Besitz und Handelsgut betrachtet denn als Ungläubige oder Feinde.

Zunächst dachten wir, daß diese Männer uns aufhalten sollten, da sie offensichtlich postiert waren, um den Zugang zur Stadt zu blockieren. Als wir aber denen zuwinkten, die unserer Landungsstelle am nächsten standen, kamen einige auf uns zu. Ich übermittelte ihnen auf Arabisch unseren Wunsch, vor ihren Scheich Hassan Ben Rahma geführt zu werden, da wir mit ihm selbst sprechen müßten. Dem wurde sofort Folge geleistet, und wir gingen in ihrer Begleitung weiter, ich selbst ganz ohne Waffen, Kapitän Bridges nur mit seinem Schwert. Wir wurden duch enge Gassen zwischen Grashütten und kleinen Häusern geführt; man achtete sehr darauf, daß wir weder nach rechts noch nach links sehen oder etwas über die Anlage der Stadt feststellen konnten. Männer, Frauen und Kinder, die sich versammelt hatten, um uns vorbeiziehen zu sehen, wurden von den Speerträgern in alle Richtungen auseinandergetrieben.

Am Tor des größten Gebäudes, das fast in der Mitte der Stadt lag, erwartete uns der Scheich der Piraten mit seinem Gefolge, etwa fünfzig bewaffneten Männern. Ich entbot den mohammedanischen Friedensgruß, den er ohne zu zögern erwiderte, denn er hielt mich für das, was ihm gesagt worden war, nämlich für einen ägyptischen Kaufmann auf dem Weg nach Indien, der sich dem englischen Kapitän als Dolmetscher zur Verfügung gestellt hatte, damit durch Unkenntnis oder Mißverständnisse kein Blut vergossen werden möge. Nach einigen formalen Freundlichkeiten von beiden Seiten bat er uns Platz zu nehmen.

Da wir uns mitten auf der Straße befanden, gab es weder Teppiche noch Matten oder Kissen, und wir setzten uns einfach auf den Boden. Ich erklärte dann auf Bitten von Kapitän Bridges, daß wir gern von ihm selbst hören wollten, ob der Brief am Morgen in seine Hände gelangt sei, da die

Überbringer nicht zu ihm vorgelassen worden seien, ob er den Inhalt genau verstanden hätte und ob er eine Antwort bis zum geforderten Zeitpunkt, nämlich heute mittag, gäbe; all das beantwortete er zustimmend, erklärte uns wiederholt, daß wir vollkommen in Sicherheit seien, und gab seiner Hoffnung Ausdruck, daß die Angelegenheit in gegenseitigem Einvernehmen beigelegt werden könne. Auch wir wiederholten unsere Zusagen, daß von unserer Seite alle Abmachungen eingehalten würden. Nach weiteren Fragen und Auskünften von beiden Seiten erhoben wir uns, um zurückzukehren, und wurden von bewaffneten Männern eskortiert, die uns den Weg zum Boot in der gleichen Weise bahnten, wie wir hergekommen waren.

Der Scheich Hassan Ben Rahma, den wir soeben gesehen hatten, war ein kleiner Mann im Alter von etwa 40 Jahren mit einem listigen Ausdruck und einem sehr spöttischen Lächeln. Ein Auge war entstellt durch eine Verletzung, aber sonst sah er gut aus: wunderbar weiße und regelmäßige Zähne, dunkle Hautfarbe, ein dünner Bart hauptsächlich um das Kinn herum. Er trug die übliche arabische Kleidung mit einem Turban aus Kaschmirwolle und ein purpurrotes Gewand nach persischer Art zur Unterscheidung von seinen Leuten. Die trugen einfache Kleidung mit langen Hemden und Kefijes lose über dem Kopf. Und die meisten, wie auch ihr Anführer, trugen große Schwerter nach Art der Normannen mit geraden, sehr breiten Klingen und großen kreuzförmigen Griffen ohne Verzierung. Manche trugen auch Speere und runde Schilde aus Leder, verziert und vergoldet.

Nach unserer Rückkehr an Bord warteten wir bis zum Mittag. Dann wurde eine Kanone abgefeuert, die Schoten der Topsegel wurden dichtgeholt und Signal zum Bereithalten zum Ankerlichten gegeben. Dem folgte das ganze Geschwader sofort, obwohl geplant war, noch eine Stunde Gnadenfrist für die Antwort vom Strand zu geben. In der Zwischenzeit kam ein Boot mit Gesandten vom Scheich, die eine Antwort auf unsere Forderungen brachten. Darin erklärte er, es sei unmöglich, die geraubten Waren zurückzuerstatten, da sie seit langem verteilt und verbraucht wären. Es sei ebenfalls unmöglich, deren Wert in Bargeld zu erstatten, da der Betrag höher sei, als ihnen an Geld im Moment überhaupt zur Verfügung stünde. Er verweigerte kategorisch die Auslieferung des Emir Ibrahim, der sein Verwandter und ein enger Freund sei, und bestritt auch, daß dieser Emir sich etwas Strafbares habe zuschulden kommen lassen, als er mit den Schiffen unter seinem Kommando Personen und Eigentum von Götzenanbetern und Ungläubigen erbeutete.

Es wurde angeboten, Stellvertreter nach Bombay zu schicken, um die Angelegenheit beizulegen; aber nicht als Geiseln, wie gefordert, sondern mit sicherem Geleit für ihre Hin- und Rückreise. Es wurde noch hinzugefügt, daß, da alles bei Gott läge, Bedächtigkeit wohl besser zu seinen Ratschlüssen passe als hastige Entscheidungen; und deshalb wurde eine Fristverlängerung gefordert bis zum Mittag des nächsten Tages, um festzustellen, was Gottes Weisheit zwischen ihnen stattfinden zu lassen beschlossen hatte.

Die Instruktionen der Regierung in Bombay besagten, daß bei Weigerung des Scheichs, die enthaltenen Forderungen zu erfüllen, das Geschwader den Ort verlassen sollte, aber nicht, ohne ihm klarzumachen, daß er und seine Untertanen das Mißfallen der britischen Regierung zu spüren bekommen würden. Trotz der Anmaßung und der hinhaltenden Antwort des Scheichs wurde beschlossen, ihm bis zum folgenden Mittag Zeit zur Besinnung zu geben. Dementsprechend wurden unsere Segel geborgen und das Signal zum Ankerlichten zunächst widerrufen.

Da bei Sonnenuntergang der Wind aufgefrischt hatte und eine hohe Dünung in der Bucht stand, erschien es ungünstig, die Nacht über vor Anker liegen zu bleiben. Das Geschwader lichtete deshalb gemeinsam die Anker und hielt auf die offene See zu; bis Mitternacht hatte sich der Wind zu einem Sturm entwickelt.

[Die Schiffe bleiben zwei Tage auf See und reiten den Sturm ab.]

Um 9. 30 Uhr morgens am 30. November kam im Südosten die Stadt Ras al-Khaimah in Sicht; sie war gerade über dem Horizont sichtbar, und vier große Dhaus lagen dort vor Anker. Um zwei Uhr nachmittags ankerten wir etwa drei Meilen vor der Stadt.

Der Nachmittag verging, ohne daß mehr Kontakt hergestellt wurde, als daß wir einen Brief an den Scheich schickten, in dem erklärt wurde, warum wir die Bucht so plötzlich verlassen hatten, daß wir nun zurückgekehrt seien und ihm bis zum Mittag des nächsten Tages Zeit ließen, uns seine endgültige Antwort auf unsere bekannten Forderungen zu geben.

Den ganzen Morgen des 1. Dezember hatten wir an unserem Ankerplatz verbracht und stündlich eine Gesandtschaft von Land erwartet, als schließlich gegen Mittag ein Boot erschien, das Boten von Hassan Ben Rahma brachte. Der Inhalt ihrer Nachricht war genauso unbefriedigend wie die vorherigen Stellungnahmen. Und dann sagten sie noch, wenn der Geschwaderkommodore Abgesandte des Scheichs an Bord aufnehmen würde zu Verhandlungen in dieser Angelegenheit und Sicherheiten stellen würde für deren sicheres Geleit zum Gouverneur nach Bombay und zurück, dann würde er ihm diese Abgesandten schicken. Wenn der Kommodore das aber ablehnte und auf seinen ursprünglichen Forderungen bestünde, müsse die Angelegenheit in die Hand dessen gelegt werden, der alle Dinge bewege, und was er beschlösse, würde sich dann ereignen.

Die Abgesandten wurden aufgefordert, das Schiff zu verlassen und sich möglichst schnell an Land zu begeben. Es wurde ihnen klargemacht, daß diese letzte Antwort ihres Scheichs nicht anders als eine Mißachtung der Macht des Geschwaders betrachtet würde, unsere Forderungen durchzusetzen, und daß nun nicht mehr weiter verhandelt würde.

Nun kam das Signal zum Ankerlichten und zum Vorrücken auf die Stadt, dann folgte der Befehl zur Gefechtsbereitschaft und kurz darauf der zum Angriff. Das Geschwader segelte nahezu in Linie unter wenig Segeln bei achterlichem Wind, der genau auf Land zublies.

Die Dhau, die am weitesten im Nordosten stand, hatte Segel gesetzt und bewegte sich an der Küste entlang, um näher an die anderen drei zu kommen; die waren geschützt durch eine Sandbank, die parallel zum Ufer verlief. Die Ariel hätte ihr den Weg abschneiden sollen, aber da der Wind zu schwach war, konnte sie nicht rechtzeitig an der richtigen Stelle sein.

Zur gleichen Zeit näherte sich eine große Flotte kleinerer Schiffe von Kap Musandam. Sie entkamen uns aber, weil sie sich dicht unter Land hielten, über die Sandbank glitten und in die Bucht hinter der Stadt gelangten.

Unser Geschwader stand immer noch in Linie auf die vier Dhaus, die vor Anker lagen; das Wasser wurde flacher; bei 2 ½ Faden [4,5 m] Tiefe wurden Anker geworfen und Springs auf die Ankerketten gesteckt, so daß jedes Schiff mit der Breitseite auf den Strand zeigte. Nun eröffneten alle Schiffe nacheinander das Feuer auf die vier Dhaus, die sehr nahe am Strand ankerten. Diese Schiffe waren voller Männer, wahrscheinlich waren es mehr als 600; sie schwangen ihre Waffen durch die Luft. Einige

Kugeln von den größeren Geschützen schlugen am Ufer im Sand ein, andere flogen über den Bug und schlugen nah am Rumpf einer Dhau ein. Aber die Salven aus den Kanonaden lagen alle zu kurz, weil wir eine ganze Meile [1,6 km] von der Küste entfernt waren.

Der Steuermann der Challenger wurde nun in einem Boot ausgeschickt, um die Tiefe zu loten und festzustellen, ob wir bei Flut näher an den Feind kommen könnten. Er stellte fest, daß die Sandbank auf 10 Fuß [3 m] Tiefe unmittelbar vor dem Schiff lag, das einen Tiefgang von 14 Fuß [4,6 m] hatte. Die Vestal und die Ariel näherten sich aber bis auf eine Tiefe von nur 6 Inches [15 cm] mehr, als ihr eigener Tiefgang betrug; auch für die Mercury gab es weniger als 1 Fuß [30 cm] Wasser unter dem Kiel. Aber immer noch, obwohl wir jetzt Gefahr liefen, auf Grund zu geraten, war unser Geschützfeuer nutzlos, und von den mindestens 300 Schüssen, die das Geschwader abgegeben hatte, schien kein einziger irgendeinen Schaden angerichtet zu haben.

Das Feuer wurde mit genausowenig Erfolg von den Dhaus erwidert, denn alle Schüsse lagen zu kurz; aber zwei der Forts eröffneten das Feuer auf uns, nachdem sie einige Vorbereitungszeit gebraucht hatten, und ihr Feuer war sogar besser gezielt als unseres: Kein Schuß ging weit vorbei; und eine Kugel nahm im Vorbeifliegen die Fockwanten der Vestal mit und ließ sie vor dem Bug fallen.

Auf allen Forts wurden arabische Fahnen gehißt. Gruppen bewaffneter Männer versammelten sich am Strand, die große Fahnen an Stangen mitführten, und die Männer tanzten mit ihren Waffen um sie herum wie um eine heilige Standarte, so daß es gar nicht nach Unterwerfung oder Eroberung aussah.

Es war klar, daß wir von den Schiffen aus nichts erreichen konnten, und es war zu vermuten, daß unsere Boote die Dhaus nicht abblocken konnten, obwohl alle Boote des Geschwaders zu diesem Zweck vor Verlassen des letzten Ankerplatzes ausgesetzt worden waren; deshalb wurde das Signal zum Ankerlichten gegeben. Die Ariel feuerte noch etwa 50 Schuß ab, nachdem die anderen Schiffe das Feuer eingestellt hatten, aber sie hatten so wenig Effekt wie zuvor. Und so endeten die wortreichen Verhandlungen und die daraus resultierende unblutige Schlacht.

Die Befehle der Regierung in Bombay besagten, daß bei Ablehnung der Forderungen das Geschwader sich zurückziehen sollte, nachdem dem

Scheich klargemacht worden sei, daß er das Mißfallen der britischen Nation als Reaktion für seine feindlichen Akte gegen die britische Flagge zu erwarten hätte. Wäre man dem strikt gefolgt, hätten die Joassamees [englische Bezeichung für die Küstenbewohner zwischen Kap Musandam und Bahrain] vielleicht in einer Mischung von Hoffnung und Furcht vom Angriff auf unsere Schiffe abgesehen, und der Regierung in Bombay wäre Zeit geblieben, eine eindrucksvollere Aktion gegen sie vorzubereiten, ohne in der Zwischenzeit eigene Schiffe zu gefährden. Aber diese offene Kriegshandlung, die in einem Triumph über unsere Machtlosigkeit endete, und aus Verachtung über unsere Unfähigkeit, zu erreichen, was wir uns vorgenommen hatten, kam der Frieden zu einem Ende, und die leichtbewaffneten Handelsschiffe der Engländer waren ab sofort Angriffen ausgesetzt, da alle beim Einlaufen in den oder Verlassen des Golfes Ras al-Khaimah in Sichtweite passieren müssen.

Es trifft zu, daß die Zerstörung der vier Dhaus, die im Hafen vor Anker lagen und für solche Plünderungen bereit waren, zu diesem Zeitpunkt vorteilhaft gewesen wäre, wenn man sie denn hätte erreichen können. Aber das wäre nur eine geringfügige Verkleinerung ihrer Blockadeflotte gewesen, denn sie ließen, wie wir von anderer Seite hörten, fünfzehn Schiffe am Eingang des Golfes zwischen Ras el-Had auf der arabischen und Kap Jask auf der persischen Seite kreuzen; fünf andere blockierten den Fluß nach Basra [den Schatt el-Arab].

Auf jeden Fall wäre es klug gewesen, alle Hindernisse abzuwägen und zu entscheiden, ob man sie beseitigen konnte oder nicht, bevor man etwas unternahm, was auch bei erfolgreichem Ausgang nur zweifelhaften Nutzen einbringen konnte, bei Mißerfolg aber äußerst ungünstige Eindrücke hinterließ und zu sehr ernsthaften Konsequenzen führte, bevor Gegenmaßnahmen ergriffen werden konnten.

1833 · Maurice Tamisier

Die Einwohner von Jeddah

Saudi-Arabien

11 *Die Küsten der Arabischen Halbinsel sind immer wieder Ziel von Eroberern gewesen: die Perser am Golf und in Oman, die Osmanen oder ihre ägyptischen Statthalter am Nordende des Golfs, am Roten Meer und in Aden. Die Sultane in Istanbul legten Wert darauf, ihre Herrschaft auch als Hüter der heiligen Städte Mekka und Medina zu legitimieren, deshalb beherbergte Jeddah über vier Jahrhunderte eine osmanische Garnison. Das Landesinnere jedoch, unzugänglich, wirtschaftlich uninteressant und von wilden Kriegern beherrscht, blieb sich weitgehend selbst überlassen. Dort entstand die wahhabitische Bewegung, eine asketische Form des Islam, die ihre Gläubigen zu mobilisieren wußte wie einst der Prophet und die im modernen Saudi-Arabien noch dominiert.*

Jeddah ist der Mekka am nächsten gelegene Hafen, über den die Pilger aus Asien und Afrika einreisen und der heute auch einen Flughafen hat, über den mehr als eine Million Pilger innerhalb kurzer Zeit durchgeschleust werden müssen, denn der Zeitraum für eine vollgültige Pilgerfahrt, die Hadsch, ist nur kurz.

In der ersten Hälfte des 20. Jahrhunderts war Jeddah die inoffizielle Hauptstadt, in der die Ausländer residieren mußten – auf deren Anwesenheit in Riyadh wurde kein Wert gelegt. Jeddah ist jetzt eine große, moderne Stadt.

Das bunte Völkergewimmel zu Anfang des 19. Jahrhunderts ist das Thema von Maurice Tamisier (1810–?), eines französischen Arztes in der ägyptischen Armee, die den südlichen Hedschas und Jemen unterwerfen sollte. Die Narben, die den Kindern von Mekka laut Tamisier beigebracht wurden, waren nach einem anderen Reisenden, der um 1885 ein Jahr in Mekka verbrachte, als Schutz gegen den »bösen Blick« gedacht und keine Zwangsmaßnahme.

Die ersten Bewohner von Jeddah waren Beduinen, die ihre Stämme verlassen hatten, um sich dem Handel zu ergeben. Je blühender die Stadt wurde, desto mehr zog sie alle diejenigen an, welche feste Wohnsitze dem irrenden Leben vorzogen, das sie bisher geführt hatten. Die Gewohnheiten des sitzenden Lebens, so verschieden von jenen der Wüste, gaben ihrer Physiognomie einen neuen Ausdruck, und ihr Geschlecht, das seit jener Zeit sich mit denen Asiens und Afrikas vermischte, hat zum großen Teil seine Originalität verloren. Nur etwa zwanzig Familien des alten arabischen Stammes sind noch in Jeddah zu finden; die Epidemie, die vor ungefähr 30 Jahren herrschte, und die Cholera im Jahre 1832 haben eine große Anzahl von ihnen vernichtet.

Die Bevölkerung kann man auf 10.000 Seelen schätzen, doch ist die Zahl nicht genau, da die Muselmänner keine Register haben, um die Zahl der Geborenen und Verstorbenen zu bestimmen. Auch wechselt die Zahl der Bewohner beträchtlich bei der Ankunft von Karawanen aus dem Inneren oder von Schiffen, die aus Indien ankommen. In der Zeit der Wallfahrten steigt die Zahl auf 20, 30, selbst auf 50.000 Menschen, die sich ziemlich lange, teils auf ihrer Reise nach Mekka, teils auf dem Rückweg daselbst aufhalten. Die Bewohner bestehen aus Arabern aus dem Hedschas und Jemen, aus Indern und Persern; dazu kommt noch eine ziemlich große Menge von Fellachen, die aus Ägypten gekommen sind, um der Konskription [Wehrpflicht] zu entgehen, einige Griechen, die mit Quincaillerie-Waren handeln und Negern aus dem Inneren Afrikas. Auch gibt es in der Stadt eine große Menge Galla- und Abessinier-Sklaven beiderlei Geschlechts. Vor unserer Ankunft bestand die Garnison aus Türken, doch jetzt gehören nur einige Beamte des Paschas dieser Nation an.

Die Araber der Stadt, die sich dem Handel ergeben, unterscheiden sich in ihrer Haltung wenig von den Beduinen. Sie sind meist groß und mager, ihre Farbe ist braun mit einem Kupferglanz. Die Natur hat ihnen nur einen kleinen Bart am Kinn gegeben; sie lassen ihn wachsen, doch wird er nie sehr lang. Ihre Kleidung, die die der Großen Arabiens ist, nähert sich der der Armenier sehr; sie tragen ein kurzes Beinkleid, welches das untere Bein nackt läßt, und darüber ein Hemd; darauf legen sie ein langes Gewand aus

Musselin oder Seide und einen Kaftan von hellem Tuch an. Ein Turban, weiß wie Schnee, und kunstvoll gearbeitete Sandalen vollenden ihren Anzug.

Alle Muselmänner, die auf dem heiligen Gebiet geboren sind, haben auf jeder Wange und an den Schläfen drei tiefe Einschnitte von einem schneidenden Instrument. Ich fragte einst einen Araber nach dem Grund dieser barbarischen Sitte, und er sagte mir, die Pilger, die in die Heilige Stadt wallfahrteten, hätten in früheren Zeiten die Kinder der Bewohner dieser Stadt durch Zuckerwaren und Liebkosungen an sich gelockt und ihren Eltern entführt. Anfangs hätte das Los nur armer Leute Kinder getroffen, und die Klagen der Beraubten wären nicht erhört worden, doch als auch die Kinder reicher Personen verschwunden waren, seien die Beschwerden so häufig und so dringend geworden, daß der Sultan Selim endlich Abhilfe versprach, doch auch verlangte, daß die Kinder auf gewisse Weise gezeichnet würden, damit er sie erkennen und den Eltern wieder zurückgeben könne. Zugleich erließ er ein scharfes Verbot geben diesen Menschenraub, der nach einigen strengen Bestrafungen auch unterblieb, die Zeichen aber blieben im Gebrauch, auch nachdem sie nicht mehr nötig waren. Sie werden den Kindern, sobald sie sich vom väterlichen Haus entfernen können, von den Müttern selbst mit einem Rasiermesser beigebracht, ziehen jenen einige Tage lang Fieber zu und vernarben dann.

Die Scheichs, Ulemas [Gelehrten] an den Moscheen und überhaupt alle Diener der Religion von einiger Bedeutung sind wie die reichen Araber gekleidet. Sie haben keine besondere Kleidung wie die katholischen Geistlichen. Doch habe ich bemerkt, daß sie gern Kleider von blendendem Weiß tragen und sich stets, wenn sie ausgehen, auf ein Bambusrohr stützen, das ihnen dient, um die Berührung der Hunde zu vermeiden. Anstatt des Tarbuschs tragen sie auf ihrem Kopf eine Takia (Käppchen) aus kleinen Stückchen Tuch von verschiedener Farbe, die künstlich wie Mosaik zusammengesetzt sind. Übrigens findet man diesen Gebrauch bei allen Bewohnern der Städte des Hedschas. Das Volk trägt nur eine solche Takia und ein Hemd, das ihnen kaum auf die Knie herabreicht; die meisten haben nur ein Tuch um die Hüften gebunden, das sie durch einen ledernen Gürtel festhalten.

Die indischen Kaufleute tragen Kleider von weißem Musselin nach arabischer Mode. Man erkennt sie an einem kleinen Turban, der ihnen nur den Scheitel deckt. Auch ist ihr Körper biegsamer, ihre Haltung leichter als die der Eingeborenen, ihr Gesicht hat die Einschnitte nicht, die dem

Eingeborenen des Hedschas eigentümlich sind. Sie sind etwas geizig, doch sehr sanften Charakters. Einige lassen sich in Jeddah nieder, andere bleiben nur so lange, bis sie reich geworden, und kehren nach Indien zurück.

Die Fellachen aus Ägypten behalten in allem die Eigentümlichkeiten ihres Vaterlandes bei. Sie dienen als Lastträger, helfen bei den Schiffen als Lotsen oder bringen die Waren ans Land oder auf die auf Reede liegenden Schiffe. Die Griechen sind dieselben, wie man sie in Rhodos und den Häfen des Archipels findet.

Die Neger machen die Wasserträger. Ihre Kleidung besteht aus einem Lappen um die Hüften und gibt eine freie Ansicht ihrer athletischen Gestalten; besonders der Rücken ist von großer Schönheit.

Die Türken sind die großmächtigen Herren, deren ganze Arbeit darin besteht, alle Schriften zu unterzeichnen, die man ihnen vorlegt, und in der ganzen Stadt den bequemsten Platz zu suchen, um im Kühlen die Nargileh [die Wasserpfeife] zu rauchen und den Wohlgeruch des Mokkakaffees einzuatmen.

Auf der Straße scheint die Kleidung der Frauen gleich zu sein, denn sie sind in eine Melaie eingehüllt, deren Farbe dieselbe bei allen Ständen ist. Nur wenn sie auf den Kissen des Harems ausgestreckt sind, kann man den Reichtum ihrer Kleidung beurteilen. Doch da der große Schleier, der sie bedeckt, vorn nicht geschlossen ist, so sieht man, wenn die Trägerin den Arm entfernt, ein Hemd von Musselin oder Seide, das über ihre Beinkleider geworfen ist: Zuweilen ist es von leichter Gaze, von blauer oder roter Farbe, mit einer goldenen Tresse besetzt, die vom Hals bis auf die Brust geht. Dem weiten Beinkleid der Ägypterinnen ist das indische gefolgt, das weniger weit, aber mit einer Goldborte besetzt ist, die die Knöchel und Waden umschließt. Ihre Schleier sind auf gleiche Weise verziert, sie reichen meistenteils bis aufs Knie herab. Wenn sie ausgehen, knöpfen sie ihr Geld in einen Zipfel ein. Auch sah ich, doch sehr selten, Frauen einen Schleier tragen, der nicht über das Kinn reichte. Diese Mode ist weit eleganter als die erste. Pilgerinnen sah ich mit einem Schleier aus sehr feinen und biegsamen Matten, der keine Öffnung für die Augen hatte. In den Straßen können sie nur durch die kleinen, unmerklichen Zwischenräume sehen, die das Gewebe hat. Man sagte mir, diese Sitte sei im Inneren Jemens gebräuchlich. Andere tragen Borgos (Schleier) aus transparenter Gaze, wo sie sehen können, ohne gesehen zu werden.

Ein Tag in Muscat

Oman

12 *Der Sultan von Muscat unterhielt freundschaftliche Beziehungen zu den Briten, weil er auf ungestörten Verkehr mit seiner Besitzung Sansibar angewiesen war und dessen Produkte (er hatte dort den Anbau von Gewürznelken eingeführt, und mit Sklaven handelte er auch) auf dem Weltmarkt verkaufen wollte. Und er trachtete danach, sich mit britischer Hilfe seiner Nachbarn zu erwehren, der Wahhabiten im Landesinneren und der Golfanrainer zur See. Muscat wurde deshalb eine Station für die Schiffe auf dem Weg nach Indien. Der Sultan selbst verbrachte aber den größten Teil seiner Zeit auf Sansibar. Gräfin Nostitz nennt ihn den »Imam«, obwohl er diesen Titel nicht führte; er nannte sich »Sayyid Said«. Der jetzt regierende Sultan Qaboos, ein direkter Nachfahre, hat vor etwa dreißig Jahren mit Hilfe der Öleinnahmen eine vorsichtige Modernisierung des Landes begonnen.*

Muscat im Sommer ist wirklich heiß! Die Thermometer, die Temperaturen von jenseits 100° Fahrenheit (38° C) nicht kannten, waren zu nichts nutze. Im Juni kann die Temperatur bis an die 50° C gehen. Aber im Winter ist es dafür umso schöner; Muscat hat moderne Straßen und Gebäude, aber auch eine liebevoll gepflegte Altstadt und bunte, lebendige Märkte.

Gräfin Nostitz' erster Ehemann, der österreichische Arzt und Naturforscher Johann Wilhelm Helfer, lief vor dem »tötenden Zwang des hiesigen Lebens« davon, in die Türkei, über den Irak nach Indien und Burma (heute Myanmar). Auf einer Andamanen-Insel wurde er durch einen Giftpfeil getötet. Pauline Helfer kehrte nach Europa zurück, heiratete ein zweites Mal, wurde ein zweites Mal Witwe und gab zum Andenken an ihren ersten Mann seine und ihre Erinnerungen heraus.

Zu unserem großen Bedauern warf der Kapitän einige englische Meilen außerhalb des Hafens von Muscat Anker; er teilte uns mit, daß er sein Schiff der Küste nicht näher bringen, uns aber ein Boot zur Verfügung stellen werde; an Land zu gehen gestattete er jedoch nur unter der feierlichen Zusicherung, daß wir am Abend wieder zum Schiff zurückkehren würden, denn eine Nacht am Ufer zuzubringen sei in dieser Jahreszeit für Europäer lebensgefährlich. So übertrieben uns diese ängstliche Besorgnis schien, mußten wir uns dennoch fügen und uns glücklich schätzen, das interessante Land überhaupt berühren zu können. Im Laufe des anderen Tages führte uns denn ein Boot mit kräftigen Ruderschlägen der wildromantischen Bai von Muscat zu, die eine halbkreisförmige Bucht in das Küstengebirge einschneidet und von nackten, dunklen, drohend emporsteigenden Felsmassen von 300 – 400 Fuß Höhe auf allen Seiten umgeben wird, auf deren zackigen Gipfeln feste Verschanzungen liegen, nur noch Ruinen von Forts oder isolierte Türme aus der alten Zeit der Portugiesenherrschaft, längst unbrauchbar, aber auch unzugänglich geworden und nur von Turmfalken und Seeschwalben umschwärmt. Unzählige Zerklüftungen und tiefe Einschnitte, in die das Tageslicht nicht eindringen kann, zerreißen das Gebirge. Große, vielgestaltige, von den Meereswogen ausgehöhlte Grotten laden den von der brennenden Sonnenhitze durchglühten Ankömmling ein, in ihrem kühlen Schatten Labung zu suchen. Doch ist der Fremdling, der sich ihrer Verlockung hingibt und länger in ihrem Schutz gegen die Sonnenglut verweilt, sicher, eine schwere Krankheit, wenn nicht den Tod mit hinwegzutragen, weshalb unsere Bootsleute gemessenen Befehl hatten, uns an keinem dieser Orte landen zu lassen, so gern wir in das Innere der Grotten eingedrungen wären. Sie führten uns zum Haus des britischen Konsuls, eines reichen Kaufherrn mosaischen Glaubens. Die englische Regierung hatte, nachdem in kurzen Zwischenräumen drei ihrer Landsleute als Konsuln dem Einfluß des Klimas erlegen waren, einen Eingeborenen mit diesem wichtigen Posten betraut.

Ein Mann von ansehnlicher Statur, würdevoller Haltung, mit schönem, lockigem Vollbart und Haupthaar, in einen langen, schwarzen Talar gekleidet, empfing uns auf das zuvorkommendste. Er war der englischen

Sprache hinlänglich gewachsen, um sich verständlich zu machen. Nach den ersten Begrüßungen bot er uns sogleich aus seiner zahlreichen Dienerschaft eine Eskorte an zur Besichtigung der Stadt, die wir ohne Zeitverlust unternahmen.

So malerisch die am Fuß dunkler Klippen terrassenförmig emporgebaute Stadt sich aus der Ferne ausnimmt, so sehr zeigt ihr Inneres die Physiognomie fast aller größeren orientalischen Städte und weist nur ein Labyrinth enger, schmutziger Gassen auf. Über die Dächer der niedrigen Hütten ragen nur wenige ansehnliche Gebäude empor, wie der Imamspalast, aus einer ehemaligen portugiesischen Kirche umgeformt, und die noch aufrecht stehende, aber verfallene portugiesische Kathedrale, die jetzt als Lagerhaus dient. Außer diesen ziehen nur noch ein paar luftige Minaretts, die Residenz des Konsuls und noch einige andere Gebäude die Blicke auf sich. Diese Gebäude werden wieder von vereinzelten Palmengruppen überragt, die mit noch einigen bewässerten und angebauten Flecken außerhalb der Stadtmauer das einzige um Muscat vorhandene Grün sind. Im übrigen erquickte kein Baum, kein Strauch, ja kein Grashalm das geblendete Auge.

Imposant aber ist die Seemacht, die der Hafen von Muscat entfaltet, er ist der Schlüssel zum Persischen Golf, den er beherrscht, und würde in europäischen Händen ein zweites Gibraltar sein.

Mit Erstaunen erfüllte uns der unerwartete Anblick des Mastenwaldes der in der Bucht versammelten Schiffe. Flaggen aller Nationen und viele einheimische wehten in der leichtbewegten Luft. Sie füllen den Basar der nackten Felsenküste mit dem größten Überfluß aller Bedürfnisse des täglichen Lebens, wie Korn, Fleisch, Gemüse, Früchte, Fische, geröstete Heuschrecken, eine hier allgemein beliebte Speise, und liefern allen Luxus des europäischen, indischen und chinesischen Weltmarktes, die auserlesensten Stoffe, Gewürze, Düfte, Perlen, Edelsteine und viele andere kostbare Waren, die in grellem Kontrast zu den dunklen, schmutzigen, engen Gassen des Basars stehen. Die mit leicht ineinandergeflochtenen Palmblättern bedeckten Buden bieten wohl Schutz gegen die Sonnenstrahlen, lassen aber den Regen hindurch, so daß sich der ungepflasterte Boden in tiefen Kot verwandelt.

Die weit ausgedehnten Vorstädte bestehen nur aus Mattenhütten und bilden während der Regenzeit ein wahres Sumpfgebiet mit einer starken

Einwohnerschaft nomadischer Araber und abessinischer Sklaven. Die Städter sind dagegen ein Gemisch von Arabern, Persern, Indern, Syrern, selbst Kurden und Afghanen, die entweder der heimatliche Despotismus oder das liberale Handelsemporium hierher geführt hat. Hierzu kommt die Mischung mit den Negerinnen aus Sansibar und Habesch (Eritrea), woraus eine außerordentliche Verschiedenheit der Gesichtsbildung entsteht, die aber dem europäischen, an die feinen Unterschiede des nationalen Typus nicht gewöhnten Auge einen gemeinsamen Charakter zu tragen scheint.

Alle ohne Ausnahme bewahrten bei unserem fremdartigen Aussehen, an dem ihnen besonders der helle Teint und die blonden Haare auffallen mußten, das rücksichtsvolle Dekorum und belästigten uns weder mit ihrer Neugier noch mit muselmännischem Fanatismus wie die auf ihre feine Sitte so eingebildeten Perser, deren rohe Verfolgung mich ohne rechtzeitige Hilfe ins Meer getrieben hätte.

Die merkwürdigsten und wohl auch ältesten Fremden, die hier aber ganz einheimisch geworden sind, sind die der Kaste der Banianen angehörenden Inder, die meist aus Sind, Kutch und Gujarat [Gebiete zwischen Bombay und der Indus-Mündung] einwandern und hier nach ihren eigenen Gesetzen leben dürfen. Sie schwingen sich häufig durch glückliche Handelsspekulationen zu großem Reichtum und Ansehen empor, werden vom Imam als Agenten und Zollpächter benutzt, wissen sich ihm oft unentbehrlich zu machen und wurden schon mehrmals mit der Würde des englischen Konsulates belehnt.

Der Imam von Muscat wird als einer der merkwürdigsten Regenten des Ostens, als wahres Ideal eines orientalischen Fürsten gerühmt, der mit Gerechtigkeit, Tapferkeit und Mut patriarchalische Einfachheit verbindet und gegen Europäer die größte Liberalität und Generosität übt.

Obwohl er als das geheiligte Oberhaupt seiner Sekte dem Volk mit strenger Heilighaltung der Gebräuche vorangehen und pünktlich die täglichen Ablutionen und Gebote halten muß, sich nur auf das einfachste kleiden, keine Juwelen tragen, keinen Tabak rauchen, keinen Kaffee, Likör oder andere berauschende Getränke genießen darf und der Kaaba in Mekka reiche Geschenke auf einer Pilgerfahrt selbst darzubringen hat, ist er höchst tolerant gegen Andersgläubige, und niemand wird in seinen ausgedehnten Staaten des Glaubens wegen verfolgt. Einfach in seinen

Sitten, gestattet er jedermann freien Zutritt. Selbst der Bettler darf sich ihm nahen und sich in seiner Gegenwart niedersetzen.

Die glühende Hitze und meine große Ermüdung ließen mich bald im Haus unseres Kaufherrn Schutz und Ruhe suchen, während Helfer seine Wanderungen im Vertrauen auf die erlangte Fertigkeit, sich in arabischer Sprache genügend verständlich zu machen, allein fortsetzte.

Mit vielen zeremoniösen Verbeugungen wurde ich von der Frau des Hauses bewillkommnet, einer stattlichen, in schwere seidene Stoffe gekleideten und mit den üblichen Goldketten, Spangen und Perlenschnüren geschmückten Dame, die in einen weiten, weißen, goldgestickten Schleier gehüllt war. Bei meinem Eintritt schlug sie denselben zurück und zeigte Spuren großer Schönheit, die jetzt bei zunehmendem Embonpoint [Körperfülle] schon stark verschwunden war. Sie reichte mir freundlich zunickend die Hand und führte mich zum Diwan. Leider war ihr das Englische ebenso fremd wir mir das Arabische, und unsere Unterhaltung auf Augen- und Zeichensprache beschränkt. Diesem Übelstand konnte abgeholfen werden. Auf unserem Boot war ein englischer Schiffsjunge, der hinlänglich arabisch sprach, um eine Unterhaltung zwischen uns zu ermöglichen. Er wurde herbeigeholt, um mit seiner Hilfe die Neugierde der Dame, welche durch meine so fremdartige Erscheinung rege geworden war, zu befriedigen. Nachdem sie sich augenscheinlich gut unterhalten hatte und die üblichen Erfrischungen an Sorbet und Glico [Süßigkeiten] durch zwei Mohrenknaben in reicher Tracht kredenzt worden waren, fragte sie mich, ob es mir wohl Vergnügen machen würde, den Damen des Imam einen Besuch abzustatten, die eine besondere Vorliebe für Europäer hegten und große Freude haben würden, eine europäische Dame, hierzulande die größte Seltenheit, zu sehen. Sie schilderte mir die Prinzessin als allen anderen Frauen des Landes, vielleicht allen muselmännischen Damen an Kenntnis und feiner Sitte überlegen. Ich war daher hoch erfreut über diesen Vorschlag, drückte aber mein Bedauern aus, mich mit ihnen nicht verständigen zu können. Sie sann einige Augenblicke nach, wobei ihre Augen auf den kleinen Engländer fielen, der sich seiner Aufgabe als Dolmetsch zur Verwunderung gut entledigt hatte.

»Wie alt bist Du?« fragte sie ihn. »Zwölf Jahre.« »Das kann nicht sein, dazu bist Du zu klein! Du bist erst zehn Jahre alt, hörst Du? Vergiß das nicht, wenn die gefragt wirst!«

»Wir nehmen ihn mit in den Palast«, ließ sie mir sagen, »er ist nicht älter als zehn Jahre und hat in diesem Alter freien Zutritt zu den Frauengemächern.«

Sein mehr als einfacher Anzug schien ihr einige Besorgnis zu machen. Doch wußte sie auch dafür Rat und befahl einem ihrer Pagen von ziemlich gleicher Größe, seine eigene Kleidung unserem Matrosen anzulegen. Dieser Befehl erweckte des Mohren höchsten Unwillen. Mit weit geöffneten Augen und verächtlicher Miene maß er zähneknirschend seinen künftigen Nebenbuhler, für welchen er unseren Kleinen halten mochte, vom Kopf bis zum Fuß und blieb, unschlüssig, was er ihm tun sollte, unbeweglich auf seinem Platz, bis ein strenger, gebieterischer Blick seiner Herrin ihn belehrte, daß hier keine Widerrede geduldet würde, worauf er, demütig sich beugend, die Arme kreuzend, langsam zur Tür schritt, gefolgt vom Schiffsjungen, den der ohnmächtige Zorn des Mohren höchlichst zu belustigen schien. Kaum aber war die Tür hinter den beiden geschlossen, als ein durchdringender Schrei hörbar wurde. Der Mohr hatte den Buben bei den Ohren und dem langen, struppigen Haar gepackt, ihn so mit sich fortziehend, wobei derselbe trotz tapferer Gegenwehr noch arg mit Nadelstichen verletzt wurde.

Aber das Erscheinen der Herrin mit zorniger Miene und der Androhung gebührender Züchtigung des widerspenstigen Dieners stellte die Ruhe augenblicklich wieder her. Unterwürfig wie zuvor sich zur Erde beugend, vollzog nun der Renitente die Metamorphose seines verhaßten Feindes, der bald darauf, fast bis zur Unkenntlichkeit verändert, wieder erschien. Weite, rote, an den Knöcheln zusammengebundene Hosen bekleideten seine Beine, darüber war ein weißer, lockerer Rock aus Musselin mit einem roten Gürtel um die Hüften befestigt, während den Kopf ein großes, rotes, turbanartig um die Schläfen gewundenes Tuch bedeckte, aus dem die struppigen Flachshaare des Nordländers an allen Seiten hervorquollen. Er hatte standhaft sein Haupthaar gegen die Schere verteidigt, sei es, weil er es für eine Schönheit hielt, oder weil er das scharfe Instrument in der Nähe seines Gesichts fürchtete. Mit gesenkten Blicken, sich seines komischen Aussehens bewußt, stand er verlegen an der Tür, mit Hohn von dem Rivalen betrachtet, dessen triumphierende Miene seiner Herrin zu sagen schien: Ich bin doch ein anderer Kerl!

Wir bestiegen die inzwischen vorgeführten Esel. Die Frau Konsulin saß, in dichte Schleier gehüllt, nach Männerart auf dem Rücken des Tieres, ich desgleichen ritt ihr in Mameluckentracht unverschleiert zur Seite, und unser kleiner Dolmetsch folgte mit der übrigen Dienerschaft. Nach einem kurzen Ritt erreichten wir den Palast des Imam, wo unsere Ankunft schon gemeldet worden war. Eine lichtarme hölzerne, nicht sehr saubere Treppe führte uns zu den oberen Gemächern des altertümlichen Gebäudes, dessen untere Hallen weit geöffnet waren. Wir durchschritten mehrere leere Räumlichkeiten, bis wir in ein umfangreiches Gemach traten, das eine große Anzahl Frauen in sich schloß. Sie waren, sehr verschieden von Aussehen, Alter und Tracht, von einer Schar ebenso verschiedenartiger Kinder umgeben; ich schätzte sie zusammen auf über 100 Personen. Es waren die Kebsweiber des Imam und zu gleicher Zeit die Dienerinnen seiner rechtmäßigen Gemahlin und der Prinzessinnen. Bei unserem Eintritt erhoben sich alle aus ihren verschiedenen Stellungen und traten zur Seite, um uns eine freie Passage zu gestatten.

Unser flüchtiges Durchschreiten ließ mich keine Beobachtungen anstellen. Am anderen Ende dieser Halle wurde von einer der Frauen eine große Tür geöffnet, durch die wir in das Innerste des Harems, in das Gemach der rechtmäßigen Frauen des Imams eintraten. Wir fanden hier vier Damen versammelt, die Mutter und die Gemahlin des Beherrschers von Muscat, seine Tochter und eine seiner Schwestern. Erstere, in der ihr als Witwe gebührenden schmucklosen Tracht von dunkler Farbe, ohne jegliche Verzierung, hatte ihren Schleier zurückgeschlagen und saß etwas seitwärts von den anderen auf erhöhten Polstern, in aufrechter Haltung, und beherrschte, wie es schien, die übrigen Frauen trotz ihrer prunklosen Erscheinung. Die Frau des Imams dagegen strahlte in aller orientalischen Pracht.

In die kostbarsten Seidenstoffe gekleidet, mit Gold und Silberstickerei reich geschmückt, mit Geschmeide von Smaragden, Perlen und Rubinen umhängt, saß sie auf hell glänzenden, mit Silber durchwebten Polstern, die auf einem prachtvollen Teppich ausgebreitet waren. Ihr zur Seite lag ihre Tochter, eine jugendliche Gestalt zwischen 12 und 15 Jahren, auf weichen Kissen ausgestreckt, die zarten Glieder von purpurrotem, kreppartig durchsichtigem Stoff als einziger Bekleidung umhüllt, der die schönen Formen ihres schlanken Körpers nicht so sehr verdeckte, daß man nicht das Ebenmaß derselben hätte bewundern können. Dagegen war ihr Gesicht sowie das der übrigen Damen durch eine Maske von schwarzem Drahtgewebe, ähnlich den Schutzbrillen unserer Steinklopfer, bedeckt, welche über Stirn, Nase und Wangen bis zum Mund herabreichte und nur die Augen durch einen ovalen Einschnitt frei ließ, dessen schwarzer Rand ihre dunkle Farbe nur noch mehr hervorhob. Diese Masken, prächtig mit Edelsteinen aller Farben verziert, schienen nicht nur dem gänzlichen Verbergen der Gesichtszüge zu dienen, sondern auch ein Toilettenstück zur Hebung der Schönheit der asiatischen Damen zu sein, da das glänzende Geschmeide zu dem schwarzen Haar und dem braunen Teint eine höchst wirksame Folie bildet.

In dem Gemach stand ein großes Himmelbett aus Bronze, dessen Säulen einen Baldachin von rotem Samt trugen, die ein Kunstwerk von schöner Arbeit waren. Auf dieses Ruhelager zeigend, sagte die Frau des Imam mit sichtlichem Selbstbewußtsein: »Es ist dies ein Geschenk der Königin Victoria, der Beherrscherin von England, meiner teuren Schwester.« Also auch in diesen entfernten Winkel der Erde erstreckte sich die unter den Souveränen eingeführte Bruder- und Schwesternschaft. Die Dame erzählte ferner, in welch freundschaftlichem Verhältnis ihr Gemahl, der Imam, mit der britischen Majestät stehe, und daß er von dieser ein schönes Schiff erhalten habe.

Die Königin-Mutter arbeitete an dem Saum eines Taschentuches, und als sie meine Blicke darauf gerichtet sah, zeigte sie mir den Saum mit der Frage, ob sie es auch recht mache. Sie habe von europäischen Damen nähen gelernt, und es mache ihr großes Vergnügen. Dies war das erste und einzige Mal, daß ich eine asiatische Dame mit Handarbeit beschäftigt sah. Bald erschien ein Eunuche und legte ehrerbietig der Königin-Mutter einen Brief zu Füßen, den sie hastig erbrach, indem sie mir erklären ließ, er sei vom Imam, der, im Krieg abwesend, ihr Nachricht von seinen Erfolgen gebe. Es schien sie sehr zu freuen, einen Beweis seiner hervorragenden Talente geben zu können. Später wurden uns köstliche Früchte und Konfitüren auf Kristalltellern serviert. In dem Augenblick, als dies geschah, erhoben sich die Damen und entfernten sich in ein Nebengemach. Mich befremdete es, daß sie uns gerade in diesem Augenblick verließen. Auf mein Befragen wurde mir geantwortet, es sei üblich, damit der Gast nach Herzenslust esse. Darin liegt wirklich ein zarter Zug der

Gastfreundschaft in Ländern, wo der Fremde tagelang hungernd und dürstend brennende Wüsten durchwandert und sich für kommende Tage im voraus sättigen muß. Mir fiel unser Ritt nach Bagdad ein und die Abfütterung der Annasi-Häuptlinge bei ihrem Besuch des Euphratbootes, ehe sie sich für fähig hielten, mit Anstand, ohne ihre würdevolle Haltung zu kompromittieren, Gäste an einer europäischen Tafel zu sein. Der Heißhunger ist ein schlechter Zeremonienmeister!

Als die Damen wieder ins Zimmer traten, blickte unser metamorphisierter Schiffsjunge die vor ihm aufgetischten Herrlichkeiten mit trauriger Miene an. Von der Prinzessin aufgefordert zuzulangen, erwiderte er, auf seinen roten Gürtel blickend, der nicht so lose wie die abgelegte Schiffsjacke seinen Leib umschloß, mit feuchten Augen: »My belly is so full!«, welche Äußerung, von ihm ins Arabische übersetzt, den feinen Lippen der Damen ein heiteres Lächeln abnötigte. Sie luden ihn ein, so viel von den Konfitüren und Früchten einzustecken, wie die weiten Pumphosen fassen könnten. Nicht zweimal ließ er sich das sagen. Rasch hatte er seine Kleider so vollgestopft, daß sein kleiner Kopf mit den dünnen Armen unmittelbar an zwei ausgespreizte Elefantenfüße angesetzt schien und er eine höchst komische Figur machte.

Ich hatte bemerkt, daß die Damen mich häufig mit einer gewissen Verlegenheit fixierten und, nachdem sie mir ins Gesicht geblickt, die Augen verschämt niederschlugen. Auf mein Befragen erfuhr ich, daß mein unbedecktes Gesicht ihnen anstößig sei, so wie es uns die Erscheinung einer nackten Person sein würde. Sie baten, mir eine Maske anlegen zu dürfen, und nachdem eine Dienerin mir eine vorzüglich schön verzierte umgebunden hatte, riefen sie einstimmig aus: »Tahip, tahip, schön, schön!«

Zum zweiten Mal mußte ich die beschämende Erfahrung machen, daß die Bewunderung meiner Schönheit nicht meinen persönlichen Reizen, sondern lediglich den angelegten Toilettengegenständen galt. Ist es wohl in Europa, in dem Land, wo Künste, feiner Geschmack und Ästhetik par excellence kultiviert werden, viel anders? Wird nicht auch dort manche Schönheit erst recht bewundert, nachdem sie durch eine oft absurde Mode halb entstellt ist? Das Auffallendste hier war das Verbergen des Gesichts im Gegensatz zu der unzulänglichen Umhüllung der Gestalt mit durchsichtigem Krepp, der die Körperformen völlig durchscheinen läßt.

Man sagte mir, das Bedecken des Gesichts werde sehr streng beobachtet, und der Anblick eines entblößten Frauengesichts sei den Frauen selbst höchst peinlich. Nicht einmal die Mutter sieht das Gesicht ihrer Tochter nach dem zwölften Jahr unbedeckt, nur dem Eheherren steht das Recht zu, die Maske zu lüften.

Nach manchen Fragen und gegenseitigen Mitteilungen, die viel Intelligenz und fortgeschrittene Geistesbildung der Prinzessinnen bewiesen, wie ich sie noch bei keinen muselmännischen Frauen, selbst nicht bei den asiatischen Christinnen, gefunden hatte, schied ich von ihnen, die schöne Maske, die ich als Andenken gern behalten hätte, mit Bedauern wieder in ihre Hände zurückgebend.

Wir mußten unserem Versprechen gemäß gegen Abend zum Schiff zurückkehren.

Die Falaj von Bedia

Oman

13 *Ein höchst ausgefeiltes Bewässerungssystem, dessen Ursprünge in Persien vermutet werden – dort heißen die unterirdischen Wasserkanäle Qanate –, existiert auch heute noch in Oman: die Falaj, weit ausgedehnte Kanalnetze, die sich aus Grundwasservorkommen speisen und über weite Strecken unter, aber auch über der Erde verlaufen. Sie führen Wasser in die Oasengärten, das den einzelnen Grundstücken über Verteilungsschleusen für genau festgelegte Zeiträume zugeteilt wird. In den Oasen war und ist der Scheich, der die Wasserverteilung überwacht und Streitigkeiten um die Zuteilung schlichtet, ein hochgeachteter Mann.*

James Raymond Wellstead (1802–1839) sollte herausfinden, wie das Innere von Oman beschaffen sei und wie weit die Macht des Sultans von Muscat eigentlich reichte; er traf auch mit feindlich eingestellten Wahhabiten aus dem Inneren zusammen, aber seine Taktik, in zweifelhaften Momenten die eigene Eskorte zu entwaffnen, um Zusammenstöße zu verhindern, war erfolgreich. Er kehrte unbeschadet an die Küste zurück.

James Wellstead gehörte zur Besatzung des britischen Schiffes »Palinurus«, das von 1834 bis 1837 Vermessungen an der südarabischen Küste vornahm. Seine Sympathie für die Leute, denen er begegnete, seine Teilnahme an ihrer Lebensart und sein fröhliches und offen ausgesprochenes Erstaunen über die Fruchtbarkeit unvermuteter Oasen und die wilde Schönheit der Landstriche, durch die er zog, machten ihn zu einem der wenigen Europäer, die von den Einheimischen geachtet und geschätzt wurden.

Im Fieberdelirium schoß er sich selbst in den Kopf, lebte aber noch drei qualvolle Jahre, bevor er in Indien im Alter von nur 37 Jahren starb. Seine Reiseberichte wurden posthum veröffentlicht.

Bedia besteht aus sieben kleinen Ortschaften, die in ebenso vielen Oasen liegen, jede mit 200 bis 300 Häusern. Der Suk oder Markt wird in derjenigen gehalten, welche dem Mittelpunkt am nächsten liegt. Auffallend ist die tiefe Lage jener Ortschaften. Sie sind nämlich in künstlichen Vertiefungen von sechs oder acht Fuß abwärts angelegt, und das ausgegrabene Erdreich hat man rings umher in Hügeln aufgehäuft. Es waren diese die ersten Oasen, die ich bisher sah, und ich richtete daher meine ganze Aufmerksamkeit auf sie. Ich fand, daß diese wie fast alle Orte im Inneren von Oman ihre Fruchtbarkeit der Geschicklichkeit verdanken, womit die Einwohner Wasser herbeizuleiten verstehen, was hier auf eine eigentümliche Weise geschieht und mit einem solchen Aufwand von Zeit und Kunst, daß man dabei mehr an chinesische als an arabische Industrie denkt. Da der größere Teil des Landes des perennierenden Flußwassers entbehrt, so hat man an höher gelegenen Stellen Quellen aufgesucht. Wie sie solche zutage bringen, weiß ich nicht zu sagen, aber die Kunde davon scheint einer besonderen Klasse von Leuten eigen zu sein, die zu diesem Zweck im Lande umherziehen. Einige solche Quellen waren bis zur Tiefe von 40 Fuß [12 m] aufgegraben. Von einer solchen Hauptquelle aus wird dann ein langsam abfallender unterirdischer Kanal gegraben, mit Öffnungen nach oben in regelmäßigen Abständen, damit Licht und Luft Zugang haben für die, welche ihn reinigen. So leitet man das Wasser oft sechs bis acht englische Meilen [10 bis 13 km] weit und gewinnt einen ununterbrochenen Zufluß.

Diese Kanäle sind gewöhnlich etwa 4 Fuß [1,2 m] breit und 2 Fuß [0,6 m] tief und haben eine klare, rasche Strömung. Wenige von den größeren Städten oder Oasen haben vier oder fünf solcher Flüßchen oder Falaj, wie sie genannt werden. Die verinselten Orte, die auf diese Weise bewässert werden, gewinnen dadurch einen so fruchtbaren Boden, daß die meisten Getreidearten, Früchte und Gemüse Indiens, Arabiens und Persiens beinahe wild wachsen, und man darf die Erzählungen von den fruchtbaren Oasen nicht für Übertreibung halten, wo ein einziger Schritt den Wanderer aus dem öden Sand der Wüste in eine fruchtbare Aue versetzt, die, von hundert Bächen bewässert, von der üppigsten Vegetation strotzt und mit hohen stattlichen Bäumen überwölbt ist, deren schattiges Laub auch die stechendsten Strahlen einer glühenden Mittagssonne nicht durchdringen. Die Mandel-, Feigen- und Walnußbäume sind von enormer Größe und die Fruchtbüschel so dicht auf den Orangen- und Zitronenbäumen, daß wohl kaum der zehnte Teil davon wirklich geerntet werden kann. Am höchsten erhebt sich die Dattelpalme und wirft auch ihren Schatten noch über das dunkle Gemälde hin. Man mag sich eine Vorstellung von diesen dichten Schatten machen, wenn ich bemerke, daß ein Fahrenheit-Thermometer, das im Haus auf 55° [13° C – Wellstead war im Dezember in Bedia] stand, im Freien, und zwar 6 Zoll [15 cm] vom Boden, auf 45° [7° C] fiel. Wegen dieses Schattens und des vielen Wassers hat man dort immer viel Dünste und selbst während der Tageshitze eine feuchte Kälte. Solche Orte geben in der Tat eine ganz eigentümliche Szene ab, die vielleicht nirgends ihr völlig Entspechendes hat. Nichts kann dies anschaulicher machen als die Menge der Erzeugnisse, die hier oft auf einem Stückchen Land gezogen werden, das nicht mehr als 300 Ellen im Durchmesser hat; ich bin überzeugt, daß ein gleicher Raum nirgends in der Welt so viele verschiedene Arten von Gewächsen in solcher Üppigkeit und in so vollkommener Gestalt hervorbringt.

Gefangen in Sif

Jemen

14

Der Hadramaut ist das sagenumwobene Land in den Küstengebirgen des südlichen Arabien, zu Wredes Zeiten im Westen nur aus phantastischen Erzählungen bekannt. In tiefen Wadis versteckte Städte mit großen Dattelhainen und hohen Häusern, felsige Berge und Plateaus, die in die Wüste des Leeren Viertels eintauchen – auch nach heutigen Begriffen eine tief beeindruckende Landschaft.

Von der Landschaft und den Leuten und der Stadt Shibam wird in diesem Band noch ein anderer Autor erzählen (Text Nr. 25). Weil aber ein Buch über Arabien ohne einen Augenzeugenbericht über eine heftige Auseinandersetzung zwischen Arabern und Europäern nicht vollständig wäre, folgt hier ein Abschnitt aus Wredes Tagebüchern über einen Zwischenfall, der zum Glück gut ausgegangen ist.

Über Adolph von Wrede (geboren um 1800 in Münster in Westfalen), einem Fernwehgeplagten, weiß man nur sehr wenig. Er war Offizier in Diensten mehrerer Länder, lebte zeitweilig in Kairo und sprach Arabisch. Er gab sich als Ägypter aus, der wegen eines Gelübdes zum berühmten Grab des Hud im Hadramaut wallfahren wolle. Zu dieser Zeit waren Europäer im Hadramaut ganz besonders verhaßt (die Briten hatten sich einige Jahre vorher in Aden festgesetzt), und nicht nur einmal mußte Wrede um sein Leben fürchten.

Nach Europa zurückgekehrt, fanden seine Erzählungen und Notizen zunächst keinen Glauben. Berühmte Männer wie Alexander von Humboldt drückten öffentlich ihren Zweifel daran aus. Um 1856 soll Wrede nach Texas ausgewandert und später dort oder 1863 in Istanbul gestorben sein. Sein Bericht wurde erst 1870 veröffentlicht und der Autor rehabilitiert.

24. August. Vor der Stadt Sif fand ich mehrere Tausende von Beduinen versammelt, die am folgenden Tage der Syara [Versammlung] des Scheich Sayid Ibn Yassa el-Amud in dem eine halbe Stunde entfernten Qahdun beiwohnen wollten.

Kaum im Gewühl angelangt, rief man von allen Seiten: »Das ist der Spion der Ferengi!« Und der ganze Haufen stürzte auf mich los, riß mich vom Kamel, entwaffnete mich, band mir unter Mißhandlungen die Hände auf den Rücken und führte mich mit blutendem Gesicht und staubbedeckt vor den daselbst herrschenden Sultan Ali Mohammed Ibn Abd Allah Ibn Noman Ben Sayid Ibn Yssa el-Amud. Alles drängte sich mir nach bis in die Stube, wo der Sultan sich befand und die bald bis zum Ersticken mit Beduinen erfüllt war. Wie rasend schrien diese durcheinander, daß ich von den Ferengi in Aden ins Land geschickt sei, um es zu erforschen, und daß er mich solle hinrichten lassen.

Der Sultan fing nun an mich auszufragen, und ich beantwortete seine Fragen so ausführlich wie möglich. Jedoch ließ man mich nicht lange reden, und der ganze Schwarm übertobte mit seinem Geschrei meine Worte. Meine Lage war im höchsten Grade kritisch; denn obwohl ich bemerkte, daß der Sultan unentschlossen umhersah, wußte ich doch zu gut, daß er am Ende seinen Beschützern nachgeben mußte, und ich erwartete deshalb jeden Augenblick, daß er den Befehl zu meiner Hinrichtung geben würde. In diesem Augenblick voll unbeschreiblich bitterer Gefühle, den ich für alle Schätze der Welt nicht noch einmal durchleben möchte, in dem die Ereignisse meines Lebens und die Gestalten meiner fernen Lieben gleich den immer wechselnden Bildern eines Kaleidoskops an meiner Seele vorüberzogen, in diesem entscheidenden Augenblick drängten sich die Scheichs Habyb und Abed el-Qadir durch die tobenden Beduinen und erklärten laut, daß, da ich unter ihrem Schutz stände, der Weg zu mir nur über Leichen gehen könne, und zu gleicher Zeit löste Habyb die Stricke, mit denen ich gebunden war.

Gleich darauf kam auch der Scheich des Stammes Mahfus und erklärte sich als Beschützer der Stadt Meched Ali auch zum Dachayl [Beschützer] des Schützlings Scheich Habybs. Andere Scheichs kamen nun auch herzu und verlangten, daß die Ulema und der Kadi über mein

Schicksal entscheiden und ich bis dahin Gefangener sein sollte. Man brachte nun eine kurze eiserne Stange, an deren Enden Fußschellen angebracht waren, schloß meine Füße hinein und brachte mich eine Treppe höher in ein kleines Gemach, wohin mir durch die Fürsorge meiner Beschützer meine Sachen gebracht wurden. Gegen Abend kamen meine beiden Freunde mit dem Scheich der Mahfus und sagten mir, daß die Entscheidung der Ulema erst nach der Syara stattfinden würde; ich sollte daher nur unbesorgt sein, denn sie würden nicht zugeben, daß mir ein Leid geschehe. Übrigens wurde ich mit allem versehen, was ich brauchte.

Die Stadt Sif zählt ungefähr 3.000 Einwohner und ist mit Feldern umgeben, die durch zwei Kanäle bewässert werden, deren Lauf ich von meinem Gemach aus deutlich sehen konnte; einer derselben kommt aus dem Wadi Doan, der andere aus dem Wadi Ayssar. So weit mein Blick reichte, sah ich weder Dattelpalmen noch andere Bäume, und das ganze Wadi hatte ein ödes und trauriges Ansehen. Sif gehört schon zum Wadi Hadscharym.

26. August. Abends kam Scheich Habyb zu mir und benachrichtigte mich, daß die Ulema und die Scheichs den Ausspruch getan hätten, daß ich unter der Bedingung freigelassen werden solle, alles herauszugeben, was ich während der Reise geschrieben, und direkt nach Mukalla zurückzukehren. Dieser Nachricht zufolge sammelte ich alle die kleinen Heftchen, in die ich während der Reise meine Notizen mit Bleifeder verzeichnet hatte und die mir nichts mehr nutzten, da sie immer mit Tinte von mir ins Reine geschrieben waren. Zu diesen fügte ich noch zwei Ansichten und einen Bogen, auf welchem Instruktionen zur Anwendung der Medikamente geschrieben standen; von der himyarischen [vorislamischen] Inschrift machte ich eine Abschrift und fügte sie zu den anderen; alles andere versteckte ich in den Körben unter den Arzneien.

Am 27. früh kamen der Sultan, der Kadi von Sif, drei Ulema, meine Beschützer und die Scheichs von Mahfus und Asswad zu mir ins Zimmer und verlangten, nachdem sie sich niedergelassen hatten, die Auslieferung der Papiere. Nachdem ich ihnen die für sie vorbereiteten Schriften übergeben hatte, fragte mich der Kadi, was das für Schrift sei, worauf ich ihm zur Antwort gab, es sei türkisch. Zum Glück war keiner zugegen, der die türkischen Charaktere kannte oder wußte, daß sie mit den arabischen ein und dieselben sind. Der Kadi verlangte hierauf einen Napf mit Wasser, in welchen er die Papiere, nachdem er sie in kleine Stückchen zerrissen hatte, warf, einige Gebete über sie sprach, sie hierauf zu einem Brei verarbeitete und mit einem »Bismillah (Im Namen Gottes)« zum Fenster hinauswarf. Nun setzte sich der Sultan neben mich und machte sich über meinen Quersack, aus dem er alles hervorzog und betrachtete. Alle Gegenstände, die ihm gefielen, legte er auf die Seite und sagte, daß ich sie ihm zum Andenken schenken möchte; so beschenkte er sich denn mit einer Schere, einem Rasiermesser, Spiegel und anderen Kleinigkeiten. Endlich fand er auf dem Grund des Quersacks den Beutel, in welchem ich mein Geld verwahrte, und erklärte mir ohne weiteres, daß er mir das nicht zurückgeben könne, indem ich sonst meine Reise wieder fortsetzen würde. Hierin hatte er auch vollkommen recht, denn im Fall, daß er es mir gelassen hätte, hätte ich, einmal aus seiner Gewalt, unter Beduinenschutz meine Reise nach Meschhed Ali und Qabr Hud fortgesetzt. Aus diesem Grund protestierte ich gegen die Fortnahme meines Geldes und fragte ihn, wie ich es denn ohne Geld anfangen solle, seinem Willen gemäß nach Mukalla zu reisen? Worauf er mir erwiderte, daß das seine Sache sei, er würde mir Proviant genug und einen Dachayl bis ans Meer geben. Hiermit stellte ich mich aber nicht zufrieden und bemerkte, daß ich von Mukalla bis Ägypten noch einen weiten Weg habe und ohne Geld nicht dahin gelangen könne. Auf diesen Einwand nahm er aber keine Rücksicht und steckte den Beutel mit den Worten in seinen Gürtel: »Allah ist groß! Er wird dir schon helfen!«

Den Korb mit den Medikamenten ließ er unbeachtet, als ich ihm sagte, was er enthielt. Man nahm mir nun meine Fesseln ab und übergab mich einem Beduinen des Stammes El Hammam ed-Dynn, einer Abteilung des Stammes Beni Sayban, mit dem Auftrag, mich geradewegs nach Mukalla zu bringen und darauf zu achten, daß ich während der Reise das Land nicht »aufschriebe«. Schon glaubte ich alles berichtigt, als der Sultan mich fragte, wo ich die Dose hätte, in der sich etwas bewege? Ich tat, als ob ich ihn nicht verstünde, und erklärte, keine solche Dose zu besitzen. Damit ließ er sich aber nicht abspeisen, sondern öffnete mein Oberhemd und zog mir den Chronometer aus der Tasche, den ich sogleich öffnen mußte. Der Chronometer ging nun von Hand zu Hand, und ein jeder stöberte mit dem Finger darin herum. Endlich erklärte der Sultan ihn als sein Eigentum, da er mir dazu diene, das Land »aufzuschreiben«.

Ungefähr eine Stunde später trat ich, ohne einen Pfennig Geldes zu besitzen, meine Rückreise nach Mukalla an.

Vom Leben der Beduinen

Nördliches Saudi-Arabien

15

Die Nomaden des Nordens sind seit Jahrhunderten an Fremde gewöhnt. Sie handelten mit Irakis und Syrern und ließen sich dafür bezahlen, daß die Pilgerkarawanen ungehindert ihres Weges ziehen und die Wasserstellen benutzen konnten.

Und so war es möglich, daß Charles Doughty mit den Nomaden ziehen konnte, ohne vorgeben zu müssen, etwas anderes zu sein als das, was er war – Europäer und Christ. Zunächst reiste er mit der Pilgerkarawane von Damaskus in Richtung Mekka und wollte bei Meda'in Salih vorislamische Inschriften aufnehmen; dann machte er auf Empfehlung eines Brunnenwächters die Bekanntschaft von Scheich Zeyd und lebte und wanderte mit ihm und seinem Stamm. Fast zwei Jahre verbrachte er im nördlichen Arabien, nicht ohne Schwierigkeiten mit anderen Stämmen. Zwei Monate saß er in einem Kerker gefangen, und der Sherif von Mekka (Doughty hatte nicht versucht, sich in Mekka einzuschleichen) schob ihn nach Jeddah an den englischen Konsul ab, um ihn ohne Zwischenfall loszuwerden.

Charles Doughty (1843–1926) wollte eigentlich Offizier werden, bestand aber die Aufnahmeprüfung nicht. Er war von schwächlicher Statur und stotterte. Sein Schreibstil ist ausgesprochen präzise, dabei episch und melodisch, so ungewöhnlich, daß er zunächst Schwierigkeiten hatte, einen Verleger zu finden.

T. E. Lawrence, »der« Lawrence, bezeichnete sein Buch als unverzichtbar – Doughty war der erste, dem das normale und uns so ferne Leben der Beduinen eine eingehende Beschreibung wert war. Nach seiner Arabien-Reise schrieb er in England poetische Literatur, die heute vergessen ist. Aber sein Buch über Arabien und die Araber blieb ein ganz besonderes Werk.

Als wir nach den Nomaden Ausschau hielten, sahen wir plötzlich sich langsam bewegende Umrisse von Kamelen, die verstreut am Horizont weideten. Da der Sonnenuntergang nah war, wurden sie in das Beduinenlager (Menzil) getrieben, das eine Stunde entfernt war. Als wir die Hirten erreichten, saßen wir ab und setzten uns nieder, und einer der jungen Männer nahm unsere Trinkschale und molk für uns seine Nagas (Kamelstuten). Dies ist »Kheyr Ullah«, Gottes Wohltat, die keinem Reisenden vorenthalten werden darf, auch wenn die armen Besitzer selbst leer ausgehen müßten. Bald darauf fragten meine Begleiter, ob ich mich schlecht fühlte, denn, so sagten sie, Fremde bekämen normalerweise Schmerzen, wenn sie das erste Mal Kamelmilch getrunken hätten. Diese etwas herbe, dünne Milch gerinnt im Magen schnell zu festen Klumpen.

Als wir uns den Beduinenzelten näherten, blieben wir etwas zurück, wie es die Höflichkeit der Wüste verlangt, während unser Gastgeber Zeyd voranritt. Sein Zelt war ein kleines Sommer- oder Wanderzelt, das sie Hejra nennen, gebaut - so nennen sie es - auf dem Sand. Armselig und niedrig sah es aus, eines großen Scheichs nicht würdig, und drinnen war kein fröhlich bunter Teppich ausgebreitet: Hier gab es nicht das Wohlleben, das ich bisher von den Beduinen des Nordens kannte. Zeyd führte mich mit ernsthaftem Lächeln hinein, und zu meiner gelinden Überraschung mußte ich hinter ihm das Frauenquartier betreten. Diese vor einiger Zeit eingewanderten Beduinen hegen den Nasranis (Christen) gegenüber, die sie aus dem Norden kennen, kein Mißtrauen und haben von ihnen als ehrlichen Leuten gehört, ehrlicher als die Muslime. Zeyd stellte mich seiner jungen Frau vor: »Khalil«, sagte er, »dies ist Eure neue Tante (Ammatak - Gastgeberin), und hier, Hirfa, ist Khalil; und sieh zu, daß Du Dich gut um ihn kümmerst.« Am Morgen waren Männer des Stammes vom Markt zurückgekommen; die Nomaden blieben dann noch einen Tag im Borj Selman, und am dritten Morgen wurde das Lager abgebrochen. Die Gegend liegt auf einer Höhe von fast 1.500 m.

Die Verlegung eines Nomadenlagers, der Zug der Tiere von einem zum anderen Weidegrund wird »Rahla« genannt. In der gestrigen Mejlis [Versammlung] haben sie beschlossen, wohin und wie früh; oder es ist dem Scheich überlassen; dann beobachten die Nachbarn bei Tagesanbruch das Zelt des Scheichs, um festzustellen, ob seine Frauen es abbrechen. Wenn sie das sehen, beginnt die Rahla. Dann beeilen sich die Beduinenfrauen, die Zeltpflöcke herauszuziehen, und die Zelte fallen zusammen. Das Zelttuch wird aufgerollt, die Zeltstangen werden eingesammelt und gebündelt. Sie tragen die Haushaltsutensilien zusammen, die in wollenen, selbstgewebten Säcken stecken, und laden sie den Lastkamelen auf. Wie das die Nachbarn und wiederum deren Nachbarn sehen, werden bald alle Zelte im weit verteilten Lager abgebrochen. Die Hirten ziehen los. Die Frauen steigen mit ihrem Gepäck auf die Kamele, die Männer reiten auf ihren Theluls [Reitkamelen] los; sie haben nur Schwert oder Flinte hinter sich am Sattel hängen, tragen lange Lanzen in der Hand und folgen dem Scheich: Und so wandert das Nomadendorf. Wenn aber das Zelt des Scheichs stehenbleibt und es schon eine Stunde nach Sonnenaufgang ist, wenn das Vieh auf die Weide getrieben gehört, sagen die Leute: »Laßt die Tiere auf die Weide, heute gibt es keine Rahla.«

Der Morgen - es war um den 16. Februar - war hier im Hochland windig und kalt. »Shil! Aufladen!« rief Zeyd. Und Hirfa, zitternd und seufzend, machte sich an das Einpacken des Haushalts. Scheichehemänner helfen ihren zarten Frauen beim Herrichten des Gepäcks nicht. Selbst in den Augen ihrer Frauen ist das ihrer nicht würdig. Die Männer bleiben sitzen und wärmen sich bis zum letzten Moment an brennenden Zweigen, die sie zusammengetragen haben, und üblicherweise bereitet Zeyd Kaffee. Die Lastkamele werden hergeführt und zwischen den Lasten zum Niederknien gebracht. Nur der Hirte hilft Hirfa, die Bündel auf den groben Packsätteln (Hadaj, einem hölzernen Rahmen aus Akazienholz, den ein Schmied oder ein Angehöriger des Stammes der Solubby gemacht hat) zu befestigen. Das Unterfutter aus altem Zelttuch, Wittr, ist mit trockenem Kraut gefüllt, und das Ganze wird mit einem einfachen Strick unter dem Bauch des Kamels hindurch zusammengehalten. Zeyd, zu Hilfe gerufen, um die überschweren Lasten mit zu tragen, tat es unwillig und brummte: »Ist ein Scheich etwa ein Lastenträger?« Ich half auch, die schweren Säcke hochzuhalten, bis sie auf beiden Seiten gleich verteilt und festgebunden waren. Zeyd war Herr über keinen kleinen Stamm. So ein Herr sollte sich nicht vor den Augen anderer Männer abplagen. Dafür hat er seine Leute. Ein großer Scheich kümmert sich vielleicht im Menzil ein bißchen um seine eigene Stute, wenn alle Hirten den ganzen Tag unterwegs sind. Aber wenn er sie zum Brunnen gebracht hat, falls es denn einen gibt, wird er jemanden von den einfachen Stammesleuten rufen, damit der das Wasser heraufzieht. Die Söhne von Scheichs aber sind, solange sie klein sind, und auch noch als junge Männer, die schon Waffen tragen, viel mit dem Vieh des Stammes und mit den Hirten als Gefährten unterwegs. Ich habe Zeyd mit einer Sichel ausziehen sehen, um für seine Stute Futter zu schneiden und einen Mantelvoll auf dem eigenen Rücken heimzutragen. Mit Wehleidigkeit in seinem dunklen Gesicht grummelte er dabei, daß das eigentlich Selims, seines Sohnes, Pflicht sei. Er machte seinem Sohn, der oft ungezogen war, Vorwürfe und nannte ihn die Qual seines Lebens, Sheytan [Satan], drohte ihm aber nie, denn das kommt einem Beduinenvater nicht in den Sinn.

Wir wanderten kaum 15 Kilometer weit und schlugen das Lager vier Stunden östlich von Dar el-Hamra auf. Die Frauen »bauten« geschäftig die Zelte auf, die Männer aber, sobald sie abgesessen sind, tun gar nichts. Wenn sie sich nicht um die Herden kümmern oder auf einem Raubzug sind, sitzen sie den ganzen Tag herum, faulenzen und spielen den Herren. Die Jowwar (Hausfrauen), sagen sie, seien für die Hausarbeit da und müßten gehorchen. Zeyd hatte in einem Loch am Hang der Düne, wo wir vor dem scharfen Wind Schutz gesucht hatten, bis die Beit [Zelte] standen, ein kleines Feuer gemacht. Davor kniete er hin, um mit der Heiterkeit der Beduinen unser Zigeunerfeuer anzufachen. Selim sammelte Holz, und wir setzten uns nieder, um uns zu wärmen und Heuschrecken zu rösten.

Wir blieben zwei Tage an dieser Stelle, zogen dann bei mildem Wetter durch das gleiche sandige Gelände fünf Stunden weiter nach Osten und schlugen unser Lager bei El-Antarieh auf. Sanft und leicht ist die reine Luft in den Wüsten des Hochlandes, aber Wasser ist knapp und mit Kamelurin versetzt. Auf Zeyds Befehl teilte mir Hirfa jeden Morgen ein paar Tropfen des kostbaren Wassers zu, damit ich mich waschen könne »wie die Leute in der Stadt«. Sie hielt es für Verschwendung, wo doch die Stammesangehörigen tagaus, tagein nicht eimal genug zu trinken haben. Oft genug gibt es zwischen den Wasserstellen auch in den Zelten der größten Scheichs weniger als einen halben Liter Wasser. Und wenn der Hausherr seine Hausfrau anweist, die Schale zu füllen, um den Gästen Kaffee zu kochen, kommt von ihrer Seite die Antwort: »Wir haben kein

Wasser!« Zu viel vom Wasservorrat eines großen Scheichs wird von seiner Stute verbraucht. Pferde sind von allen Haustieren der Wüste die, die Durst am wenigsten ertragen können. Zeyd brachte häufig diese einleuchtende Entschuldigung vor, denn sogar das Austeilen von winzigsten Mengen von Kaffee war ihm zuwider: »Es gibt kein Wasser!« Motlog, der große Scheich, kam eines Morgens zu mir und fragte gleich: »Habt Ihr schon Kaffee getrunken?« »Heute noch nicht, es heißt, es gäbe kein Wasser.« »Nanu,« fragte er, »Zeyd hat Euch heute noch keinen Kaffee gekocht?« Selbst die ärmeren Scheichs unterlassen es nicht, ihrer Gefolgschaft den Morgenkaffee anzubieten. Motlog kannte seinen Vetter Zeyd, lächelte und sagte: »Wie kann das sein, daß Zeyd kein Wasser hat. Aber, Khalil, kommt zu mir, und ich werde Euch Kaffee bereiten!« Er nahm mich mit zu seinem Zelt, das nicht weit entfernt war; dort setzte er sich ans Feuer, und als Scheich seines Stammes röstete und zerstampfte er die Bohnen, kochte Wasser und bereitete so den Trank der Gastfreundschaft für den christlichen Fremden.

An diesem Lagerplatz passierte es Zeyd, daß eins seiner Kamele von Wölfen in Angst und Schrecken versetzt wurde und weglief. Beim Morgengrauen bestieg er sein Pferd und ritt davon mit der langen blitzenden Lanze über der Schulter, um seinen Spuren zu folgen. Am Tag darauf kam er mit dem Kamel zurück: Er hatte es bei Birket Moaddam gefunden.

Drei Tage später verlegten die Nomaden ihr Lager etwa 20 Kilometer nach Südosten in eine Gegend mit Namen Khussherkish. Es war jetzt der 22. Februar, und hier gab es Rabia, frische, blühende Frühlingskräuter. Es gab eine Art von wildem Raps, Pimpernelle und Ampfer, genannt Humsis. Rabia ist das jährliche Frischfutter und sogar lebenswichtig für die Tiere der Nomaden. Wunderschön anzusehen war dieser Feengarten voller Blüten in der Wüstenei. Als mich die Beduinen über die göttliche Architektur dieser lebendigen Juwele nachsinnen sahen, hielten sie es nur für die kindische Freude eines Fremden. Wenn ich nach den Namen von Pflanzen fragte, bekam ich nur zur Antwort: »Das heißt alles El-Ussub, Frühlingsfutter, sehr gut für unser Kleinvieh und die Kamele.«

Dieser hochgelegene, dürre Landstrich ist auf einige Tagesreisen weit eben. Er besteht zum größten Teil aus Sand und Sandsteinkies, ohne Rinnen oder Wadis; es ist Hochland, in dem die schwachen arabischen Regen keinen Abfluß erzeugen.

Zeyd wußte, daß ich bei El-Hejr Inschriften kopiert hatte. Es gibt viele, verteilt über die Felsen der Wüste, und er sagte: »Morgen kommen wir hinunter nach Makuttaba«, und dort würde er mir viele zeigen. Makuttaba ist eine natürliche Zisterne im Sandstein und benannt wie das Tal der Inschriften auf dem Sinai, weil die Felswände über und über mit ungeordneten himyarischen Schriftzügen bedeckt sind: Alle nur eine Zeile lang oder zwei, vielleicht nur bedeutungslose Namen von Besuchern der Wasserstelle in alter Zeit, mit vielen uralten Abbildungen von Kamelen. Der weiche Fels ist stark erodiert, es gibt nur selten eine lesbare Inschrift; man findet sie an allen Wasserstellen, die immer schon Rastplätze waren. Die Nomaden der Antike – die Wahrscheinlichkeit spricht dafür, daß sie es waren, die so grobe Inschriften hinterlassen haben – hätten dann (im Gegensatz zu den Beduinen von heute) die Schrift gekannt. Oder ist das alles ein Werk von Reisenden der Antike? Die alten Umrißzeichnungen sind alle rund und lebendig, wenn auch etwas in die Länge gezogen. Die Beduinen von heute, Hirten, die Muße haben, verfertigen nur noch ungeschlachte Bilder auf den Wüstenfelsen, wie wir sie von Kinderzeichnungen kennen. Zeyd nannte die Inschriften »Temathil el-Helalat«, Bilder der Beni Helal.

Die Kamele, die nun die saftige Rabia fraßen, waren »jezzin«, ungetränkt. In einem guten Frühling sind sie auf der »Dira«, der jährlichen Rundreise der Nomaden, fast zweieinhalb Monate »jezzin« und werden nicht zu den Wasserstellen gebracht. Dann ist die Kraft der Gräser verbraucht, die eben noch so frisch die Erde bedeckten, und sie welken dahin und trocknen in der Sonne ein. Ich habe gesehen, wie nach einem Schauer die ungetränkten Kamele Regenwasser in einem Felsenloch fanden; sie beugen langsam ihre schweren langen Hälse hinunter; dann schnüffeln sie am Wasser, benetzen nur die Ränder ihrer schlaffen Lippen, blasen das Wasser aus und schütteln den Kopf wie in Widerwillen. Die Kamele der Nomaden sind kräftig und übermütig in diesen fetten Wochen der Frühlingsweide. Jetzt setzen sie Fleisch und Fett im Höcker an für die Härten des Wüstensommers und für ein langes Jahr. Vollgefressen werden sie bei Sonnenuntergang heimgetrieben und kommen in großen Sätzen vor ihren Hirten zurück. Die Männer, die daheimgeblieben sind, kommen aus ihren Zelten und locken die vorbeitrabenden Tiere mit lautem »Wollo-wollo-wollo« und bringen sie zum Halten mit »Woh-ho, woh-ho, woh-ho!«

Wenn eins die Zeltseile berührt, wird es mit »Hutch« getadelt. Die Kamelgruppen werden neben und vor allen Dingen vor dem Zelt der Besitzer zum Niederknien gebracht. Da liegen sie die Nacht über, richten sich manchmal auf und käuen bis zum Morgengrauen große Mengen wieder. Die Nomaden sagen, daß ihre Kamele niemals schlafen. Ein müdes Tier mag seinen langen Hals auf dem Boden ausstrecken und dabei seine großen feuchten Augen schließen; aber schon nach einer kurzen Weile wird es seinen schlaffen Körper wieder spannen und weiterkauen. In dieser Jahreszeit des frischen Futters stehen sie auch in der Nacht auf, um zu grasen, und entfernen sich dabei von den Zelten der schlummernden Nomaden. Aber von Natur aus ängstlich, streifen sie nicht sehr weit umher. Wenn ich manchmal nach Mitternacht aufwachte und merkte, daß unsere Kamele unterwegs waren, ging ich los, um sie zurückzuholen. Aber die Beduinen sagten: »Schlaft weiter, Khalil, es ist nicht nötig. Laßt sie fressen, wo sie wollen.« Sie wollten, daß die Tiere weideten, so viel sie nur konnten; aber nicht selten gehen sie ihrer Tiere durch nächtliche Räuber verlustig.

Kamele, das einzige, was die Nomaden zum Lebensunterhalt haben, begründen alles Wohlergehen. Sie sagen: »Neshil: Wir laden ihnen Lasten auf, und wir bekommen Halib, Milch, von ihnen.« Die Kamelstuten sind zwölf Monate lang trächtig. Jetzt, zum Anfang der Rabia, kam die Zeit der Geburten. Das Nomadenjahr wird folgendermaßen unterteilt: Er-Rabia, der dreimonatige Frühling; El-Gayth, der dreimonatige Hochsommer; Es-Sferry, der dreimonatige Herbst, und Es-Shita, der Winter. Wer sich damit auskennt und auch damit, wie man sich nach den Sternen orientiert, gilt bei den Beduinen als ein gelehrter Mann.

Die Beduinen lagerten, wenn es gute Weide gab, und wir blieben meistens bis zum dritten oder vierten Morgen an derselben Stelle. Ihre Heimstatt, wo immer sie steht, nennen sie »El-Aarab umjemmin«, das heißt, das Lager steht. Die Hirten bringen Nachrichten über die umliegenden Weiden, und nach der Entscheidung der Scheichs in der Mejlis ziehen die Leute weiter, normalerweise über eine Entfernung um die zwanzig Kilometer. Und nun ging es in Richtung Teima.

Wenn die Entfernung zwischen zwei Lagern nur kurz ist, wandern die Beduinen geruhsam, und die Tiere grasen während des Rittes. Die Scheichs reiten zusammen voraus, und die Frauen reiten mit ihrer Gruppe von

Lastkamelen; wenn es nötig sein sollte, kommen die nächsten Hirten zu Hilfe. Nachbarn steigen ab, um ihren Nachbarn und sogar Fremden zu helfen. Die großen und die kleinen Tiere werden im Zug eines Haushalts mitgetrieben. Man sieht Hausfrauen absteigen und ein Schwätzchen haltend und barfuß (niemand trägt etwas an den Füßen) neben ihren langsamen Kamelen marschieren, und dabei spinnen sie. Die Beduinenmänner aber sagen, die Frauen sollten immer reiten und sich schonen, denn viel Arbeit warte auf sie im Lager. Die Frauen der Fukara sitzen eine Stunde vor Mittag ab, um ihre paar Schafe und Ziegen zu melken. Familien und Verwandte bilden jeweils mit ihrem Vieh eine eigene Gruppe. So sind die Nomaden auf der Wanderung weit verstreut, und in dem weiten und ebenen Land (meistens ganz eben, aber voller Klippen) sahen wir meistens nur die, die uns am nächsten marschierten, auch wenn wir zu mehreren Hunderten unterwegs waren. Zeyd kam zu uns zurück, wenn er den neuen Lagerplatz erreicht hatte. Und wo es ihm gut erschien, bohrte er des Ende seiner langen Reiterlanze (Shelfa oder Romhh genannt) in einen sandigen Wüstenbusch. Das ist das Zeichen für seine Gefolgschaft, die mit ihm lagert und die man seine Leute nennt.

Hirfa läßt ihr Kamel niederknien; hier wird sie das Zelt »bauen«. Der Rest von Zeyds Gefolgschaft kommt heran, sitzt ab, und jede Familie entfernt sich ein Stückchen, um ihr Zelt in der Nähe aufzuschlagen. Dies ist »Zeyds Menzil«, und seine Bewohner sind »Zeyds Araber«. Sie bringen mit gutturaler Stimme – »ikh-kh-kh« – die Lastkamele mit ihrer Bürde zum Niederknien. Der steife Hals eines etwas widerspenstigen Tieres wird sanft mit dem Treiberstab heruntergebogen, oder eine Hand drückt auf den schweren Hals; ein dann immer noch unwilliges Tier wird am Bart gezogen; dann läßt es sich ohne weiteres stöhnend auf die Knie fallen. Wenn die Lasten und die Packsättel abgenommen sind, stehen die Kamele nach einem Fußtritt ihres Herrn schwerfällig wieder auf und können weiden. Die Frauen breiten die Zeltbahnen aus und ziehen die Ecken und Seitenleinen aus, suchen sich einen herumliegenden Stein als Hammer und treiben ihre Pflöcke in den Grund, ziehen die Zeltstangen oder »Säulen« (Amdan) darunter, heben das Tuch und straffen die Bahnen: Und schon steht ihr Haus.

Die Frau tritt hinein, und wenn sie ihre Sachen untergebracht hat, macht sie sich an das Frühstück des Mannes. Das ist eine Schüssel Leban

[Buttermilch] aus dem Schlauch mit der sauren Milch, oder es ist ein Klumpen Datteln mit einer Schale Wüstenwasser; an Tagen mit Gästen besteht es aus Datteln und Buttermilch mit einem Stück süßer Butter. Danach sitzt sie im Zelt und schaukelt auf ihren Knien die Semila, den Schlauch für die saure Milch, um die Butter für den Tag zu bereiten.

Wie Zeyd ist jeder Mann von Rang bei den Beduinen das Oberhaupt eines kleinen Menzil für sich. Das Lager insgesamt ist nicht, wie bei den Beduinen des Nordens, nach irgendwelchen Regeln angelegt. Die Nomaden dieses Landstrichs bauen ihre Zelte nach Gutdünken um den »Punkt des Absitzens«. Die Fejir oder Fukara zogen niemals nach Sippen getrennt (ferjan), wie es sonst überall der Brauch ist, um die Weidegründe am besten auszunutzen. Sie marschieren und kampieren immer zusammen. Das liegt daran, daß es an den Grenzen ihres Gebietes nur halb befreundete, oft mit ihnen im Streit liegende Stämme oder richtige Feinde gibt, mit denen sie rechnen müssen; und ihr Land liegt offen.

Zeyds Gefolgschaft lebte in sechs Zelten. Das seiner geschiedenen Frau, der Mutter seines kleinen und einzigen Sohnes, stand dem seinen am nächsten. Dann kam das einer anderen verstoßenen Ehefrau, der Mutter seines Schützlings Settam; und dann noch, da Zeyd keine engen Verwandten hatte, ein alter Kamelhüter, der schon unter Zeyds Vater Knecht gewesen war, und ein Schäfer mit seiner Familie. Alleinstehende Personen schließen sich dem Menzil eines Scheichs an, und so war bei uns eine ältere verelendete Witwe, die für die vaterlosen Kinder ihrer toten Tochter die Mutter vertrat: für einen Sohn, der so verkrüppelt war, daß er wie ein Tier über den Sand kroch (»ya latif«, welch glücklicher Anblick, sagte diese höchst bedauernswerte und einsame alte Frau in frommem Spott und mit einem geduldigen Seufzer), und ein elfenhaariges Mädchen, das so schmutzig war, daß es einen wunderte. Ohne Dach über dem Kopf lebten sie ihr Leben unter Gottes Himmel; der Junge war nackt, wie er auf die Wüstenwelt gekommen war. Ihr Reitkamel war eine mildtätige Gabe des Stammes. Woraus aber ihre tägliche Nahrung bestand, weiß nur Gott allein, der alle Geschöpfe am Leben erhält.

Kein Beduine wäre so gottlos, Angehörige des eigenen Stammes, die Gott schon genug geschlagen hat, zu tadeln, zu beschimpfen oder sich über sie lustig zu machen; und wo immer sie auf dem allen gehörenden

Wüstenland auftauchen, wird sie niemand vertreiben. Manchmal stand auch ein fremdes Zelt bei den unseren, das reisenden Nomaden oder einer Nachbarsfamilie im Exil gehörte: Diese Leute suchen einen Platz bei einem ihnen bekannten Scheich, um ihr Zelt aufzuschlagen.

Hirfa wollte immer von ihrem Mann wissen, wie »das Haus« ausgerichtet werden sollte. »Lege den Eingang in diese Richtung«, würde ihr Mann sagen und mit der Hand nach Süden zeigen, denn wenn der Eingang den ganzen Tag der heißen Sonne ausgesetzt ist, kommen weniger junge Faulenzer und Nassauer, die seinen Kaffee wegtrinken. Da nur die Scheichs als Oberhäupter Zuwendungen in Geld erhalten, ist es nicht zuviel verlangt, daß sie den Kaffeewirt für die waffenfähigen Männer abgeben. Ich habe selbst gesehen, wie Zeyd Besuche abwenden wollte und sogar unhöflicherweise aufstand, wenn Männer in sein Zelt kamen (die Hälfte jedes Zeltes, der Männerteil, ist immer offen, und in der freien Wüste kann jeder eintreten), und auf ihre Bemerkungen antwortete, wellah, er habe Geschäfte zu erledigen, adieu, er müsse in die Versammlung, sie sollten gehen und Kaffee anderswo trinken. Aber wenn ein Scheich dabei war, ein Kaffeeherr, konnte Zeyd sich nur fügen und Kaffee zubereiten. Auch in seiner Abwesenheit mußte Kaffee zubereitet werden, wenn ein Scheich zu ihm als Scheich zu Besuch kam; nur dann nicht, wenn der Scheich freundlich ablehnte und sagte, billah, er würde nicht trinken. Hirfa war als Tochter und Verwandte eines Scheichs ein getreues Abbild von Zeyd und seiner Sparpolitik.

Nun steht unser Lager, und die Männer kommen jetzt zum Kaffeefeuer, wenn der Scheich nicht in die Versammlung geht, um seine mittäglichen Schälchen dort zu trinken. Ein bißchen zusammengesuchtes Reisig wird neben die Feuerstelle geworfen; mit Feuerstein und Stahl beugt man sich hinunter, schlägt Funken, bläst die Flämmchen in trockenem Kameldung zum Leben, setzt dieses kleine Feuer unter dünne Strohhalme und streut mehr Kamelmist darauf. Während das Feuer größer wird, langt der Scheich nach den Dellal, den Kaffeetöpfen, die in der Futya, dem Korb für das Kaffeegeschirr, aufbewahrt werden. Dies Nomadenvolk verstaut jedes Besitzstück in einem besonderen Beyt, Behälter, da es sonst beim dauernden Umherziehen verlorenginge. Man steht auf, um die Töpfe aus den Wasserschläuchen aufzufüllen, oder eine Schüssel mit Wasser wird über den Vorhang vom Frauenteil herübergereicht. Wenn der Topf auf dem Feuer ist, reicht Hirfa ihre kleine Hand voll grüner Kaffeebohnen herüber. Wir sitzen im Halbkreis um das Feuer; vielleicht kommt ein Bekannter oder ein Stammesbruder vorbei, der von Menzil zu Menzil zieht.

Zeyd bereitete Kaffee zu den üblichen Zeiten zu; später, als er gemerkt hatte, daß mir an seinem Kaffeewasser wenig lag, trank er seinen Kaffee anderswo. Wenn er nicht zur Versammlung ging, versteckte er sich zwei oder drei Stunden lang wie eine Eule oder wie ein Hund, wie die Beduinen sagten, in meinem kleinen geschlossenen Zelt, obwohl es dort drin unter der dünnen Leinwand in der Mittagssonne unerträglich heiß war. Es war lustig, Zeyd dort liegen und schwitzen zu sehen, und er bat uns kummervoll, allen Besuchern zu sagen, daß er nicht zu Hause sei; und seinen koboldhaften Stammesbrüdern machte es einen Heidenspaß, ihn dort aufzuspüren. »Mukarrin el Beduw! Listig sind die Beduinen!« sagen die Stadtaraber.

Die Scheichs und vornehmen Männer versammeln sich im Zelt des größten oder eines anderen wichtigen Scheichs, wenn sie an einem neuen Lagerplatz angekommen sind. Dort trinken sie Kaffee; die meisten halten einen Kamelstock, Mishaab, Mehjan oder Bakhorra genannt, wie ein Zepter in der Hand, wie es schon in uralten Zeiten üblich war.

Einige wenige Fragen beziehen sich auf die neue Lage der einzelnen Menzils, denn jeder Marsch ändert ihre Position zueinander, und nur wenige Zelte sind innerhalb des engen Wüstenhorizonts zu sehen. Während der Kaffee zubereitet wird, findet man die Beduinen schweigend, denn all ihre Gespräche hat es schon hundert Mal gegeben; manche sitzen einfach die Zeit ab und malen zum Zeitvertreib mit ihren Stöcken im Sand. Diese Stöcke tragen sie tagsüber. Wenn aber die Menzils weit auseinander liegen, haben sie ein Schwert in der Hand, ebenso bei Nacht; es hängt an einem Strick über der Schulter. Die besten sind die Ajamy, leicht gebogen mit einem einfachen gekreuzten Griff von wunderbarer Form, der mit Metalldraht umwickelt ist. Die zweitbesten nach diesen persischen Klingen sind die indischen, El-Hindy.

Bei den Nomaden bedeutet das Wort »Arab« einfach »Volk«. Wenn reisende Beduinen in der Wüste auf Hirten treffen, fragen sie: »Wen El-Arab? Wo ist Dein Volk?« Die Vielzahl der Nomadenstämme in Ost und West nennen sie in der Mehrzahl El-Arban. Das andere Wort, das in alle unsere Sprachen übernommen worden ist, »Beduine«, ist im Arabischen

»Beduwy«, das heißt Bewohner des öden Landes, der »Badia«; in der Mehrzahl heißt es »Bedauwy«, aber meistens wird »El-Beduw« benutzt.

Wie wir so dasitzen, wird die kleine Schale mit ein paar schwarzen Tropfen zweimal gefüllt. Wenn alle ihre kochendheißen Schlucke an Kaffeewasser genommen haben und vielleicht einige Neuigkeiten erzählt sind, stehen die Männer nacheinander auf, um über den heißen Sand heimzugehen. Alle sind barfuß, man sieht kaum jemals einen Nomaden Sandalen tragen. Wenn alle daheim sind, sagen sie das Mittagsgebet, und wenn sie gegessen haben, verdösen sie meistens die drückenden Mittagsstunden im geschlossenen Frauenteil des Zeltes. Ich habe eine ehrenwerte Ehefrau gefragt, wie denn die faulenzenden Lümmel die langen Tage bis zum Abend hinbrächten, und bekam mit einem schüchternen Lächeln die Antwort: »Wie wohl, mein Herr, wenn nicht mit den Tröstungen des Harems!«

Auf der Frauenseite, dem Harem des Zeltes, sind alle häuslichen Gerätschaften versammelt. Beim Trennvorhang stehen die paar ärmlichen Säcke aus dem gleichen Stoff wie das Zelt, El-Gush, in denen Korn und Reis aufgehoben werden, wenn sie denn etwas davon haben; ein paar Brocken Steinsalz, denn sie essen nichts Ungewürztes; auch der Vorrat der Hausfrau an Wolle und gesponnenem Garn – gut mit Wolle umgehen zu können gereicht den arabischen Frauen zur Ehre – und vielleicht ein paar Stücke neuer Baumwollstoff. Vielleicht gibt es auch noch ein Stück Färbewurzel, Ern, dessen leuchtendrote Späne in Wasser eingeweicht werden; zwischen Wandertagen behandeln sie damit zwei oder drei Tage lang Ziegenschläuche für das Aufbewahren von Wasser (Girbies) oder als Milchsäcke (Semilies), auch Leder für Wassereimer, Wassertröge und andere Nomadendinge. Selbst die ärmste Frau hat eine Schachtel (in der Regel aus der Stadt mitgebracht), in der ein bißchen Medizin, ihr Kamm und ihr Spiegel aufbewahrt werden, ihre einfachen ererbten Schmuckstücke, die Ohrringe und die Nasenringe aus Silber oder sogar Gold (überkommen von vorherigen Generationen); und in der Kiste sind vielleicht auch Kleinigkeiten, die ihrem Mann gehören (Männerkleidung hat keine Taschen) und die sie aufbewahrt. Aber wenn sie einen Mann von Bedeutung hat, einen Scheich, der Geldzuwendungen bekommt, dann hat sie eine verschließbare Kiste für sein Bündel Geld und ihre wenigen Besitztümer. Diese Kiste ist mit Zinnober aus Medina bemalt;

sie ist während der Wanderung auf ihrem Lastkamel festgezurrt und dient damit auch als Zeichen für den Scheich-Status. So etwa, denke ich mir, könnte die heilige Lade der Kinder Israel ausgesehen haben, in denen sie die Heiligtümer ihrer Religion mit sich führten.

Meistens hängt der Schlüssel zu dieser Schachtel oder Kiste als glitzernder Anhänger auf dem Schleier am Hinterkopf; er hängt zusammen mit Fingerhut und Pinzette (um sich die Dornen aus den nackten Fußsohlen zu ziehen) an einem leuchtend scharlachroten Band an der Binde um den Kopf.

Gepreßte Datteln, wenn sie denn welche haben, werden in schwere Kamelhäute verpackt, deren lange Lederbänder man während des Wanderzuges an den Lastkamelen flattern sieht. Fransen und Quasten gefallen den Semiten; davon lesen wir schon bei Moses, und wir finden sie in antiken jüdischen Bildhauereien. Aus altem Kamelsackleder, getränkt mit dem Saft der Datteln, machen sie die besten Sandalen. Die vollbäuchigen, porösen Wasserschläuche legen sie auf Reisig oder anderes Wüstengrünzeug, damit es nicht den Boden berührt. Unter diesen Dingen befindet sich auch der große Messingtopf, Jidda, innen von einem Nomadenschmied oder einem Handwerker in einem Marktflecken verzinnt. Darin kochen sie ihre Butter zu Butterschmalz, wenn sie denn welche haben, und ihre wenigen Mahlzeiten. Darin bereiten sie auch Mahlzeiten für Gäste zu, wenn Besucher kommen.

Die arabischen »Beit shaar« sind also Zelte aus selbst hergestelltem Haartuch. Diese »Häuser aus Haar« passen zu der trostlosen Landschaft! Das Zelt ist das semitische Haus; Lehmbauten werden ähnlich gebaut mit einem öffentlichen Teil für die Männer und die Gäste und einem inneren Frauen- und Haushaltsteil. Diese wandernden Häuser in der Wildnis, bewohnt von Räubern, sind auch Zufluchtsorte der »Gäste Gottes«, der Theuf Ullah, der Vorbeiziehenden, wer immer sie auch sein mögen. Gefährliche Herumstreifer im offenen Land, sind die Hirten der Wüste Könige im eigenen Zelt, Väter der Gastfreundschaft für alle, die bei ihnen für die Nacht Zuflucht suchen. Die armen Nomaden sagen, sind wir nicht alle Gäste Allahs? Was Gott gegeben hat, teilen sie mit Gottes Gästen. Wenn sie nicht Gott das Seine geben, wird es ihnen nicht gut ergehen. Wenn der Gast eingetreten ist und unter ihnen Platz genommen hat, wird ein ehrbares Schweigen gewahrt, es werden keine unzeitigen Fragen gestellt (so will es Brauch und Sitte der Wüste), bis der Gast zumindest etwas gegessen oder getrunken hat; und durch »Brot und Salz« herrscht Friede unter ihnen für eine gewisse Zeit (das sind zwei Nächte und der Tag dazwischen, solange der Besucher das Gastessen in sich trägt). So sind die goldene Welt und der »Schutz Allahs« mitten in der Wildnis beschaffen: Weitgereiste Beduinen sind bestürzt über die schäbige Ungastlichkeit der Städte – aber dort ist es unmöglich, die Nomadenbräuche aufrechtzuerhalten.

Zwischenaufenthalt in Aden

Jemen

16

Als weitsichtige Kolonialherren, die es verstanden haben, über mehr als 200 Jahre ein großes Imperium zu erobern und zusammenzuhalten, waren die Briten um 1834 mit dem Vermessungsschiff »Palinurus« vor den Küsten Arabiens aufgetaucht und hatten einzelne Expeditionen ins Hinterland unternommen. Wie schon erwähnt, hatte James Wellstead (Text Nr. 13) zur Besatzung der »Palinurus« gehört. Das Schiff eroberte unter Kapitän Stafford B. Haines Aden im Jahr 1839. (Bis 1967 blieb der Ort in britischer Hand.)

Aden war zu dieser Zeit ein heruntergekommenes Nest mit vielleicht 500 Einwohnern, an dessen alten Ruhm als Zentrum des Seehandels zwischen Indien und dem Mittelmeer nichts mehr erinnerte. Die Portugiesen, einst Beherrscher des Indischen Ozeans, besaßen Stützpunkte in Ostafrika und hatten am gefährlich zu befahrenen Roten Meer und am südlichen Arabien kein Interesse und so war Aden in Vergessenheit geraten.

Die kleine Schar von Dörflern konnte den Briten nicht viel entgegensetzen. Kapitän Haines wurde Gouverneur über eine kleine Kolonie, in die versetzt zu werden bis in das 20. Jahrhundert als Strafe galt. Wie auch in Muscat war das Klima in Aden für Europäer schwer erträglich.

Mit der Eröffnung des Suezkanals 1869 entwickelte sich Aden, inzwischen schwer befestigter Flottenstützpunkt (das »Gibraltar des Ostens«), zur Anlaufstelle aller Dampfer nach und von Indien, die dort Kohle bunkerten. Die folgende Beschreibung lieferte Haffter als Passagier eines dieser Dampfer. Die Zisternen, von denen er berichtet, stammen aus vorislamischer Zeit, sind aber wohl nicht, wie er annimmt, römisch.

Den 20. Juni morgens durchfuhren wir das klippenreiche Südende des Roten Meeres, das sich dort rasch zur Straße Bab el-Mandeb verengt. Herren dieser Straße sind natürlich – wie in Gibraltar – die Engländer. 1858 versetzten sie sich durch Handstreich in den Besitz der Insel Perim, die inmitten der Straße liegt und ein hübsches neues Fort sowie einen Leuchtturm trägt. Die Gefährlichkeit dieser Passage bei Nebel demonstrieren zwei unweit voneinander gestrandete Dampfer; der eine streckt traurig die kahlen Masten, einen verrosteten Kamin und das Hinterdeck über den Meeresspiegel empor; der andere liegt als Wrack fast ganz auf dem Trockenen. Unser Schiff änderte den Kurs und fuhr direkt nach Osten, um abends um halb sechs Uhr auf der Reede von Aden anzulangen. Es waren wieder die Engländer, die früher als alle anderen Mächte die Bedeutung des Punktes Aden für die Schiffahrt nach Indien erkannten und sich schon 1839 in den Besitz dieses Terrains setzten, um dort ein Kohlendepot zu haben. Eine weitere große Bedeutung gewinnt der Platz dadurch, daß aller Kaffee des benachbarten Mokka hier in den Handel und zu Schiff kommt.

Die Bucht von Aden ist rings von mächtig hohen, grauschwarzen Felsen eingerahmt, die allen und jeden Grüns entbehren. Die Verwitterungsprodukte dieser Felsen und der angeschwemmte Meersand haben ein Terrain geschaffen, das die halb arabische, halb europäische Hafenstadt trägt. Sie präsentiert sich, vom Meer her gesehen, gar nicht übel; denn die englischen Kasernen, Verwaltungsbaulichkeiten und Spitäler sowie einige Hotels sind große, blendendweiße Bauten mit mächtigen Kolonnaden, die sich von dem grauschwarzen Hintergrund hübsch abheben. Aber das Auge vermißt eben schmerzlich das wohltätige Grün. Feuerrohre größten Kalibers schauen drohend nach allen Richtungen der Windrose; starke Festungsmauern erklimmen im Zickzack die höchsten Felsen und schließen das englische Besitztum gegen Arabien ab. Da, wo eine zwischen die Felsen gesprengte Straße ins Innere des Landes und vorerst in die zirka eine Stunde vom Meer entfernte arabische Stadt Aden führt, ist ein stolzes Fort in die Mauern eingeschaltet, und jeder Passant hat im Hofraum der Festung zwischen den Augen englischer Wachtposten Spießruten zu laufen. So ist eine Gefährdung des englischen Hafenplatzes von seiten der Araber eine absolute Unmöglichkeit.

Kaum lag unser Schiff still, so kam auf ausgehöhlten Baumstämmen eine Menge nackter braunroter Jungen hergefahren, die ihr primitives Fahrzeug mittels eines kleinen, abwechselnd von der einen Hand in die andere wandernden Ruders mit erstaunlicher Schnelligkeit vorwärts trieben. Die Wellen schlugen über den kleinen Meerfahrern zusammen, aber im Nu war das eingedrungene Wasser mit den Händen wieder ausgeschöpft. Die munteren, lebhaft gestikulierenden und immerfort schreienden kleinen Teufel befanden sich offenbar in ihrem gewohnten Element und tauchten mit fabelhafter Sicherheit nach Geldstücken, die ins Meer geworfen wurden. Oft schossen sechs bis acht gleichzeitig nach demselben dunklen Punkt in die blaue Flut, und man konnte deutlich mit den Augen verfolgen, wie sich die braunen Leiber in einer Tiefe von fünf bis zehn Fuß [1,5–3 m] herumbalgten, um dann endlich pustend und schnaubend wieder zum Vorschein zu kommen, der eine als Sieger das Geldstück im Mund zeigend. Am meisten Bewunderung erregte ein zirka sechsjähriger Junge, der sein linkes Bein in der Höhe der Hüfte durch einen Haifisch verloren hatte, aber mit seinem einzigen Bein gewandter zu tauchen und zu schwimmen verstand als alle anderen. In rhythmischem Zusammenklang riefen sie unermüdlich im Chor »A la mer! Oho! A la mer!« und so weiter, bis ein heruntergeworfenes Geldstück dem Gekreisch plötzlich ein Ende machte, gleich wie ein fallender Stein dem ohrenzerreißenden Gequake einer Legion von Fröschen.

An Land bestiegen wir einen der sich uns aufdrängenden Wagen, ein lotteriges, gebrechliches Vehikel, gezogen von einer Schindmähre, deren einzige und höchste Leistung bergauf und bergab ein äußerst gutmütiger Galopp war, und geführt von einem Araber, der hinter grinsendem Lachen eine rechtes Spitzbubengesicht verbarg.

Wir fuhren bei eintretender Dämmerung nach Arabisch-Aden. Die staubige Straße führt zuerst an gewaltigen Steinkohlendepots vorbei, dann in großen Windungen hinauf zur Höhe des Forts, passiert die Tore, die von einem englischen Soldaten geöffnet werden, und ist dann zirka 80 m tief in die Felsen gesprengt, so daß sie eine gewaltige, glühendheiße Hohlschlucht bildet. Die senkrecht emporsteigenden Wände sind oben durch eine nur von der Festung aus zugängliche Brücke verbunden.

Nachher fällt die Straße rasch abwärts und senkt sich zu dem Tal, in dem Arabisch-Aden steht. Nirgends ein Gräslein, nirgends ein Tropfen Wasser, keine Spur von Vegetation auf der ganzen Route. Es begegnen uns beladene Kamele, Araber, zu Fuß oder auf kleinen Eseln trabend, verhüllte Weiber, zudringliche Straußenfedernverkäufer, türkische Soldaten, Beduinen, Neger mit wassergefüllten Ziegenfellschläuchen beladen und so weiter.

Bei Nacht kamen wir in der arabischen Stadt an (zirka 25.000 Einwohner) und hielten auf dem Marktplatz, wo eine zahllose Menge von schreienden Käufern und Verkäufern, Faulenzern und Buben durcheinander wogte. Bald waren wir umringt von einer Schar jener Blutsauger, die uns dann auch überallhin nachfolgten, sich gegenseitig in Betrügereien und Überforderungen unterstützten und am Ende aller Enden, wenn sie nichts ausrichteten, Stück für Stück schreiend und schimpfend zurückblieben. Immerhin war es noch ein nettes Häufchen, das uns beim Eintritt in ein arabisches Café begleitete und uns erst mit zudringlichen Liebenswürdigkeiten und – als nichts Klingenderes dabei herauskam – mit der Kehrseite traktierte. Der brave Kutscher, mit dem ich ein Fahrgeld von zwei Dollar abgemacht hatte, benutzte die Gelegenheit, zu erklären, daß wir drei Dollar zahlen müßten. Belehrt durch früher in Algier gemachte Erfahrungen sagte ich ohne weiteres zu, um Skandal zu vermeiden und um ja zur Zeit wieder in Aden-Hafen zu sein; denn eine halbe Stunde Verzögerung könnte uns in die fatale Lage versetzen, die Nacht hier zubringen zu müssen, da die Festungspassage von 9 Uhr abends an unerbittlich geschlossen bleibt. Nach der Ankunft an unserem Bestimmungsort bezahlte ich dann die kontraktgemäßen zwei Dollar, wechselte dabei mit dem wackeren Rosselenker einige Artigkeiten und lud den Schimpfenden ein, mit auf die Polizei zu kommen, was er aber unterließ. Übrigens war die Rückfahrt wunderschön; der Mond war unterdessen am Himmel aufgegangen und stand, als wir die Festung passiert hatten, gerade in der Lichtung des felsigen Hohlweges und beleuchtete die zu unseren Füßen liegende Bucht von Aden, die weiße Brandung des Meeres, die geisterhaften Formen der dunklen Felsen, die das ganze Bild einrahmten.

In der Nähe von Arabisch-Aden befinden sich, in Felsen eingehauen, die sogenannten Tanks, kolossale, schon von den Römern erstellte, von den Engländern restaurierte und zementierte Wasserreservoirs, die terrassenförmig übereinander angebracht sind. Regen fällt in Aden nur alle vier bis sechs Jahre einmal, dann aber in so kolossaler Menge, daß die Wasserbehälter sehr bald gefüllt sind und nun jahrelang für Tausende von Menschen und Vieh das zum Leben so wichtige Naß liefern können. Von morgens früh bis zum Untergang der Sonne erschienen am Ausfluß dieser Tanks Karawanen von arabischen Lastträgern, die das Wasser in Ziegenschläuche füllten und nach Hause trugen. Es ist ein großartiger Triumph menschlicher Kraft, daß sich auf einem Boden mit lauter lebensfeindlichen Verhältnissen eine jetzt sogar in starkem Wachstum begriffene Stadt entwickeln konnte.

Die Getränke werden in Aden von Europäern alle mit Eis genossen, das in gewaltigen Eismaschinen hergestellt wird und sehr billig ist.

Im British Indian Hotel war ein großartiges Konzert angekündigt; in Wahrheit spielte ein mehr als mittelmäßiges, aus österreichisch-böhmischen Musikern beider Geschlechter bestehendes Orchester in einem schwülen und unreinlich gehaltenen Saal ein miserables Programm herunter, wofür pro Person drei Franken bezahlt werden mußten. Im langsamsten Adagio erklang aus dem Mund einer in Schweiß gebadeten Sängerin das Gumbertsche »O bitt Euch, liebe Vögelein«. Dazu wurde geseufzt, gegähnt, geschwitzt, schlechtes Bier für 2 ½ Franken die Flasche probiert, dann Sodawasser, und endlich auf unserem wenigstens straßenstaubfreien Schiffsverdeck Schutz vor Hitze und Moskitos und anderen Musikanten gesucht, aber nicht gefunden. Wir waren herzlich froh, als sich des anderen Morgens um 8 Uhr unser Dampfer wieder in Bewegung setzte, und schieden ohne alles Bedauern von Aden, dieser Stadt in der Wüste, wir hatten erfahren, daß der Mensch mit seiner Kunst und mit seiner Kraft allein wenig Schönes zustande bringt, wenn nicht die herrliche Baumeisterin Natur mithilft und ihre grünen Farben aufträgt.

Beim Emir von Hail und seinen Pferden

Saudi-Arabien

17 *In Hail, der Hauptstadt der Nefud-Wüste und der Shammar-Beduinen, residierten die Emire der Rashids. Sie waren die einflußreichsten Fürsten, bis Ibn Saud Anfang des 20. Jahrhunderts von Kuwait aus das Innere der Arabischen Halbinsel eroberte. Durch Handelsbeziehungen und vorbeiziehende Pilgerkarawanen an Fremde gewöhnt, hießen sie auch europäische Gäste willkommen.*

Zu diesen Gästen gehörten Julius Euting und Charles Huber, die nach alten Inschriften suchten. Charles Huber hatte bei einem vorherigen Aufenthalt den Stein von Teima entdeckt, nun kam er mit Julius Euting zurück, um ihn zu kaufen. Die beiden sind offenbar nicht gut miteinander ausgekommen und trennten sich bald wieder. Euting entkam mit Mühe einem Angriff von Beduinen und kehrte sicher nach Europa zurück, Huber wurde zwischen Mekka und Hail umgebracht. Seine Besitztümer, darunter auch der Stein von Teima, wurden nach Frankreich geschickt. Der Stein ist heute eines der Prunkstücke des Louvre.

Julius Euting (1839–1913) war Orientalist und Bibliothekar in Straßburg. Und er muß eine Frohnatur gewesen sein, denn in Hail unterhielt er seine Gastgeber mit lauten Gesängen und turnerischen Kunststückchen. Er war dort wohlgelitten, denn es hieß, die reichlichen Regenfälle seien auf sein »Regenlockwerkzeug« zurückzuführen – damit waren Barometer und Thermometer gemeint.

Die berühmten arabischen Pferde machten auf Euting wenig Eindruck, genau wie fünf Jahre vorher auf das englische Ehepaar Blunt, die ägyptische Pferde vorzogen, einige nach England brachten und damit eine Zucht aufbauten.

Gegen Abend schickte der Emir nach uns, um uns das Schloß zu zeigen und um seine Pferde vorzuführen. Ich verstehe nicht viel von Pferden und will deshalb auch nichts fabeln von den berühmten arabischen Pferden, über die schon so viel von Berufenen und Unberufenen geschrieben worden ist. Nur möchte ich verschiedenen weitverbreiteten Irrtümern entgegentreten. Vor allem bitte ich mir zu glauben: Die Anzahl der Pferde in Inner-Arabien ist eine überraschend geringe. Im ganzen können allerhöchstens 500 Stück in der Nedjd gezählt werden, die sich mit Ausnahme von 30 bis 40 samt und sonders im Besitz des Emirs und seiner Familie befinden. Wohl mögen noch vor 40 Jahren etwa 100 Stück mehr in der Nedjd vorhanden gewesen sein; Abbas Pascha von Ägypten, ein großer Liebhaber von edlen Pferden, hat aber dazumal was er irgend an guten Tieren erreichen konnte durch seine dorthin gesandten Händler zu unglaublich hohen Preisen aufkaufen lassen. Leider sind die etlichen 80 nach Ägypten verbrachten Tiere unter den veränderten Daseinsbedingungen gänzlich aus der Art geschlagen, haben auch, in Folge des reichlichen Grünfutters im Nildelta, durchweg dicke Hälse bekommen und zuletzt überhaupt ihre gepriesenen Tugenden so ziemlich eingebüßt.

Von einer eigentlichen Pferdezucht ist in der Nedjd nicht die Rede; da wird alles der Natur selbst überlassen, wenn nur die Rasse, das heißt der Stammbaum, rein ist. Den Ruhm der arabischen Pferde haben im Grunde die Dichter besorgt und zu verantworten; besungen wird, was selten, kostbar, hervorragend ist. Und da ist zu bedenken, daß die Vorzüge des arabischen Pferdes in erster Linie relative sind gegenüber den nach vielen Tausenden zählenden Kamelen. Im Kriege, beim Angriff und bei der Verfolgung oder als Retter auf der Flucht ist das Pferd nicht an Ausdauer, aber an augenblicklicher Kraftleistung, Schnelligkeit und Lenkbarkeit dem feinsten Delul [Reitkamel] weit überlegen; seine Leistungen werden darum von der dichterischen Phantasie gern aufgegriffen, zumeist aber übertrieben. Die paar hundert Pferde des Fürsten stehen das ganze Jahr in den besten und wasserreichsten Weidegründen 5 bis 10 Tage im Norden und Nordosten von der Residenz Hail und haben sich da mit dem gewöhnlichen Wüstenfutter zu begnügen, wie es die Kamele und Schafe auch haben. Sobald aber auch nur an den entferntesten Grenzen des Reiches ein Raubzug vermutet oder gemeldet wird, werden die kostbaren Tiere sofort ein paar Tage näher an die Residenz herangezogen. Führt der Emir selber einen Raubzug im Schilde, dann werden die Pferde wochenlang vorher täglich mit ein paar Handvoll Gerste gefüttert; und setzt sich der Raubzug (Razu) mit 3.000 bis 4.000 Teilnehmern zu Delul in Bewegung, so werden in den 8 bis 10 Tagen seiner Dauer, bei täglich 20- bis 22stündigem Marsch, die Pferde lose neben den Kamelen, die für sie noch Wasservorrat und Gerste tragen müssen, hergeführt und erst im Moment des Angriffs und zur Verfolgung bestiegen. – Ganz anders freilich sieht es mit den Pferden aus bei den Beduinen außerhalb der Nedjd, also z. B. bei den Anezeh, Rualah, Wuld Ali, die, in der Syrischen Wüste gegen den Euphrat zu wohnend, günstigere Futter- und Wasserverhältnisse haben; bei diesen kann von einem gewissen Reichtum an Pferden die Rede sein, aber dafür wohl um so weniger von Reinheit der Rasse. Über diesen letzteren Punkt steht mir indes kein Urteil zu.

Und nun zu den Pferden des Fürsten. In dem großen, einen ganzen Stadtteil mit fortlaufenden Mauern bildenden Baugefüge des Schlosses befindet sich auf der Nordseite eine Anzahl Höfe mit den Ställen. Dorthin begaben wir uns unter Führung des Emirs in großer Begleitung der Prinzen. Da standen im Freien die Pferde, nach Alter und Geschlecht getrennt, an den Füßen angebunden und mit schweren Teppichstücken zugedeckt. Auf einen Wink des Fürsten wurden die Teppiche abgenommen, und wir sollten nun unser Urteil abgeben. Der erste Eindruck war nichts weniger als günstig: Die Tiere waren erbärmlich mager, unansehnlich, wenig gepflegt. Etwas ungeduldig über unsre Zurückhaltung drängte der Emir zu einer Äußerung. Ich erklärte ihm vor allem, ich verstünde nicht genug von der Sache, doch schienen mir die Tiere durchweg von der edelsten Rasse. Bestätigend erklärte er mir einige Hauptkennzeichen der nedjdäischen Rasse. Zu einem Vergleich mit europäischen Tieren aufgefordert, erlaubte ich mir zu bemerken, die Pferde im Christenland seien jedenfalls an Größe überlegen. »Ja, das ist leicht möglich, dafür wollen sie mehr fressen und können keinen Durst ertragen; weiche Pferde aber können wir in unserem Lande nicht brauchen.« Damit mochte er nicht so unrecht haben; an Härte und Ausdauer werden die Pferde in der Nedjd, ebenso wie ihre beduinischen Herren, kaum zu übertreffen sein. – In einem anderen Hofe wurde, reich gesattelt und geschirrt, ein großer schwarzer Hengst vorgeführt, den ich unverhohlen bewunderte. Der sei aber ein Saklawi, aus Mesopotamien stammend. Abgetrennt von da befanden sich in einem großen Raum ein Dutzend Fohlen. Nach landläufiger Sitte waren ihnen, wie allen Pferden unter drei Jahren, die Schwanzhaare vollständig abgeschnitten, so daß nur die kahle Rübe übrig war. Was das für einen Zweck hat, weiß ich nicht; jedenfalls ist der Anblick für den Ungewohnten geradezu lächerlich. Zuletzt wurde uns noch in einem kleinen Hofe das Lieblingsdelul des Fürsten, eine Stute von der Rasse Nomanijjeh, gezeigt. Das Tier, erst seit heute einen neuen Schmuck tragend, nämlich im rechten Nasenflügel eingeschraubt einen stattlichen, in Silber gefaßten Türkis, mochte allmählich zu der Überzeugung gekommen sein, daß das sehr schön sei, war aber doch noch nicht ganz mit der Neuheit befreundet und drehte deshalb von Zeit zu Zeit den Kopf auf die Seite, um besser auf den Türkis schielen zu können.

Von den Pferden ging's weiter in den verwahrlosten Schloßgarten; zwischen Palmen wuchsen, zur bloßen Zierde, zerstreut noch einige andere Bäume, Feigen-, Zitronen-, Orangen-, Granatapfel-, Pfirsichbäume. Zur Bewässerung wurde das nötige Wasser aus einem 17 Klafter [knapp 34 m] tiefen Brunnen durch drei Kamele emporgezogen. Zu anderen Zeiten hielt der Emir in einem eingehegten Teile des Gartens einige Tiere wie Gazellen, Steinböcke oder auch Bakar al-Wahsch (große weiße Antilopenart), hat sie aber, zum Teil wegen Bösartigkeit, wieder abgehen lassen.

Nicht ohne Stolz wurde uns dann die Schloßküche gezeigt, in der sich sieben Kupferkessel befanden, geräumig genug, um in jedem das Fleisch von einem ganzen Kamel sieden zu können. Für gewöhnlich werden täglich im Durchschnitt 150 bis 200 Menschen im Kasr [Schloß] gespeist mit Schaffleisch und Reis aus dem Irak. Es gibt aber Zeiten – zum Beispiel kurz vor dem Aufbruch zu einem Raubzug oder wenn die persische Pilgerkarawane durchkommt –, wo an mehreren aufeinanderfolgenden Tagen 800 bis 1.000 gespeist werden.

Am Gefängnis vorüber, einem gewöhnlichen Lehmziegelbau, der hinter der offenstehenden Tür nur ein paar gekerbte Balken aufwies (um Verbrecher in den Block spannen zu können), verließen wir das Schloß durch ein Tor auf der Südwestecke.

In Marib

Jemen

18 *Der Ort Marib, zu Glasers Zeit bewohnt, nach den Kriegen in der zweiten Hälfte des 20. Jahrhunderts von seinen Bewohnern verlassen, gab der Hauptstadt der Sabäer ihren Namen. Die antiken Ruinen der Stadt und des Dammes, der den märchenhaften Reichtum der Sabäer begründete, waren vor Glaser nur zweimal von Europäern besucht worden: 1843 von Thomas Arnaud, 1870 von Joseph Halévy. Beide hatten ihre Probleme mit der lokalen Bevölkerung, die Ungläubige nicht gern sahen, weil sie an deren bösen Zauber glaubten und der festen Überzeugung waren, daß man sich für alte Trümmer nur dann interessiert, wenn man auf Schätze aus ist. Die heutige Regierung des Jemen unterstützt sowohl archäologische Grabungen als auch den Tourismus im Land.*

Der Österreicher Eduard Glaser (1855–1908) ging listenreich vor: Er trat als Hilfskraft des Emirs von Marib auf, der ihm vor aller Augen und Ohren »befahl«, Inschriften zu kopieren. Glasers Forschungsergebnisse bilden bis heute die Basis der Archäologie Südarabiens; akademisch wurden er und seine Arbeiten zu Lebzeiten nicht anerkannt. Er hatte Arabisch gelernt, den Koran studiert und sich als Hauslehrer in Tunesien verdingt, bevor er seine vier Reisen in den Jemen, den Traum seiner Jugend, antreten konnte. Im Jemen findet sich ja auch reichlich Stoff für Träume: vor allem von Bilqis, wie sie die Araber nennen, die legendenumwobene Königin, die nach der Bibel mit Schätzen beladen König Salomo besucht und nach den äthiopischen Legenden mit dem König die Dynastie begründet hat, deren letzter Vertreter Kaiser Haile Selassie war; einen archäologischen Beweis ihrer Existenz gibt es aber bis heute nicht.

Am späten Abend erreichten wir das Wadi Malah, die Grenze des Gebietes von Marib. Da sich hier ebenso wie bis Marib keine Ortschaft befindet, sondern sich allerlei Beduinenvolk herumtreibt, über das der Emir keine Macht hat, so war auch im Wadi Malah unseres Bleibens nicht. Wir durchschritten in förmlichem Eilmarsche die große, zum System des Wadi Malah gehörende Ebene Mengora, auf deren nördlicher Seite die Ruine Hasa oder Hasi liegt, das auf dem Dschebel Hailan entspringende Wadi el-Haffa, das gleichfalls vom Hailan kommende und sehr weit unten sich mit dem Wadi el-Haffa vereinigende Wadi Himar, dann die brunnenreiche Gegend Es-Suwaben (ein kleines, direkt ins Denne einströmendes Wadi), hierauf die sandige Ebene El-Hajjal; und gelangten eine halbe Stunde nach Mitternacht an eine Atf el-Hamra genannte Stelle, wo wir todmüde, aber in leidlicher Sicherheit übernachteten, ohne auch nur das geringste gegessen zu haben. Wir waren nicht weniger als siebzehn Stunden zu Pferde, also noch mehr als auf der ersten Etappe. Obzwar wir keine Zelte mit hatten, sondern ganz nach Beduinenart unter freiem Himmel lagerten, schliefen wir dennoch köstlicher als Fürsten in ihren Palästen.

Der eintretende Morgen gestattete mir, das großartige Panorama zu betrachten, das sich meinen Augen darbot. Ich befand mich mitten in einer zwar wilden, aber historisch bedeutenden Landschaft, und der Gedanke, glücklich bis in die Nähe Maribs, meines vieljährigen Forschungszieles, gelangt zu sein, ließ mich in einem Entzücken schwelgen, das nur derjenige mitzuempfinden vermag, welcher selbst ähnlich opfervollen und mühsamen, aber auch genußreichen Bestrebungen gehuldigt hat. Ich hätte in jenem Augenblick mit keinem König getauscht. Der Anblick der beiden Dschebel Balak, die vor mir lagen, die großartige Ebene, die, nach Westen und Osten sich erstreckend und im Norden und Süden von malerischen Bergen umrahmt, vielleicht das Wasserbecken des berühmten Dammes der alten Sabäer bildete, der Ausblick nach Ostnordost gegen die Enge zwischen dem Balak el-Kibli und dem Balak el-Ausat, wo ich nun bald das große Werk der Sabäer mit meinen Augen sehen sollte, alles dies versetzte mich in eine erwartungsvolle, aber darum doch befriedigende und freudige Erregung.

Um 6 Uhr morgens – es war Mittwoch, der 21. März – begrüßte mich der Emir voll Stolz in seiner Eigenschaft als Landesherr und erklärte mir, daß wir fortan von niemandem mehr etwas zu befürchten hätten. Ich meinerseits beglückwünschte den Emir und seinen Bruder zu ihrer Mannhaftigkeit und Umsicht, die sie während des ganzen Weges durch gefährliche, von keinem Europäer vor mir betretene Gebiete bewiesen; und in fröhlichster Stimmung ritten wir teils durch, teils längs eines förmlichen Tamariskenurwaldes (El-Hudrig genannt), welcher sich zu beiden Seiten des Wadi erstreckt und die ganze Gegend mit Brenn- und Bauholz versieht. Die beiden Balakberge nähern sich immer mehr und mehr. An ihren Flanken bemerken wir hie und da einen im ganzen Längsprofil bloßgelegten alten Brunnen und schon ganz nahe der Enge auf dem nördlichen Berge die Überreste eines Kunstweges, den Nakil el-Mudarrag, der zur alten Zeit, als der Damm noch bestand, einen Teil der großen Straße bildete, die heute ihren Verlauf in der Talsohle selbst nimmt.

Wir durchschritten nun die Enge, welche durch einen nach Süden vorspringenden Ausläufer des Balak el-Kibli und den mittleren Balak gebildet wird, und gelangten um 7.30 Uhr zu den Überresten des Dammes, von denen wir uns sofort zu den nördlichen Schleusenbauten bei dem Husn el-Gifeine [Husn = steinernes Gebäude] begaben. Hier kopierte ich vor allem drei großartige, bisher unbekannte, aber nur einen Text bildende Inschriften, jede von mehr als 30 Zeilen, welche über den Damm und andere Dinge ausführlichen Aufschluß geben. Die Inschriften befinden sich auf einem kolossalen Steinprisma, dessen Dimensionen, Länge, Breite und Tiefe, 2,25, 0,63 und 0,37 m sind. Gleich daneben ein anderes Steinprisma von noch größeren Dimensionen. Beide sind auf allen vier Seiten beschrieben. Ich kopierte bei dieser ersten Gelegenheit nur die drei zugänglichen Seiten des einen in zwei Stücke zerbrochenen Steines, da wir nicht genügend Leute hatten, den schweren Stein umzuwenden. Den zweiten Block ließ ich mit Rücksicht auf die brennende Sonne und den Wunsch des Emirs, vor allen Dingen nach Marib zu gelangen, an jenem Tage unberührt. Nachdem ich noch in aller Eile einige kleine Inschriften der Schleusenbauten kopiert hatte, machten wir uns um 10.30 Uhr auf, und die zerklüftete, aus klaftertiefem Schlamm bestehende und mit zahllosen Manasish, das heißt alten Wasserverteilungskiosken, bedeckte Ebene von Saba durchreitend, gelangten wir um 12.05 Uhr zu den westlichen

Überresten der alten Stadtmauer und nach weiteren 10 Minuten, während deren wir die zahllosen Ruinenhügel und Säulen der alten Stadt bewunderten, zum Mesgid Suleiman ben Daud knapp westlich unterhalb des auf einem großen antiken Düngerhügel malerisch erbauten Dorfes Marib, dessen Einwohner fast vollzählig vor dem Dorfe versammelt waren, um ihren Emir zu begrüßen und die sonderbare Reisegesellschaft anzustaunen.

Eine Anzahl brauner, man möchte sagen schwarzer Gesellen, Sklaven, stürzte auf den Wink des Emirs zum Brunnen und schöpfte mit ohrenzerreißendem rhythmischem Geschrei: »Hib, hib hib, hib, hi!« aus einer Tiefe von 47,5 m das erquickende Naß. Wir überließen die Tiere den Sklaven und begaben uns zunächst, dem landesüblichen Brauch entsprechend, ins Gotteshaus, um zu beten. Sodann stiegen wir die wenigen Schritte zum Dorfe hinan und nahmen hier die Begrüßung der Einwohner entgegen. Jeder drückte uns die Hand und küßte seine eigene. Es waren durchwegs verwegen ausschauende Hungergestalten, so daß der erste Wunsch des frommen Sejjid Mohammad für den Herrscher war, daß ihn Gott vor diesen Beduinen allezeit beschützen möge, ein Wunsch, dem ich mich aus vollem Herzen anschloß. Man brachte uns nun in das Haus des Emirs Husein, einen einfachen dreistöckigen, sich nach oben verjüngenden Lehmbau, der unten einige Steinlagen aufweist. In einem kleinen Zimmer des zweiten Stockwerkes machten wir es uns so bequem als möglich.

Nun kamen der Reihe nach auch noch die übrigen Untertanen Seiner Hoheit, welche von ihren Angehörigen im Hinblick auf das große Ereignis von den nahen Ackergründen geholt wurden, und das Begrüßen nahm bis in die späte Nacht kein Ende. Die Aufwartung wurde den guten Leuten wesentlich erleichtert und angenehm gestaltet durch meine Wasserpfeife, deren Rohr von Mund zu Munde ging, und durch vortrefflichen schwarzen Kaffee, den wir den Gästen reichen ließen, zwei Genüsse, die man in Marib, selbst in den höchstgestellten Kreisen, seit Jahren nicht mehr kannte.

Es dürfte nun dem Leser willkommen sein, wenn ich ihn zunächst ein wenig über die Ortschaft und Gegend von Marib und die Bewohner dieses Landes, mit denen wir nun einen vollen Monat in Kontakt blieben, orientiere. Eine genaue eingehende Darstellung aller Verhältnisse muß natürlich einem wissenschaftlichen Spezialwerk vorbehalten bleiben.

Marib, die Metropole der alten Sabäer und die Regia omnium Marjaba des Plinius, liegt ziemlich genau östlich von Sanaa beiläufig in der geographischen Breite von 15°26′ N und ist 45 Längengrade und 16 Minuten von Greenwich entfernt. Sie liegt also in ziemlich gleichem Abstande (zirka zehn Tagesreisen) vom Roten Meere und vom Golf von Aden und war daher in alter Zeit der geeignetste Mittelpunkt des sabäischen Reiches, dessen Hauptgebiet der Südwestwinkel von Arabien, bisweilen auch mit Einschluß des Gebirgslandes von Hadramaut und Mahra, bildete. In der Tat konnte man keine günstigere Position für die Hauptstadt eines Reiches wählen, dessen Seehandel an den Küsten des Golfes von Aden bis nach Mahra hin seine Stapelplätze hatte und dessen Handelsverkehr zu Lande geradezu nur auf eine einzige gangbare, das heißt nicht über Berg und Tal führende Straße nach Nordnordwest, nämlich auf die Straße durch die Flachländer gegen Negrana hin, angewiesen war, an welcher eben Marib lag und für welche die Gegend von Marib naturgemäß nicht nur Proviant-, sondern auch Handelszentrum sein mußte.

Die Gegend von Marib ist nämlich, vorausgesetzt, daß genügend Wasser vorhanden ist, eine der gesegnetsten, ja ich sage, die gesegnetste von ganz Arabien; denn die nach Osten unabsehbare, im Norden und Süden oder richtiger Südosten von niedrigen, von der Stadt zirka zwei Wegstunden entfernten Höhenzügen und im Westen von den Balakbergen begrenzte Ebene von Marib, welche nach meinen Messungen ziemlich genau 1.160 m über dem Meeresniveau liegt, besteht besonders in ihrem westlichen Teile aus ungemein fruchtbarem, von den Bergen Jemens herabgeschwemmtem Erdreich, dessen Mächtigkeit mit der Entfernung vom Damm nach Nordosten zuzunehmen scheint. Oberhalb der Eindämmungsstelle trifft man schon bei weniger als 1 m auf Steinschichten, die das Wasser nicht durchsickern lassen, und weiter oben, also nach Südwest, im Wadi Denne und auch im Wadi Haba, besonders im letzteren in Hazm al-Dammag, haben die Brunnen kaum 11 m Tiefe. Hingegen variiert der Wasserspiegel sämtlicher Brunnen bei Marib, das nur 1 ½ Stunden vom Damm flußabwärts liegt, schon zwischen den bedeutenden Tiefen von 45 und 49 m. Nördlich von Marib, im Wadi es-Silla, also gegen die nördlichen Grenzhügel der Ebene, fand ich einen alten sabäischen Brunnen, dessen Wasser nur zirka 15 m unter der Erdoberfläche war. Es scheint also, daß die Ebene von Marib ein großes Steinbecken darstellt, welches im Laufe der Jahrtausende durch den Dennestrom mit Schlamm ausgefüllt wurde. Da es infolge der großen Tiefe nur äußerst wenige

Brunnen gibt – sie stammen alle mit vielleicht einer einzigen Ausnahme aus sabäischer Zeit –, so wäre die regenarme Gegend trotz ihres ausgezeichneten Erdreiches zu ewiger Unfruchtbarkeit verurteilt, wenn nicht der Dennefluß besonders während der Gebirgsregen, also im Frühling und im Spätsommer, seine Wassermassen über die Ebene ergösse. In alter Zeit, da die Grundwasserverhältnisse, wie aus den Brunnenmauern hervorgeht, genau dieselben waren wie heutzutage, sah man indessen die Unzulänglichkeit der natürlichen Bewässerung durch den Dennestrom ein und erkannte nur zu gut, daß das kostbare Naß, der unterirdischen Steinschicht folgend, nutzlos in schier unermeßliche Tiefen sickert, und baute deshalb an der geeignetsten Stelle den seither berühmt gebliebenen Damm, von welchem aus man die ganze Ebene durch wohlzementierte Leitungsgräben künstlich bewässerte.

Dieser Damm ist kaum ein Jahrhundert vor dem Islam, etwa vor der Mitte des 6. Jahrhunderts nach Christus, zum letzten Male von den Fluten durchbrochen worden. Allein so lange er bestand, konnte es in Arabien und wohl auch in anderen Ländern kein fruchtbareres Gebiet geben als die Ebene von Marib, und ich finde es vollkommen begreiflich, daß eine Stadt von mindestens hunderttausend Einwohnern hier blühen und gedeihen konnte. Nichts ist deshalb zutreffender als die kurze Beschreibung, welche der Prophet in der 34. Sure des Korans von Saba (Marib) gibt: »Wahrlich, die Sabäer hatten in ihren Wohnsitzen ein (himmlisches) Zeichen, zwei Gärten, von rechts und links (vom Dennefluß). (Gott sagte zu ihnen:) Esset von der Gabe eures Herrn und danket ihm; es (Marib und Umgegend) ist ein beldatum tajjibatun und verzeihend (ist) der Herr.« Man übersetze nun beldatum tajjibatun als »ein gutes (gesegnetes) Städtchen« oder »ein gutes Ländchen«, in beiden Fällen stimmt es mit der Wirklichkeit überein; denn auch heute noch lebt der ackerbauende Teil der Bevölkerung von Marib, ohne zu pflügen, zu eggen oder zu düngen. Bei meiner Ankunft in Marib sah ich die Leute, wie sie einfach in das ins Feld geleitete Wasser die winzig kleinen Tahafkörnchen [Getreide] warfen und sich um weiter nichts kümmerten. Das Wasser sickerte nach und nach in den Boden, die tiefen Brunnen trübend, und die Tahafsaat sproß in herzerquickender Üppigkeit hervor. Vierzig Tage nach der Aussaat findet bereits die Ernte statt, und welche Ernte! Das 30- bis 40fache des ausgestreuten Samens gilt als schlechtes Ergebnis; denn bei günstiger Bewässerung liefert das

Grundstück hundertfachen Ertrag. So ist es heutzutage, wo es allerdings, da die alten Leitungen fehlen, nur wenige Grundstücke gibt. Wie aber muß es in alten Tagen ausgesehen haben, als den Feldern das Wasser das ganze Jahr hindurch nach Bedarf und zum richtigen Zeitpunkt zugeführt werden konnte! Da muß das Land wirklich, wie es im Koran heißt, ein Garten, ein Paradies gewesen sein. Zudem muß bemerkt werden, daß das Mariber Brunnenwasser eines der angenehmsten und besten ist, das ich auf meinen Reisen im Jemen traf, und daß auch das Klima ganz im Gegensatz zu den Bergen und zur Tihama vortrefflich zu sein scheint. Während meines genau einmonatigen Aufenthaltes in Marib befanden wir, ich und meine gesamte Begleitung, uns ununterbrochen wohl, und im ganzen Dorfe gab es keinen Kranken. So ausgehungert manche Einwohner auch waren, so konnte man doch keinen Augenblick verkennen, daß man es mit einem kerngesunden Völklein zu tun hatte. Auf meine Frage nach endemischen oder epidemischen Krankheiten, wie besonders Fieber, erklärte man mir einstimmig, daß seit etwa 20 Jahren nichts dergleichen vorgekommen sei. Obwohl Marib am Rande der Wüste liegt, ist seine Atmosphäre bei weitem nicht so trocken wie die von Sanaa; hingegen ist die Temperatur eine weit höhere als auf dem Gebirge. Wenn man die Temperatur des Wassers in einem 47,5 m tiefen Brunnen noch annähernd als die mittlere Jahrestemperatur des Ortes betrachten darf, dann hat Marib eine Durchschnittswärme von + 26,1° C.

Das heutige Herrschaftsgebiet von Marib umfaßt das Dorf gleichen Namens und Ragwan oder Rugwan, einen kaum eine Tagesreise gegen Gauf hin gelegenen Weiler.

Marib, auf einem antiken Düngerhügel erbaut, ist von einer Mauer umgeben oder richtiger, die Randhäuser sind aneinander gebaut oder durch Zwischenmauern verbunden. Das Dorf hat nur zwei größere Tore, das eine gegen Westen, das andere nach Süden, und eine Anzahl kleiner Türen. Keines der durchwegs aus Holz gezimmerten Tore ist aber so fest wie etwa in einem europäischen Dorf eine alte Stalltür. Das Dorf ist im Inneren sehr reinlich, die Häuser, zumeist mehrere Stockwerke hoch, sind von rechteckigem Grundriß, nach oben sich wenig verjüngend. Fast alle Häuser haben nur unten einige Steinlagen; alles übrige besteht aus Lehm. Sehr bequem sind die Terrassen der Häuser, entsetzlich hingegen die Treppen. Emir Husein bewohnt mit seinem Bruder zwei solche Häuser, welche mit einem einstöckigen, aber ganz aus Quadersteinen gebauten Husn eine Art gut ummauerter Festung bilden.

Außer Marib und Ragwan gehört nach den Angaben des Emirs zu seinem Lande alles, übrigens weder bewohnte noch bebaute, sondern von beliebigen Beduinen unsicher gemachte Gebiete rings um Marib herum, besonders von Nordwest über West bis nach Süden beinahe überall hin eine Tagesreise.

Der Sonntag (25. März) galt der Durchforschung des sogenannten Haram Bilqis, eines großen elliptischen Tempelbaues, 5 Minuten Weges südöstlich vom heutigen Dorfe, und zwar zwischen dem Wadi Denne und dem Wadi el-Feleg (Wadi el-Mesil) gelegen, gegen Medinat en-Nahas hin, welche ganz verschüttete Ruine aber schon jenseits des Wadi el-Mesil liegt.

In Begleitung der beiden Fürstenbrüder Husein und Mohammad, des Kadi Tabit, dem ich Unterricht in der Wissenschaft der sabäischen Buchstaben – er ist jetzt der einzige Einwohner der sabäischen Hauptstadt, der nun wieder sabäisch liest – erteilt hatte, des Sejjid Mohammad, einiger anderer Sherife, meines Dieners Salih el-Gofi und zweier Sklaven Seiner Hoheit brach ich zeitig morgens auf.

Nach Überschreitung des Wadi Denne erreichten wir nach etwa dreiviertel Stunden das Haram, ein großes ellipsenförmiges Gebäude, dessen Längsachse sich entgegen den Angaben Arnauds nicht von Osten nach Westen, sondern genau von Nordwest nach Südost erstreckt, also ziemlich senkrecht zur Richtung des Wadi Denne. Die Längsachse im inneren Raume beträgt 110 meiner Schritte oder annähernd 80 m. Da die Dicke der Mauer 3,3 m mißt, so haben wir für die Länge der großen Achse der äußeren Umfassungsellipse 80 + 6,6 = 86,6 m anzusetzen. Die kleine Achse, von Nordost nach Südwest verlaufend, hat die beiden Dimensionen (innere Ellipse und äußere Ellipse) von 93 Schritt = 70 m und 76,6 m. Es ist also auch in dieser Beziehung die Angabe Arnauds, der die kleine Achse weniger als den dritten Teil der großen betragen läßt, unrichtig. Hingegen ist seine Angabe über den Umfang des Gebäudes (300 Schritt) ziemlich genau. Arnaud ist ferner im Unrecht, wenn er behauptet, daß an den Endpunkten der kleinen Achse, selbst der irrigen Arnauds, zwei Tore angebracht waren. Es gab in der Tat zwei Tore, jedoch bloß eines befand sich am Nordostende der kleinen Achse, und zwar war das das Haupttor, während das zweite, kleinere, an der Nordwestseite des Gebäudes den Endpunkt der großen Achse bildete. Ich hatte jedoch den Eindruck, als wäre dieses kleine Tor genau nach der alten Stadt Marib gerichtet, also ein wenig gegen Nordnordwest.

Vom Mittelpunkte des Gebäudes genau nach Nordosten stehen vier Säulen (Monolithe) in der Mauerellipse selbst. Es waren aber hier noch mehr Säulen vorhanden, so daß das Haupttor eine Art Säuleneingang bildete. Genau nordöstlich von dem Haupttore, 32 Schritte von demselben entfernt, sieht man andere acht Säulen, die gleichfalls in einer von Südost nach Nordwest verlaufenden Linie aufgestellt sind. Diese Säulen sind prismatisch vierkantig, glatt, 4 bis 5 m hoch und haben kein Kapitell. Sie sind oben aber auch nicht eben abgeschnitten, sondern in der Mitte der obersten Fläche jeder Säule zeigt sich eine kleine würfelförmige Fortsetzung des Monolithen von kaum 10 cm Seitenlänge. Das beweist, daß auf den Säulen entweder freie Kapitelle oder irgendeine andere Konstruktion, vielleicht ähnlich den Triumphpforten ein einfaches Steindachs, aufgesetzt war.

Genau im Nordosten vom Haram, zirka 3 km (oder mehr) entfernt, also in der Verlängerung der kleinen Achse des Haram, befindet sich das sogenannte Mikrab, heute nichts weiter als ein Hügel mit Ruinen. Mikrab bedeutet im Gauf noch heute Tempel, so besonders bei Ma'in, wo die Hauptruine El-Mikrab heißt. Diese Anordnung beider Gebäude genau in der Richtung nach Nordosten läßt uns auf irgendeinen Zusammenhang ihrer Bestimmung schließen. Auffallend ist auch die Richtung der kleinen Achse, welche parallel mit dem segenspendenden Dennefluß verläuft. Sollte bei beiden Bauten, beim Haram und beim Mikrab, die Richtung des Denneflusses von Einfluß gewesen sein? Das Haram scheint überhaupt nach irgendeinem Tempel innerhalb der alten Stadt einerseits (kleines Tor) und nach dem Mikrab oder mit diesem nach dem Flußlaufe orientiert gewesen zu sein; denn an der Südseite der alten Stadtmauer sieht man noch heute den Rest einer Brücke, welche ziemlich genau in der Richtung des Haram gebaut war und nach der Tradition der Einwohner von Marib bis zum Haram gereicht haben soll. Dieses letztere ist nun sicher übertrieben, aber die Annahme, daß die Alten über den Dennefluß eine Brücke geschlagen hätten, scheint mir durchaus nicht gezwungen; denn bei starkem Regenfalle in den Bergen war der Damm sicher niemals imstande, die herabströmenden Fluten zurückzuhalten, und ein Teil derselben ergoß sich demgemäß in das Flußbett. Die Fortsetzung der Brücke bis zu dem von den alten Sabäern zu staatlich-gottesdienstlichen Zwecken häufig besuchten Haram mochte mit Rücksicht auf die oft künstlich unter Wasser gesetzten Saatfelder immerhin durch einen Erddamm gebildet gewesen sein, von dem aber keine Spur mehr vorhanden ist.

Auf der Südsüdostseite des Haram, knapp außerhalb der Mauer, stehen vier kleine Säulen (Monolithe), im Grundrisse ihrer Aufstellung ein kleines Quadrat bildend, dessen Seiten von West nach Ost und von Süd nach Nord gerichtet sind. Bei dieser Säulengruppe hat die Mauer des Haram keine Öffnung. Gleichwohl scheint die Gruppe nicht ohne Rücksicht auf das kleine Tor des Haram, dem sie fast genau gegenüberliegt, hierher gestellt worden zu sein. Die Säulen sind leider nur Fragmente, und keine Inschrift gibt über ihre Bedeutung Auskunft.

Die Mauer des Haram, die, wie bereits bemerkt, 3,3 m breit ist, besteht durchwegs aus schönen, regelmäßig zugesägten Quadersteinen, welche an der am meisten freiliegenden Ostseite vom Fußboden bis zum Fries 31 aufeinanderfolgende Reihen bilden, die um das ganze Gebäude vollkommen horizontal herumlaufen. 5,5 solcher Steinreihen entsprechen meiner Körperlänge (1,69 m), die Höhe der Mauer beträgt daher ziemlich genau 9,5 m. Das Fries ist an manchen Stellen, besonders an der Ostseite, vollkommen intakt und läßt sehr deutlich erkennen, daß das Gebäude keinerlei Bedachung hatte, was auch schon aus dem Fehlen von Fensteröffnungen in der Mauer erschlossen werden könnte. Der innere Raum des Gebäudes scheint niemals vollständig geebnet gewesen zu sein; denn ziemlich in der Mitte ragt ein natürlicher Felsen hervor. Leider liegen im Innern die Mauern fast nirgends frei; doch auch da, wo es keinen Sand gab, konnte ich nichts finden, was uns irgendeine spezielle Aufklärung zu bieten vermochte. Auch Mauerklammern, die ich vermutete, konnte ich nicht entdecken. Hingegen liefern uns die großartigen Inskriptionen an der Außenseite der Mauer sowohl über die Erbauer als auch über den Zweck des Haram Bilqis, eines Tempels des Gottes Almakah, vollen Aufschluß. Arnaud hat nur drei der Inschriften kopieren können, und auch diese hat er nicht alle vollständig kopiert. Zwei andere sah er wohl; allein der sie bedeckende Sand verhinderte ihn, Kopien zu nehmen. Seit Arnaud hat der Sand weitere Fortschritte gemacht.

Wenn ich auch alle Bücher in Sanaa zurückgelassen hatte, so war ich doch keinen Augenblick im Zweifel, wo die Inschriften zu suchen seien, da sie symmetrisch, und zwar in den vier Hauptweltrichtungen, angebracht sind. Zunächst ließ ich Fürst und Volk des heutigen Saba die große Inschrift vollständig bloßlegen, was nicht geringe Arbeit gab. Während ich diese zweizeilige Inschrift, welche an der Nordseite der Tempelmauer angebracht ist und westlich vom Tore beginnt, kopierte, legten meine Begleiter die Inschrift auf der Westseite, deren Emplacement ich ihnen angegeben hatte, und die untere Inschrift auf der Ostseite frei, und es gereicht mir zum Vergnügen, zu konstatieren, daß alle, Fürst, Richter, Edle und Sklaven, in der heißen Sonnenglut wacker ihre Schuldigkeit taten. Ich kopierte dann der Reihe nach weitere Inschriften.

Auf dem Rückwege nach Marib kopierte ich in der Nähe des Haram auf den zahlreichen kleinen Ruinen einige mit Rücksicht auf ihren Standort interessante Inschriften und kehrte erst in mein Absteigequartier zurück, nachdem ich auch im Dorfe selbst noch einige Texte gewonnen hatte. Es war überhaupt meine Regel, in freien Augenblicken im Dorfe selbst Nachforschungen anzustellen, da es hier an den Mauern, ja selbst im Innern der Häuser, Höfe, Stallungen und Magazine zahlreiche Inschriften gab. Ich glaube, daß ich sie alle ausgeschnüffelt habe.

Im Weihrauchland

Dhofar, Oman

19

Das durch die Jahrtausende duftende Harz, dem die Königin von Saba ihren Reichtum verdankte, kennen wir bestenfalls noch aus den Weihrauchfässern katholischer Kirchen. Noch heute gibt es in den Suks der arabischen Städte die Weihrauchhändler, die die weißlich-gelblich-grauen Körner verkaufen oder – nicht die beste Qualität – eine Art gepreßter Tabletten so groß wie ein Handteller.

Zum Weihrauchland gehörte auch Dhofar, die Gegend um Salalah im südlichen Oman. Neuere archäologische Forschung hat mit Hilfe von Satellitenbildern die Ruinen der Stadt Ubar zutage gefördert, die Zwischenstation auf der Weihrauchstraße zwischen dem Jemen und Dhofar war.

Das Parfümieren von Bart und Kleidung mit dem Duft des Weihrauchs gehörte zum guten arabischen Ton. Auch die moderne arabische Etikette fordert, daß man sich parfümiert – als Ehrenbezeigung zwischen Gästen und Gastgebern. Heute gibt es für diesen Zweck französisches Parfum, das für den arabischen Markt in sehr teure Luxusfläschchen abgefüllt wird, die in Europa gar nicht erhältlich sind.

Omanis, die mal etwas anderes erleben wollen als ewigen Sonnenschein, fliegen nach Salalah und fahren weiter in die Weihrauchberge – dort gibt es Regen und Nebel. James und Mabel Bent waren höchst beeindruckt von der Landschaft, von ihren Begleitern aber eher weniger – umgekehrt traf das wohl auch zu.

Das englische Ehepaar James Theodore (1852–1897) und Mabel Bent (gestorben 1929) bereiste Italien, die griechischen Inseln, die Türkei und Aserbaidschan, Äthiopien und Zimbabwe; 1893 bis 1897 waren verschiedene küstennahe Teile Arabiens das Reiseziel. Kurz nach der Rückkehr aus dem Orient starb James an Malaria.

Nach ein paar Tagen Aufenthalt unter dem gastfreundlichen Dach des Wali Suleiman in Al Hafa wurden die Vorbereitungen für unsere Expedition ins Landesinnere getroffen. Zu unserer Sicherheit hatte der Wali 17 Scheichs oder Familienoberhäupter des Gara-Stammes herbeigerufen, die die Herren über das gebirgige Gebiet hinter der Ebene bis zur Nedjd-Wüste sind. Sie kamen auch alle und brachten Kamele zum Transport unserer Gruppe und unseres Gepäcks. Die gesamte Reisegruppe wurde einem Scheich mit Namen Sayel unterstellt. Er war ein alter, grauhaariger, drahtiger Mann, nur mit einem Lendentuch bekleidet, aber so reich an Viehherden, daß alle anderen ihn mit großem Respekt behandelten und als Scheich aller Garas bezeichneten. Er besitzt siebzig Kamele, jedes 500 Rupien wert, und unzählbar viele Kühe, Schafe und Ziegen.

Niemals in unserem Leben hatten wir es mit so wilden Männern zu tun wie mit denen, die unsere Eskorte bildeten. Sie hatten langes, ungekämmtes Haar, zusammengebunden mit einem Lederstreifen, der wie eine Stiefelschnur aussah. Jeder trug einen hölzernen Schild, Gohb genannt, der so gebaut war, daß man ihn umdrehen und darauf sitzen konnte, dann einen hölzernen Speer mit Spitzen an beiden Enden, Qhatrif genannt, den es nur bei den Gara gibt und den sie mit bemerkenswerter Geschicklichkeit benutzen, und ein flaches eisernes Schwert, Saif genannt. Einige wenige hatten auch eine Flinte.

Diese wilden Männer nun waren während unserer Wanderungen in der Regel freundlich, aber ausgesprochen eigenständig. Wenn wir sie um etwas baten, antworteten sie, sie seien Scheichs und keine Sklaven; und sobald wir den Einflußbereich des Wali Suleiman verlassen hatten, kümmerten sie sich nicht im geringsten um die Befehle der Soldaten, die der Wali uns mitgegeben hatte, und solange wir bei ihnen waren, hatten wir das unerfreuliche Gefühl, daß wir ganz in ihrer Macht standen. Sie marschierten so lange, wie sie wollten; sie brachten uns nur dorthin, wohin sie wollten, und sie rückten uns ungemütlich nah. Nur mit Schwierigkeiten konnten wir sie aus unserem Zelt heraushalten, und wenn wir sie baten, nachts nicht zu singen, damit wir schlafen könnten, sangen sie erst recht drauflos. Sie hatten unsere Vornamen mitbekommen und benutzten sie zu unserem

Ärger auch. Geld hatte für sie keine Bedeutung, und das einzige, womit wir sie locken konnten, war Medizin. Sie waren in meine Medizinkiste richtig verliebt und verbrauchten auf dieser Reise eine unglaubliche Menge an Pillen, Chinin und anderen Leckerbissen. Zunächst kauten sie die Pillen, mit fatalen Folgen, aber wir hatten ihnen bald beigebracht, sie zu schlucken, wie es eigentlich üblich ist. Jeden Abend gab es eine Warteschlange von Leuten, die verarztet werden wollten, und mit dieser schwachen Waffe behielten wir sie im Griff. Ganz bestimmt ging es ihnen bei uns gut, und schließlich waren wir auch überzeugt, daß sie uns alles zeigten, was in ihrem Land sehenswert war, aber zunächst hatten wir starke Zweifel. Während des Marsches unterhielten sie sich freundlich mit uns, bekamen aber bei der kleinsten Gelegenheit wilde Wutausbrüche; und was sie uns über ihr Land erzählten, klang beim zweiten Mal ganz anders.

Die Garas unterscheiden sich nach Charakter und Aussehen von allen anderen Einheimischen, die ich jemals getroffen habe; im Aussehen ähneln sie den Beduinen des Hadramaut, klein, lebendig und mit feinen Zügen, aber sie sind viel wilder und weniger an den Kontakt mit der Zivilisation gewöhnt. Sie leben meistens in Höhlen und unter Bäumen und benutzen nur Schilfhütten, wenn sie während der Regenzeit mit ihren Herden hinunter in die Ebene kommen.

Genauso wild wie ihre Herren sind die Kamele der Garas. Sie sprangen herum wie Antilopen und machten gräßliche Geräusche, wenn sie beladen wurden, und wir hatten große Probleme, unser Gepäck auf ihnen festzuzurren. Die Beduinen verstanden nichts vom Beladen der Kamele. Sie hatten keine Stricke oder Riemen bei sich, die wir aber glücklicherweise vom Wali bekommen hatten, und während der ersten Reisetage wurde fast alles Gepäck abgeworfen und beschädigt; ein ausgerissenes und verschrecktes Kamel, das seine abgeworfene Last hinter sich her über die Steine und durch die Dornen zog, war kein ungewöhnlicher Anblick. Im Hadramaut hatten wir uns gewundert, daß Kamele Fisch fressen; hier in Dhofar wunderten wir uns, daß Kamele mit großem Vergnügen Knochen fraßen; wenn sie welche am Wegesrand sahen, konnte nichts und niemand sie davon abbringen, sich darüber herzumachen.

Auch die Reitkamele waren wild, wie wir unter Schmerzen feststellen mußten. Wir alle stürzten ernsthaft und schätzten uns glücklich, weil wir uns keine Knochen brachen. Das fruchtbare Hochland der Garas ist berühmt für seine Kamelzucht, aber sie nutzen die Kamele nicht selbst, außer um Weihrauch an die Küste zu bringen; deshalb gibt es keine Handelswege oder Verbindungen mit dem Landesinneren durch ihr Gebiet.

So waren unsere Hauptschwierigkeiten bei unserer Reise durch das Gara-Land beschaffen, aber da wir keine Angst um unsere Sicherheit und vor Angriffen feindlicher Stämme haben mußten, fühlten wir uns unendlich besser als im Hadramaut.

Wir verließen Al Hafa am 30. Dezember; unser erster Tagesmarsch brachte uns in die Nähe von Kap Risut, vorbei an einigen antiken Ruinenstädten von geringer Bedeutung. Bei Kap Risut gibt es einen Landstrich, der mit Weihrauchbäumen bestanden ist, die leuchtendgrüne Blätter wie Eschen und kleine grüne Blüten und unscheinbare Früchte tragen. Der Weihrauch, die alte Handelsware dieses Gebietes, wird noch an drei Stellen in den Gara-Bergen gesammelt. Den besten bekommt man an den Stellen, die Hoye und Haski genannt werden; sie liegen etwa vier Tagesreisen von Mirbat entfernt im Hinterland, wo die Gara-Berge in die Wüste Nedjd abfallen. Der zweitbeste kommt vom Kap Risut, und auch an einem Ort weiter westlich vom Kap, Chiseri genannt, kann man Weihrauch von bemerkenswerter Qualität bekommen. Weiter im Westen, im Mahri-Land, wird er nicht mehr gewonnen, weil er dort bei weitem nicht so gut ist. Die beste Qualität wird »Leban Lakt« genannt, die zweitbeste »Leban Resimi«; etwa 9.000 Tonnen werden pro Jahr exportiert und nach Bombay geschickt.

Der Weihrauch wird nur in der heißen Jahreszeit gewonnen, bevor der Regen kommt; das ist in den Monaten März, April und Mai. Während der Regenzeit sind die Pfade in den Gara-Bergen nicht passierbar. Der Stamm des Baumes wird eingeschnitten, und nach sieben Tagen wird das Harz, das ausgetreten ist, eingesammelt. Das wird drei- oder viermal pro Monat gemacht. Wenn es kühler ist, tritt das Harz nur langsam aus, und die Bäume werden in Ruhe gelassen. Die Bäume gehören den verschiedenen Gara-Familien, jeder ist markiert und seinem Besitzer bekannt. Das Produkt wird im Ganzen an Kaufleute indischer Abstammung verkauft, die kurz vor dem Monsun nach Dhofar kommen, um es abzuholen.

Natürlich interessierte uns dieser uralte und immer noch existierende Handelszweig an genau diesem Ort, der früher so berühmt dafür war; damals war das aromatische Harz für Tempeldienste und privaten Verbrauch weit höher geschätzt als heutzutage. Wie wir so durch die Haine mit dem weihrauchtragenden Gehölz ritten, riefen wir uns die gerissenen alten Legenden ins Gedächtnis von Drachen, die diese Bäume bewachen, und von den todbringenden Ausdünstungen, die sie aussströmen; denn die alten sabäischen Weihrauchhändler hüteten ihre Schätze eifersüchtig und wollten jede Konkurrenz durch grausige Geschichten ausschalten.

Von Kap Risut zogen wir landeinwärts an den Fuß der Berge und verbrachten mehrere Tage mit dem Besuch von zauberhaften kleinen Schluchten, die sich nicht weit in die Berge hinein erstrecken. Man kann aber die Höhen darüber nicht erreichen, denn die Felswände sind steil und unpassierbar. Es sind wunderschöne kleine Stellen, mit fließenden Bächen und Farnen und Bäumen, Binsen, Schilf und tropischer Vegetation. Beduinenfamilien leben in den Höhlen ringsum; sie finden hier reichlich Futter für ihre Tiere.

Ursprünglich war abgemacht gewesen, daß Scheich Sayel uns durch ein weiter westlich gelegenes Tal in die Berge führen würde, aber aus Gründen, die wir nie erfahren werden, weigerte er sich. Manche meinten, der Stamm der Mahri mache Probleme, andere meinten, der Weg sei zu schwierig für Kamele. Wie dem auch sei, wir mußten ein Stück des Weges zurück und am Fuß der Berge entlangreiten und fanden uns nicht besonders weit weg von Al Hasa wieder.

Am nächsten Tag kamen wir durch das Wadi Ghersid in die Berge, auf dem üblichen Weg der Gara von der Küste ins Binnenland. Der Zugang zu dieser Schlucht ist etwa neun Meilen vom Schloß des Wali entfernt, und als wir sie betraten, wartete eine große Überraschung auf uns. Statt der sandverwehten Täler des Hadramaut, trocken bis auf die mit sehr viel Mühe bewässerten Felder, kamen wir hier in ein Tal mit reichster tropischer Vegetation. Gerade über unserem zweiten Lagerplatz trat Wasser aus drei Felslöchern in der Bergflanke aus und bildet einen kleinen, ganz besonders schönen See, der reichlich mit Enten und anderen Wasservögeln bestückt war; wir fotografierten sie. Von den Felsen um den See herum hängen Schlingpflanzen, und es wachsen Frauenhaar und andere Farnarten; riesige Feigenbäume blockieren das Tal, deren untere Äste voll aller möglichen Überbleibsel hängen; daran sieht man, daß diese Schlucht während der Regenzeit ein reißender Strom sein muß. Limonen, Kaktus, Aloe und Mimosen bilden ringsum einen entzückenden Wald, und die Berghänge oberhalb des Sees sind fast bis zum Gipfel mit Bäumen bedeckt. Eine solche Ansicht hätten wir in Arabien niemals erwartet. Sie erinnerte uns mehr an die saftigen Täler, die auf das Hochland von Abessinien führen, und wir werden nie den höchst erfreulichen Abend vergessen, den wir am See von Ghersid verbrachten.

Höchstwahrscheinlich hat die Kenntnis von Tälern wie diesem schon in der Antike Arabiens Ruf für den Reichtum an Pflanzen begründet. Textstellen bei Theophrast, Strabo, Athenaeus berichten davon, und mehr noch vom Reichtum an aromatischen Pflanzen. Aristoteles nennt es Arabia euodes, das wohlduftende, und von Plinius haben wir sogar eine Liste von Bäumen und Kräutern, die in Arabien wachsen; es ist sehr wahrscheinlich, daß die Weihrauchhändler, die geschäftlich nach Dhofar kamen, diese Täler kannten und verständlicherweise farbenprächtige Berichte über ihre Fruchtbarkeit mitbrachten und damit Arabien einen Ruf verschafften, den man für übertrieben gehalten hat.

Am nächsten Tag zogen wir weiter durch die Schlucht von Ghersid, kletterten höher und höher durch dichten Wald, der oft für die Kamelreiter gefährlich war und uns des öfteren zum Absteigen zwang. Süß duftender weißer Jasmin hing in Girlanden von den Bäumen, und die Luft war vom Wohlgeruch vieler Blüten erfüllt. Über uns türmten sich graue Felsen, und die Berghänge waren zu beiden Seiten mit Bäumen bedeckt.

Noch einmal lagerten wir in diesem lieblichen Tal, fast an seinem Ende, und am folgenden Morgen begannen wir den Aufstieg auf einem holprigen Pfad, der für Kamele äußerst schwierig zu begehen war. Der höchste Punkt dieser Bergkette liegt nicht über 1.000 m, unser Lager an diesem Abend lag bei 870 m Höhe. Von oben sieht das Land sehr merkwürdig aus. In Richtung Meer sind die Berge von mehreren tiefen Schluchten ähnlich dem Wadi Ghersid eingeschnitten, die mit dichtem Grün bedeckt sind. Bis zu den Gipfeln sind sie mit Gras und Baumgruppen bedeckt. Da jetzt Trockenzeit war, war das Gras zu Heu geworden, das einzubringen sich aber niemand die Mühe machte. Hier und dort standen in der braunen Weite einzelne Gruppen von Feigenbäumen, von denen wir drei Arten bemerkten. Das dichte Laub dieser Bäume gibt der Landschaft das Aussehen eines Parks; darin verstreut sah man viele Herden von Kamelen, Ziegen und Kühen grasen, die den Garas gehörten. Immer wieder kamen wir zu ihren Wohnplätzen, die aus tiefen Höhlen am Berg bestehen und in denen Mensch und Vieh in glücklicher Eintracht zusammenleben.

Kälber und Kinder werden in Vertiefungen in den Felsen gehalten, die Milch wird durch Hin- und Herbewegen eines Lederbalgs an einem Dreibein zu Butter gemacht, und alle ihre Gerätschaften sind von der einfachsten Art.

Die Garafrauen kamen uns ausgesprochen schüchtern und zurückhaltend vor – so ganz anders als die dreisten Weibsbilder des Hadramaut, die uns damit aufregten, in unser Zelt zu glotzen. Wenn wir näherkamen, verschwanden sie wie scheue Gazellen. Sie haben nur ärmlichen Schmuck – silberne Halsketten, Armreifen, Ringe für Nase und Zehen. Sie finden es schön, ihre Augenbrauen mit Antimon so anzumalen, daß sie über der Nase zusammenstoßen, und kleben sich etwas Schwarzes, das ähnlich aussieht wie Schusterpech, über die Nase auf die Stirn. Sie sind sehr klein und ähneln Japanerinnen. Sie bedecken ihr Gesicht nicht und tragen dünne Gewänder aus dunkelblauer, selbstgesponnener Baumwolle.

Nachdem wir zwei Tage durch das Hochland gezogen waren, entschlossen wir uns, für zwei Nächte haltzumachen. Eigentlich wollten wir rasten, da wir nun schon viele Tage in Folge unterwegs gewesen waren. Aber dann brach ein schrecklicher Sturm vom Norden los, der zwei Tage und Nächte anhielt; Ausruhen kam deshalb nicht in Frage. Unter Schwierigkeiten gelang es uns, die Zelte aufrecht zu halten, und die Kälte war sehr anstrengend. Unsere Beduinen lagen in unbeweglichen Haufen um die Lagerfeuer, und alle im Lager fühlten sich richtig elend.

Von dieser Stelle aus konnten wir jedoch ausgezeichnete Beobachtungen machen und ein deutliches Bild der Gara-Berge gewinnen. Die Oasenhaftigkeit dieser Berge ist hier sehr deutlich. Ringsum ist nur Wüste. Mit dem sanften Abfall nach Norden wird das Land zunehmend trockener, der Bewuchs wird immer kümmerlicher, bis die Berge endlich in der gelben Nedjd-Wüste verlaufen, die sich so weit erstreckt, wie das Auge reicht, und am Horizont in einer blauen Linie endet wie das Meer.

Scheich Sayel hatte uns versprochen, uns über die Grenzen der Gara in die Nedjd zu führen, wenn wir das wollten; aber da uns das erheblich aufgehalten hätte und Verhandlungen mit den Scheichs der Nedjd-Beduinen nötig gewesen wären und da wir von unserem ausgezeichneten Aussichtspunkt feststellen konnten, daß uns das Land absolut nichts Interessantes zu bieten hatte, entschieden wir uns gegen diese Route.

Wir verließen unseren dem Wetter ausgesetzten und namenlosen Lagerplatz in Richtung Nordwest und zogen weiter durch parkähnliches

Gelände, über Hektar und Hektar des schönsten Heus, aus dem niemand Nutzen zog. Es ist sehr schlüpfrig, und Kamele können schlecht darauf Fuß fassen. Mehrere Stürze waren die Folge, und deshalb mußte ein Gutteil der Strecke zu Fuß zurückgelegt werden.

Am zweiten Tag begannen wir den Wiederabstieg auf einem miserablen Pfad, und 500 m tiefer kamen wir zu einer bemerkenswerten Höhle, gerade oberhalb der Ebene und nur 15 bis 20 km von Al Hafa entfernt. Die Höhle erstreckt sich tief in den Berg, hängt merkwürdigerweise voller Stalaktiten und beherbergt die jetzt verlassenen Behausungen eines Beduinendorfes, die nur während der Regenzeit bewohnt werden. Unmittelbar unter dieser Höhle im Wadi Nefas befinden sich die Reste einer weitläufigen sabäischen Stadt, in deren Mitte sich ein großes natürliches Loch befindet; es ist 50 m tief und hat einen Durchmesser von etwa 16 m. Um dieses Loch herum liegen Überreste von Mauern und die Säulen eines großen Eingangstores. Wir fragten nach Einzelheiten zu dieser Stelle, aber wir bekamen nur zur Antwort, es sei der Brunnen der Additen; dieser Name fällt immer im Zusammenhang mit den Ruinen eines untergegangenen Volks. Meiner Meinung nach ist dies der Ort des Orakels, das Ptolemäus und andere erwähnen und von dem die Hauptstadt von Dhofar ihren Namen hat.

Das Loch ähnelt sehr den tiefen natürlichen Löchern, die wir in Kilikien in Kleinasien gefunden hatten, wo sich die Orakel des Zeus von Ura befunden haben. Es liegt gerade unterhalb der großen Höhle, die ich schon erwähnt habe, und als ungewöhnliche natürliche Erscheinung muß es bei den Alten Ehrfurcht und Scheu hervorgerufen haben. Wie die zerstörten Mauern und Eingänge zeigen, war es ein heiliger Platz. Außerdem liegt es nur eine halbe Tagesreise von der Stadt Mansura oder Zufar entfernt, wo, wie Ibn Battuta etwas geringschätzig anmerkt, »Al Akhaf liegt, die Heimstatt der Additen«. Auf der Ebene von Dhofar gibt es augenscheinlich keine andere Stelle, an der ein Orakel gelegen haben könnte. Vielleicht wird sich eines Tages ein unternehmungslustiger Archäologe dieser Ruinen annehmen und ihren Namen anhand von Inschriften bestätigen.

Von hier aus ritten wir über die Ebene etwa 15 km bis zur Küste, zu einer Stelle, die Rizat heißt, und waren über Nacht beim Wali Suleiman in einem Haus zu Gast, das er sich hier, etwa 20 km von seinem Hauptwohnsitz in Al Hafa entfernt, gebaut hat.

Unterwegs mit der Hedschasbahn

Saudi-Arabien

20

Der Kampf gegen die napoleonischen Truppen in Ägypten und Palästina zu Beginn des 19. Jahrhunderts hatte der Regierung der Hohen Pforte in Istanbul gezeigt, daß eine Modernisierung des Militärwesens zur Sicherung des Reiches unabdingbar war. Deutsche Berater wurden (ab etwa 1830) ins Land geholt, die später auch den Aufbau der Industrie und die Umgestaltung politischer Strukturen vorantrieben. Deutsche wurden deshalb bevorzugt, weil sie im Gegensatz zu Österreichern, Franzosen oder Engländern keine unmittelbaren Interessen im östlichen Mittelmeer hatten.

Der Bau der Hedschasbahn diente der Erleichterung des Pilgerverkehrs (aus vierzig Reisetagen der Karawane von Damaskus nach Mekka wurden vier) und der militärischen Erschließung der am stärksten bevölkerten Gebiete Arabiens. Der Weiterbau der Eisenbahn bis in den Jemen war geplant, kam aber nie zustande.

Auf die Fahrkarten wurde ein Zuschlag erhoben, der zum Ausgleich der verlorenen Einnahmen an die Beduinenstämme ging, die seit Jahrhunderten an der Pilgerfahrt verdient hatten, weil jedes Jahr Kamele, Wasser, Lebensmittel und sicheres Geleit für Tausende von Pilgern gegen Gold gekauft wurden. Der militärische Wert der Hedschasbahn erwies sich schon im Jahr 1908, als Beduinen sich gegen sie erhoben und Soldaten schnell in das Aufstandsgebiet verlegt werden konnten – ohne die Bahn aber hätte es auch keinen Aufstand gegeben!

Auler Pascha (Karl Auler, 1854–1930) war preußischer Offizier und von 1901 bis 1908 Instrukteur des osmanischen Ingenieurkorps. Er war Mitglied der Delegation, die 1904 nach Maan (Jordanien) und 1907 nach El-Ula zur offiziellen Einweihung von Teilstrecken der Hedschasbahn reiste.

Die Station von Medain Salih bestand bei unserer Ankunft aus einer größeren Zahl von Zelten und Lehmhütten, in denen sich ein stärkeres Truppenkommando wohnlich eingerichtet hatte. Auf den vorherigen kleineren Stationen bzw. Kreuzungen hatte ich gewöhnlich nur einen On Baschi oder Tschausch (Unteroffizier oder Sergeant) als Stationsvorsteher, einen Telegraphisten – beide auch manchmal in einer Person vereinigt – und je nach der Länge der Strecke einen kleineren oder größeren Trupp Bahnerhaltungsarbeiter, im ganzen 18 bis 24 Mann, unter Zelten bemerkt. Die Zelte lagen dicht zusammen und waren aus eigener Initiative der Soldaten in einfachster Weise durch Anlage von Schützengräben gegen Überfälle gesichert. Es erscheint mir unzweifelhaft, daß Medain Salih später eine Hauptstation der Hedschasbahn werden wird. Das dort vorhandene Wasser und die zu größeren Bahnhofsanlagen geeignete breite Ebene laden dazu ein.

Während der Zug auf der schattenlosen Station Medain Salih hielt, wurde bei einer Temperatur von 55° C das Mittagessen eingenommen. Metalle wie Eisenbahnschienen und Beschläge an den Eisenbahnwagen waren so heiß, daß man sie kaum anfassen konnte, der Sand war glühend, und einige Offiziere machten sich den Scherz, Eier in demselben zu sieden. Die auf dem Tische im Eßraum des Zuges aufgestellten Äpfel und Birnen waren wie gebraten, und Schokolade zerfloß. Während wir bei Tisch saßen, gingen mehrere Windhosen (Soba'a) in der Nähe des Zuges über das Wadi hinweg. Dieser heiße Wind brachte aber keine Erfrischung, sondern überschüttete unseren Zug nur mit einem Sandregen. Diese Windhosen treten in den Wadis südlich Sat el-Hadsch häufig auf, nehmen aber in dem breiten Wadi von Medain Salih besonders großen Umfang an, weil sie auf ihrem Wege, besonders an dem Fuß der Felsen, viel leichtes Sandmaterial aufgespeichert finden.

Nach einem Aufenthalt von mehreren Stunden ging es am Nachmittag dem Endziel unsrer Reise zu. Der Boden nimmt wieder mehr und mehr einen sandigen Charakter an, stark verwitterte groteske Felsen treten näher an die Bahn heran, und letztere fällt allmählich aus dem Wadi Medain Salih in das enge Wadi El-Ula bis zur gleichnamigen Station

(681 m) hinab. Beim Eintritt in dieses Wadi bietet sich dem Auge ein ganz anderes Bild, als man es beim Durchfahren der früheren Wadis gewohnt war. Die grotesken Felskegel zu beiden Seiten der Bahn treten mehr und mehr zusammen und bilden schließlich ein engpaßartiges Tal, aus dem die Sandsteinwände zu beiden Seiten in geschlossener Form fast senkrecht bis zu einer Höhe von 200 bis 300 m emporsteigen.

Sandstein hat hier eine besonders kräftige rotbraune Färbung. Plötzlich erblickt man vor sich das untrügliche Zeichen vorhandenen Wassers, einen dichten, langgestreckten Palmenwald, der einen großen Teil des Tales einnimmt. Am Ostrande dieses Palmenwaldes, in dem das Dorf El-Ula liegt und der von einer 2 bis 2,5 m hohen, dünnen Mauer aus luftgetrockneten Lehmziegeln umgeben ist, fuhr der Zug entlang und suchte uns durch möglichst langsame Fahrt das fesselnde Bild eindringlich vor Augen zu führen.

Vor Eintritt in den Palmenwald passierten wir die sogenannten »Chreibe«, das heißt Ruinen, und sahen dann die ersten Bewohner des Dorfes El-Ula. Auf den Mauerkronen, in den Zweigen der Palmen saßen die Frauen und Kinder und sahen sich das ungewohnte Schauspiel an. Das Dorf selbst liegt tief im Palmenwald versteckt und ist von der Bahn aus nicht sichtbar.

Die Station El-Ula, auf der wir vor Sonnenuntergang eintrafen, liegt am südlichen Ende des Palmenwaldes, an einer Erweiterung des Tales, das sich gleich hinter der Station aber wieder enger zusammenschließt. Sie macht, umrahmt von den senkrecht aus der Ebene aufsteigenden rotbraunen Felswänden von oft wunderbarer Form, einen ungemein malerischen Eindruck. Dicht bei der Station tritt zum ersten Mal in Gestalt eines etwa 15 m hohen Hügels, der sich wie ein Flankierungswall in die Ebene vorschiebt, der den Grundstock des westlichen Randgebirges bildende Syenitgranit in Erscheinung.

Ein außerordentlich reges Leben herrschte bei der Ankunft des Zuges auf der Station. Die in Parade aufgestellten Truppen, die Eisenbahnkompanie (die 4. Kompanie des Eisenbahnbataillons Nr. II) und zwei Kamelreiterkompanien, erwiesen die Ehrenbezeugung. Die Mission schritt unter Führung des Marschall Kiasim Pascha und unter den Klängen des Hamidiémarsches die Front ab, darauf erfolgte die Begrüßung der Mission durch die Abordnung von Medina und die Scheichs der Beduinenstämme der Umgegend, der Bili, Wuld Ali und Fukara. Auch ein Ulema aus Tunis hatte sich zur Feier in El-Ula eingefunden. Schließlich vereinigte sich die Mission mit diesen Abordnungen unter dem Festzelt zum Kaffee mit obligater Zigarette. Die zahlreichen Beduinen, welche das Gefolge der Scheichs bildeten, kauerten sich mit untergeschlagenen Beinen im Kreise herum, indem sie mit einer oder beiden Händen die auf den Boden gestützte, scharf geladene Waffe hielten. Es waren mehr als 100 Personen, vom Kopf bis zu den Zehen bewaffnet. Sie sprachen nichts, ihre unruhigen Augen gingen aber prüfend an uns allen im Kreise umher, als ob sie dem Frieden noch nicht recht trauten und erst sehen wollten, ob wir uns als Freunde oder Feinde entpuppten.

Mit den verschiedenen Scheichs, welche die Ehrenplätze mit uns teilten, sprach eigentlich nur Abdurrahman Pascha, der sie der Mission auch vorgestellt hatte. Er kannte sie persönlich von 17 Pilgerfahrten her, auf denen er an der Spitze der heiligen Karawane ihr Gebiet durchwandert hatte. Am meisten wird der Scheich der Bili-Beduinen, Suleyman Rifat, geehrt. In Ansehung seiner einflußreichen Stellung hat ihm der Sultan den Paschatitel und die entsprechende mit Gold bestickte Ziviluniform verliehen. Da dem Beduinen aber das Tragen von Beinkleidern unsympathisch ist, so zieht Suleyman Pascha den goldgestickten Rock über den schwarzen Beduinenmantel, so daß er von einigen zuerst für einen Imam in Paschauniform gehalten wurde. Auch hat er sich von der charakteristischen Kopfbedeckung des Beduinen nicht trennen können. Im übrigen machte dieser Scheich in seiner würdigen vornehmen Haltung einen guten Eindruck, ebenso seine drei noch jugendlichen Söhne. Es mag nicht unerwähnt bleiben, daß es Leute seines Stammes waren, unter deren Schutz Euting von El-Ula nach Westen reiste, um sich in ihrem Gebiet nach Ruinen und Felsinschriften umzusehen. Nachdem er dann von Dschuheina-Beduinen überfallen worden war und zwei von ihnen erschossen hatte, floh er nach der Küste und erreichte, von zwei Bili begleitet, glücklich El-Wedsch.

Während des Begrüßungskaffees unter dem Festzelt überreichte der Führer der Deputation aus Medina dem Marschall Kiasim Pascha in feierlicher Weise einen Brief im Auftrag dieser Stadt. Vor dem Festzelt entwickelte sich unterdessen ein buntes Treiben. Die dunklen Uniformen der Soldaten, unter denen viele Reservisten waren, die am andern Tage entlassen werden sollten, mischten sich mit den weißen Trachten der Bewohner von El-Ula, die wohl ohne Ausnahme auf dem Festplatz erschienen waren und deren dunkle Gesichtsfarbe von dem Weiß ihrer Kleidung eigentümlich abstach. Auffallend war es, daß, nachdem die Begrüßungssitzung mit den Beduinenstämmen im Festzelt ihr Ende erreicht hatte, die Beduinen sich nicht unter diese bunte Menge mischten, sondern jeder Scheich mit seinen Leuten sich sofort zu seinen schwarzen Zelten begab, die am Talrand und an getrennten Punkten aufgeschlagen waren und sich neben den weißen Soldatenzelten höchst malerisch ausnahmen.

Am Abend nahmen die Scheichs der Beduinenstämme an unserem Essen im Eisenbahnzug teil. Ich hatte als Nachbarn zur Rechten den Scheich Suleyman Pascha, mir gegenüber den Scheich der Fukara-Beduinen und den Führer der Deputation aus Medina, der seinen großen Einfluß, den er in dieser Stadt genießt, dem Umstand zuschreibt, daß seine Frau dem mächtigen Stamm der Harb-Beduinen angehört. Leider beschränkte sich meine Unterhaltung mit den arabischen Tischgenossen nur auf wenige allgemeine Höflichkeitsphrasen, die ich mit dem türkisch sprechenden Notabeln aus Medina wechselte. Ich hatte aber die Genugtuung, daß auch meine türkischen Herren Kollegen nicht in der Lage waren, mit den arabischen Gästen eine Unterhaltung zu führen. Da es beim Essen in türkischer Gesellschaft immer ruhig und würdig zugeht und fast gar nichts gesprochen wird, so fiel die erzwungene Schweigsamkeit nicht weiter auf.

Gegen Abend hatten wir starkes Wetterleuchten, ähnlich wie am Tage vorher in El-Muteli; auch die Gewitterschwüle stellte sich wieder ein, und ein heißer Wind fegte durch das Tal, der den Sand aufwirbelte und den Aufenthalt außerhalb des Zuges wenig begehrenswert machte. Die Augen schmerzten, und das Atmen war erschwert. Es war wohl der Anfang eines Samum, jenes heißen Wüstenwindes, der in jenen Gegenden nicht selten ist und der, wie mir Abdurrahman Pascha erzählte, von der Pilgerkarawane sehr gefürchtet wird, weil er verderbenbringend ist. Einmal wurde Abdurrahman Pascha mit der heiligen Karawane (5.000 bis 6.000 Pilger) von einem solchen Samum zwischen Medina und El-Ula überrascht, und in wenigen Augenblicken sind ihm durch den heißen Wind 70 Pilger getötet worden.

Die Nacht war unerträglich heiß, das Thermometer zeigte 40° C in den Abteilen der Eisenbahnwagen, und der Regen, der in der Luft lag, machte letztere noch schwüler und drückender. Liegt ein klarer unbewölkter Himmel über jenen eng eingeschlossenen Tälern der Wüste, dann steigt die Tageshitze leichter empor, doch die Temperatur kühlt sich ab. Hängen aber Wolken am Himmel, wie in der Nacht zum 1. September in El-Ula, so wird die Verdunstung behindert, und es ist auf keine Abkühlung zu rechnen.

Ich versuchte trotzdem auf meinem bequemen Lager Ruhe und Schlaf zu finden. Die dumpfe Schwüle lag aber bleischwer auf meinen Atmungsorganen, so daß ich, obgleich beide gegenüberliegende Fenster meines Abteils geöffnet waren, das Gefühl hatte, ersticken zu müssen. Wie ein nach Luft schnappender Fisch, so lehnte ich mich von Zeit zu Zeit zum Fenster hinaus und suchte den zum Leben nötigen Sauerstoff in langen Zügen einzuziehen, aber ohne Erfolg. Schließlich stand ich auf und ging in dem Seitengang des Wagens auf und ab, wobei ich bemerkte, daß meine Reisegefährten unter ähnlichen Erscheinungen zu leiden hatten. Einer von ihnen schrie im Schlafe auf einmal laut auf und erzählte auf Befragen, er hätte sich in einem Tunnel geglaubt und meinte, in demselben ersticken zu müssen. Ein ruhiger Schlaf war jedenfalls in jener Nacht nicht zu finden, und ich begrüßte die Morgendämmerung als eine Erlösung.

Marschall Kiasim Pascha hatte, der Kraft der südlichen Sonne Rechnung tragend und veranlaßt durch die Erfahrungen, welche man vor drei Jahren bei der Bahneröffnung in Maan gemacht hatte, den Beginn der Feier zur Einweihung der Bahn am 1. September, dem Thronbesteigungstag des Sultans, bereits auf eine Stunde vor Sonnenaufgang festgesetzt. Die Feier selbst vollzog sich in ähnlicher Weise, nur mit dem Unterschied, daß weniger lange Reden gehalten wurden und sie daher einen wesentlich rascheren Verlauf nahm. Auch litten die Teilnehmer dank der frühen Tageszeit nicht unter dem Sonnenbrand wie damals. Als später der Feuerball der Sonne hinter den Bergen hervorkam und sofort eine solche Kraft entfaltete, daß das Gesicht glühte und die Augen schmerzten, wurde der Rest der Feier, die Verteilung der Pässe und Medaillen an die Reservisten, unter die Zelte verlegt. Die Festreden wurden durch ein Gebet für den Sultan eingeleitet, welches der durch seine hohe und ehrwürdige Gestalt hervortretende Mufti von Damaskus sprach, dann verlas Dschevad Pascha das kaiserliche Irade [Erlaß des Sultans], durch welches die Bahn eröffnet wurde und Seine Majestät den Erbauern der Bahn seinen kaiserlichen

Dank aussprach. Darauf folgten die Festreden der Deputationen und Gäste, die alle die hohe Bedeutung der Bahn hervorhoben und in ein besonderes Dankgebet für den Sultan ausklangen.

Nach der Feier ging ich mit Meißner Pascha und einigen andern Ingenieuren auf Entdeckungsreisen aus, hauptsächlich in der Absicht, der alten Stadt El-Ula, der nördlichsten Grenzfaktorei der »Königin von Saba«, einen Besuch abzustatten. Mit einer Dräsine, die von zwei Bahnarbeitern unter der eifrigen Mithilfe von einigen Negerjungen aus El-Ula geschoben wurde, fuhren wir zunächst nach einer nördlich der Station gelegenen Quelle dicht beim Palmenwald, deren Ergiebigkeit Meißner Pascha prüfen wollte. Dann überstiegen wir unter Führung eines Jungen von El-Ula die Abschlußmauer des Palmenwalds unter Benutzung einer von den Bewohnern wohl selbst hergestellten Bresche. Als die 2 bis 3 m hohe Mauer, die trotz der aufgesetzten zinnenartigen Krönung durchaus keinen festungsähnlichen, unübersteigbaren Eindruck machte, glücklich passiert war, traten wir in den dichten, üppigen Palmenwald von El-Ula ein. Ein schmaler Fußweg, dessen zahlreiche Krümmungen und Verzweigungen die Orientierung ungemein erschwerten und den Eindruck erweckten, daß man sich in einem Labyrinth befände, führte durch den Palmenwald nach der Stadt. Rechts und links des die Sohle der Oase meist dammartig überhöhenden Weges wechselten Riesenexemplare von Dattelpalmen mit niedrigen, weitverzweigten Bäumen dieser Gattung. Alle waren mit reifen Früchten schwer behangen. Auch Zitronenbäume, deren Blätter durch ein besonders frisches, lebhaftes Grün ausgezeichnet waren, trafen wir auf unserem Wege, der streckenweise von der schon früher erwähnten fließenden Quelle begleitet wurde. Aber nur selten sahen wir ein menschliches Wesen. Selbst die Bewohner von El-Ula scheinen sich den Sonnenstrahlen, die um die Zeit unseres Ausflugs – zwischen 9 und 10 Uhr vormittags – wie Feuer auf unserem Kopfe brannten, nicht gern auszusetzen. Trotz der Hitze verfehlten die tropischen Landschaftsbilder, die sich unterwegs unseren Blicken darboten, ihren Eindruck nicht. Zuweilen stieg der schmale Weg, auf dem nur einer hinter dem andern sich bewegen konnte, eine reizvolle Terrasse hinan, dann wieder in ein kleines idyllisches Tal hinab, in welchem eine Quelle rieselte. Eine vermummte Frauengestalt schöpfte Wasser und drehte uns scheu den Rücken, als wir Fremdlinge nahten. Dann kam wieder eine kleine Lichtung im Walde, in der die umgebenden Dattelbäume mit ihren Riesenpalmenzweigen ganz besonders schön zur Geltung kamen. Über allen diesen Bildern wölbte sich der reine blaue Himmel in südlicher Pracht, und durch das Blätterdach der Palmen stahlen sich die neugierigen Sonnenstrahlen und warfen wunderbare Streiflichter in den schattigen Wald.

Nach etwa 20 Minuten flotten Fußmarsches hatten wir die versteckt zwischen Palmen liegende und um einen steilen, mit Ruinen eines Kastells bedeckten Felsen der westlichen Bergwand gruppierte Stadt erreicht. Wir traten in die etwa 2 m breite Hauptstraße ein, die zum Schutz gegen die Sonnenstrahlen mit querliegenden Palmenstämmen und Zweigen überdeckt war. Letztere hatten ihr Auflager auf der Plattform der Häuser zu beiden Seiten der Straße. In dieser Decke waren nur einige Lücken gelassen, durch die das Sonnenlicht eindrang und die ganze Straße mit einem Dämmerlicht erfüllte. Die kühle Temperatur in dieser Straße war wohltuend. Im Schatten der Straße saßen einige ärmlich aussehende ältere Männer, welche ihren »Kjef« (Nichtstun) machten und sich in ihrer stumpfsinnigen Beschäftigung durch uns nicht stören ließen. Auch die andern Gassen der Stadt sind eng und oft in ähnlicher Weise überbaut.

Die Häuser zeichnen sich durch ihre massive Bauart in Sandstein vorteilhaft von den Lehmziegelhütten aus, welche ich in Tebuk und andern arabischen Dörfern gesehen hatte. Sie sind meist zweistöckig, und über dem zweiten Stock bildet noch das Dach einen von den Bewohnern geschätzten Aufenthaltsort nach Untergang der Sonne. Da die Dächer zusammenhängend sind, so können sie sogar als Promenadenweg benutzt werden, erleichtern aber dadurch auch den Dieben ihr Handwerk. Von diesen Dächern aus hatte ich den besten Überblick über die Stadt, von deren Lage und Ausdehnung man sich von den Straßen oder dem umliegenden Palmenwald aus keine Vorstellung machen kann. Durch die Anlehnung an die westliche Felswand der »Harra« ist die Stadt den wohltuenden Westwinden vom Roten Meer her verschlossen und leidet daher besonders unter der Sonnenglut. Dem Palmenwald dagegen kommt diese geschützte Lage sehr zustatten.

In den Mauern und Gärten von El-Ula sieht man viele Steine mit alten Ornamenten und Inschriften. Euting äußert sich über die Bedeutung der letzteren folgendermaßen: »Alle Inschriften, welche in El-Ula gefunden worden sind, befanden sich samt und sonders nicht mehr an ihrer ursprünglichen Stelle, sondern sind in späterer Zeit als vorgefundenes Baumaterial in die Häuser und Gartenmauern eingefügt worden. Überhaupt so ziemlich alle schönen Steine stammen aus früheren sabäischen Häusern, Türmen, Tempeln und sind wohl größtenteils aus den Ruinen (El-Chreibe) an die spätere, den Quellen näher gelegene Stadt verbracht worden.«

Ein Mitglied unserer Ausflugsgesellschaft litt derartig unter der Hitze, daß es sich auf den ersten besten Wassertümpel stürzte und das warme Naß mit gierigen Zügen einsog. Uns andern, die wir uns dagegen sträubten, klebte vor Durst die Zunge am Gaumen, das Gespräch verstummte, und von der Sonnenglut wie betäubt, zogen wir, mechanisch die Füße voreinandersetzend, im Gänsemarsch hintereinander her, bis wir endlich mit einem Seufzer der Erleichterung das Bahngeleise und unsere Dräsine wieder erreichten.

An dem Festessen, das am Mittag stattfand, nahmen nicht allein wieder die Beduinenscheichs und die Abordnung aus Medina, sondern auch noch sämtliche Offiziere der in El-Ula befindlichen Truppen teil.

Gegen Abend führte uns Marschall Kiasim Pascha die Eisenbahnbaukompanie beim Verlegen eines Seitenstrangs der Bahn vor. Es war eine Freude, die sehnigen, sonnengebräunten Gestalten bei der Arbeit zu sehen. Ein Trupp legte die Schwellen, ein zweiter die Schienen, ein dritter befestigte letztere provisorisch auf den Schwellen, und ein vierter Trupp besorgte das Richten und Unterstopfen. Ihrem lebhaften südländischen Wesen entsprechend (es sind fast ausschließlich syrische Araber, weil diese das Klima am besten vertragen), feuerten sie sich gegenseitig durch Zurufe an und suchten sich in ihren Leistungen zu überbieten, obwohl die Temperatur 45° C betrug und die Luft von feinem Sandstaub, der bei dem Hinwerfen der Schwellen und Schienen aufwirbelte, so geschwängert war, daß die Augen schmerzten. Zuerst trugen sechs Mann eine 9 m lange Schiene (198 kg schwer), dann vier Mann und schließlich drei, selbst zwei Mann. Obwohl die Leute ihre Schultern tüchtig aufgepolstert hatten, waren ihre Leistungen doch bewundernswert. Es ist natürlich, daß diese Eisenbahnbaukompanie, die sich durch jahrelange Übung eine außergewöhnliche Gewandtheit und Sicherheit im Verlegen des Geleises erworben hat, auch Außerordentliches leistet. Wenn die Bettung vorbereitet ist, kann sie bis 3 km Eisenbahngeleise am Tage verlegen.

Nach der Besichtigung der Eisenbahnbaukompanie wohnte ich dem Festessen der Bili-Beduinen bei, das Marschall Kiasim Pascha zu Ehren des Tages für sie veranstaltet hatte. Mitten auf dem Festplatz waren von den mit dem Herrichten des Beduinenmahls beauftragten Soldaten etwa 15 mit Pilaw (Reis mit Fleischstücken) gefüllte große Kochkessel in einer Reihe mit 3 m Abstand aufgestellt worden. Bald darauf nahte sich gravitätisch der aus dem Beduinenlager anmarschierende Zug der Bili-Beduinen, etwa 120 an der Zahl, dem Platze. An der Spitze ging der Scheich Suleyman Pascha, ihm folgten seine drei jugendlichen Söhne mit ihrem Oheim, der eine Art Mentorstelle bei ihnen einzunehmen schien. Der Scheich trug über dem langen Beduinenhemd einen hellbraunen weiten Mantel und eine gleichfarbige Kefije, in der Hand den silberverzierten Säbel. Die Söhne steckten in ganz neuem weißem Leinenzeug, das noch seine vollständige Appretur hatte. Sämtliche Beduinen waren bewaffnet, ein kleinerer Teil, darunter die Söhne des Scheichs, mit Henry-Martini-Gewehren, der größere jedoch mit Steinschloß- und Luntenflinten, einige sogar nur mit Lanzen. Alle Gewehre waren nach Beduinenbrauch scharf geladen. Der Zug bewegte sich zunächst an den Kochkesseln entlang und machte, als die Spitze in Höhe des letzten Kochkessels angekommen war, halt. Dann gruppierten sie sich mit fabelhafter Schnelligkeit und Gewandtheit um die Kochkessel und ließen sich mit untergeschlagenen Beinen nieder. Die Waffen wurden ängstlich gehütet. Ohne weitere Zeremonie griff jeder mit der Hand in den Reis, ballte ihn mit großem Geschick zu einem länglichen Kloß zusammen und steckte diesen auf einmal in den Mund. Dem ersten Kloß folgte der zweite mit solcher Schnelligkeit, daß das Essen wohl weniger gekaut als verschlungen wurde.

Noch während dieses Hinunterschlingens des Reisgerichts brachten die Soldaten in Töpfen die zu jedem türkischen Festessen gehörige süße Speise heran, bestehend aus Halva – einer aus geröstetem Mehl und Zucker zusammengesetzten Teigmasse – und warfen sie stückweise in die Kessel mit Reis hinein. Ohne auch nur aufzusehen und sich im geringsten stören zu lassen, vertilgten die Beduinen in derselben Weise das Halva, wie sie den Reis gegessen hatten, mischten auch Reis und Halva zusammen. Die Tätigkeit der Eßwerkzeuge wurde nicht durch ein einziges Wort unterbrochen. Wasser wurde nicht verabreicht. Nach etwa 8 Minuten waren sämtliche Kessel bis auf den Boden geleert. Nur der Scheich hatte an diesem Essen nicht teilgenommen, er hatte sich beim Beginn desselben mit Marschall Kiasim Pascha nach dem Festzelt begeben. Auch die Söhne hatten nur einige Anstandsbissen genossen und waren dann mit dem Mentor ihrem Vater gefolgt.

Als die Beduinen gegessen und die Finger an den Kleidern abgewischt hatten, ging ein Teil von ihnen zu den Zelten zurück. Der größere Teil aber wohnte der nun folgenden Kamelschlachtung bei. Der Scheich der Bili-Beduinen hatte nämlich zur Feier des Tages der Bevölkerung von El-Ula die Schlachtung eines Kamels versprochen. Infolgedessen waren die männlichen Bewohner mit Körben und andern Gefäßen in Scharen herbeigeeilt, um ein Stück von dem seltenen Braten zu erhalten.

Solche Schlachtungen werden nur an wilden Kamelen vollzogen, das heißt solchen, die sich der Dressur dauernd widersetzen und daher als Transporttiere unbrauchbar sind. Unter Anführung eines zahmen Kamels wurde das Opfer herangebracht. Die Beduinen versetzten ihm zunächst Schläge in die Kniekehlen und zogen es gleichzeitig am Halse, bis es sich niederlegte. Acht Beduinen hielten es in dieser Lage fest, indem sie den Rücken mit ihrem Körpergewicht beschwerten, zwei andere Beduinen zogen den Kopf mit einem Strick nach vorwärts, um dem Hals eine gestreckte Lage zu geben und dadurch die Operation zu erleichtern. Dann nahm ein Beduine ein großes Taschenmesser und fing an, an dem Halse herumzusäbeln, eine scheußliche Prozedur, bei der das Tier stöhnte und röchelte. Es dauerte lange Zeit, bis der Kopf ganz abgesäbelt war. Dann wurde das Kamel zerlegt und an die gierig ihren Anteil an der Beute erwartenden El-Ula-Leute verteilt. Das andere Kamel hatte während dieser Schlachtung dabeigestanden, ohne sich auch nur zu rühren. Auffallend und gegen jeden mohammedanischen Brauch war es, daß die Schlachtung ohne jede Zeremonie vor sich gegangen war; statt einen feierlichen Eindruck zu machen, wirkte sie abstoßend.

Am Abend wurde zu Ehren des Tages auf dem Festplatz ein Feuerwerk abgebrannt, welches in dem von hohen Felsen eingeschlossenen engen Tal besonders glänzende Bilder hervorbrachte und seinen Eindruck auf die Beduinen und El-Ula-Leute nicht verfehlte. Dazu ließ die Militärmusik ihre Weisen ertönen.

Die Furcht der El-Ula-Leute vor den Beduinen, von der Euting erzählt und die damals so weit ging, daß erstere die schützenden Mauern ihrer

Palmenoase nicht zu verlassen wagten, scheint seit dem Bahnbau stark abgenommen zu haben, denn sie bewegten sich bis spät in die Nacht hinein in Gesellschaft der Soldaten auf dem etwa eine halbe Stunde von dem Palmenwald entfernten Festplatz. Mit diesem Verhalten der El-Ula-Leute verglichen, machten die Beduinen eher einen scheuen, zurückhaltenden Eindruck, besonders wenn ich der Huwaitat-Beduinen gedachte, die vor drei Jahren der Einweihungsfeier bei Maan beiwohnten. Diese mischten sich unter die Soldaten und die Bevölkerung, während jene sich abschlossen und ihre Zelte kaum verließen. Der Grund mag darin liegen, daß die beiden Stämme der Bili und Fukara, deren Vertreter sich in El-Ula zusammengefunden hatten, in Fehde lagen. Dies kam auch dadurch öffentlich zum Ausdruck, daß der Scheich der Fukara denjenigen der Bili bei Mitgliedern der Mission herabzusetzen versuchte, indem er ihm nachsagte, er stehe im englischen Solde und besitze sogar eine englische Medaille.

Auch am zweiten Abend unseres Aufenthalts auf der Station El-Ula war wieder starkes Wetterleuchten, das sogar in seiner Helligkeit mit dem Festfeuer in einen Wettkampf eintrat. Leider blieben aber auch an diesem Abend die ersehnten Regentropfen aus, nach denen jeder lechzte. In der Nacht schlief ich aber doch besser als in der vorhergehenden; ob es weniger heiß war, ob ich mich an die Backofentemperatur schon etwas gewöhnt hatte oder ob endlich der Gedanke, daß diese Nacht die letzte im Wadi von El-Ula sei, mich in eine größere Ruhe wiegte, läßt sich schwer entscheiden. So romantisch auch die Lage der Palmenoase ist, die andauernde große Hitze ließ mich nicht zum rechten Genuß der landschaftlichen Reize kommen.

Am nächsten Vormittag (2. September) traten wir bei wundervollem, klarem Himmel die Rückfahrt an.

Ali und Faisal

Hedschas, Saudi-Arabien

Erinnern Sie sich an den Film »Lawrence von Arabien«? Peter O'Toole als blonder Recke, der Lawrence gar nicht war, trifft auf Ali (Omar Sharif), der als schwarzer Punkt in der hitzeverschleierten Wüste auftaucht. Alec Guiness spielt den aristokratischen Faisal, der nach dem Ende des Osmanischen Reichs König erst in Syrien und dann im Irak werden sollte. Hier erzählt Lawrence, wie er diese Begegnungen erlebt hat. Auch seine Geschichten sind, wie die Hollywoods, nicht immer zuverlässig, aber es gibt keinen Grund zur Annahme, daß diese sich nicht so abgespielt hat wie der folgende Text berichtet. 21

Faisal hatte die Briten um einen Berater gebeten und bekam Thomas Edward Lawrence (1888–1935) und später durch Lawrence auch Gold geschickt, um Krieger gegen die osmanischen Herren zu mobilisieren. Lawrence hielt Faisal, der den Briten bis dahin nicht bekannt war, für den richtigen Führer der Araber und zog mit ihm, Ali und verschiedenen Stämmen in den Kampf. Zunächst wurde die Hedschasbahn angegriffen, aus militärischen wie psychologischen Gründen ein bestens geeignetes Ziel – die Beduinen haßten die Bahn, durch die ihnen die Zahlungen der Pilgerkarawanen weitgehend verlorengingen. Der erste Angriff fand statt zwischen El-Ula – siehe den vorhergehenden Text – und Medina. Die Bahn wurde nie wieder in Betrieb genommen, die Schwellen dienten als willkommenes Feuerholz für die vorüberziehenden Beduinen. »Damaskus« hieß das Zauberwort der Araber. Von dort aus sollte ein arabisches Reich entstehen, zu dem nicht nur die Arabische Halbinsel, sondern auch das heutige Israel, Jordanien und Syrien gehört hätten. Großbritannien und Frankreich hatten jedoch andere Pläne.

Die Sonne stand noch nicht hoch am Himmel, und wir ließen die Kamele über das gleichmäßige Kiesgeröll zwischen den Bäumen in ständigem Trab gehen, um den Brunnen von Masturah zu erreichen, die erste Station auf der Pilgerstraße von Rabigh, wo wir tränken und etwas rasten wollten. Ich war ganz entzückt von meinem Kamel, denn ich hatte nie vorher auf einem so trefflichen Tier gesessen. In Ägypten gibt es keine guten Kamele, und die aus der Sinaiwüste, obgleich kräftig und abgehärtet, sind nicht auf diesen sanften, gleichmäßigen und raschen Gang dressiert wie die prächtigen Tiere der arabischen Fürsten.

Doch blieben die Fertigkeiten meines Kamels an diesem Tage durchaus ungenutzt, denn sie konnten nur Reitern zugute kommen, die sich darauf verstanden und den Kniff weg hatten, nicht aber mir, der ich lediglich getragen zu werden erwartete und von dieser Reitkunst wenig Ahnung hatte. Es ist nicht schwer, auf dem Buckel eines Kamels zu sitzen, ohne herunterzufallen; aber mit Verständnis das Beste aus ihm herauszuholen, ohne bei langer Reise Reiter und Tier zu überanstrengen, dazu gehört allerlei. Tafas gab mir unterwegs einige Winke in dieser Beziehung; und das war in der Tat so ziemlich das einzige, worüber er mit mir sprach. Der Befehl, mich von jeder Berührung mit Menschen fernzuhalten, schien auch seine eigenen Lippen verschlossen zu haben. Schade, denn sein Dialekt interessierte mich.

Nahe am Nordrand der Masturah trafen wir auf den Brunnen. Daneben lagen verfallene Steinmauern, wahrscheinlich einst eine Hütte, und gegenüber einige Schutzdächer aus Zweigen und Palmblättern, unter denen ein paar Beduinen hockten. Wir grüßten sie nicht, sondern Tafas bog hinter die Mauerruinen, und wir stiegen ab. Dort blieb ich im Schatten sitzen, während Tafas und sein Sohn Abdullah die Kamele tränkten und für sich wie für mich einen Trunk Wasser schöpften. Der Brunnen war alt und geräumig, mit einer gut erhaltenen steinernen Einfassung und einer starken Mauerkappe über der Öffnung. Er war ungefähr zwanzig Fuß tief, und zur Bequemlichkeit für Reisende, die wie wir keine Seile bei sich hatten, war in dem Mauerwerk ein Schacht ausgespart mit Stützen für Hand und Fuß, so daß jedermann hinabsteigen und seinen Ziegenschlauch füllen konnte.

Unnütze Hände hatten Steine in den Brunnen geworfen, so daß der Grund zum Teil verstopft war und wenig Wasser gab. Abdullah band seine flatternden Ärmel über der Schulter zusammen, schürzte das lange Gewand unter dem Patronengürtel, und hurtig ab- und aufkletternd, brachte er jedesmal vier bis fünf Gallonen [18 bis 23 l] herauf, die er für die Kamele in einen Steintrog neben dem Brunnen goß. Jedes von ihnen soff etwa fünf Gallonen, denn sie waren zuletzt am Tage zuvor in Rabigh getränkt worden. Dann ließen wir sie etwas umherschweifen, während wir friedlich beieinandersaßen und die leichte Brise von See atmeten. Abdullah rauchte eine Zigarette zur Belohnung für seine Mühen.

Einige Harb kamen heran mit einer großen Herde Zuchtkamele und begannen sie zu tränken. Ein Mann stieg in den Brunnen hinab, um den schweren Ledereimer zu füllen, den dann die anderen Hand über Hand mit lautem Stakkatogesang heraufzogen.

Wir sahen ihnen zu, ohne uns mit ihnen einzulassen. Denn sie waren Masruh und wir Beni Salem; und wenn auch die beiden Stämme zur Zeit in Frieden lebten und jeder ungehindert durch das Gebiet des anderen ziehen mochte, so war das nur eine vorübergehende Verständigung im Hinblick auf den Krieg des Sherifs gegen die Türken und entsprach nur wenig den wahren Gesinnungen.

Während wir ihnen zusahen, näherten sich von Norden her zwei Reiter auf rasch und leicht trabenden Vollblutkamelen. Beide waren junge Männer. Der eine trug kostbare Kaschmirgewänder und ein reich mit Seide gesticktes Kopftuch; der andere war in einfachen weißen Baumwollstoff gekleidet, mit einem Kopftuch aus rotem Kattun. Sie machten neben dem Brunnen halt; der Reichgekleidete glitt anmutig zur Erde, ohne sein Kamel niedergehen zu lassen, warf seinem Begleiter den Halfter zu und sagte nachlässig: »Tränke sie, ich gehe derweil mich ausruhen.« Dann schlenderte er zu uns herüber und ließ sich im Schatten der Mauer nieder, nachdem er einen Blick gemalter Gleichgültigkeit auf uns geworfen hatte. Er bot mir eine frisch gedrehte und geklebte Zigarette an und sagte: »Ihr kommt aus Syrien herunter?« Ich wich höflich aus, indem ich der Vermutung Ausdruck gab, er komme von Mekka, worauf er ebensowenig direkte Antwort gab. Wir sprachen dann noch einiges über den Krieg und die Magerkeit der Kamelstuten der Harb.

Der andere Reiter stand mittlerweile bei dem Brunnen, müßig die Halfter haltend, und schien zu warten, bis die Harb ihre Herde getränkt hätten und die Reihe an ihn käme. Sein junger Herr rief ihm zu: »Was soll das, Mustafa? Gib sofort den Tieren zu trinken!« Der Diener kam zu uns und sagte betrübt: »Sie wollen mich nicht heranlassen.« »Zum Teufel!« rief sein Herr wütend, sprang auf und schlug dem unglücklichen Mustafa mit dem Reitstock drei oder viermal über Kopf und Schultern. »Geh und frage sie!« Mustafa machte eine beleidigte, verdutzte und zornige Miene, fast als wollte er zurückschlagen, besann sich aber eines Besseren und eilte zum Brunnen.

Die betroffenen Harb machten ihm mitleidig Platz und ließen seine zwei Kamele aus ihrem Wassertrog saufen. Sie flüsterten: »Wer ist er?«, und Mustafa sagte: »Der Vetter unseres Herrn von Mekka.« Sofort liefen sie hin, knüpften ein Bündel von einem ihrer Sättel los und streuten daraus den beiden Reitkamelen Futter von grünen Blättern und Dornstrauchknospen. Diese werden gesammelt, indem man mit schweren Stöcken auf die niedrigen Büsche schlägt, bis die abgebrochenen Zweigspitzen auf das darunter ausgebreitete Tuch herniederregnen.

Der junge Sherif sah ihnen befriedigt zu. Als sein Kamel gefressen hatte, kletterte er leicht und ohne jede Anstrengung über den Hals in den Sattel, setzte sich lässig zurecht, nahm salbungsvoll Abschied von uns und rief des Himmels reiche Gnade auf die Araber herab. Sie wünschten ihm gute Reise, und er ritt nach Süden zu davon, während wir, nachdem Abdullah unsere Kamele herbeigebracht hatte, uns nach Norden wandten. Zehn Minuten später hörte ich den alten Tafas kichern und sah vergnügte Fältchen zwischen seinem grauen Schnurr- und Vollbart.

»Was hast du, Tafas?« fragte ich.

»Herr, du sahest jene beiden Reiter am Brunnen?« »Den Sherif und seinen Diener?«

»Ja; aber es waren der Sherif Ali Ibn el-Hussein von Modhig und sein Vetter, Sherif Moshin, die Oberherren der Harith, die Todfeinde der Masruh. Sie fürchteten, angehalten oder vom Wasser vertrieben zu werden, wenn die Araber sie erkannten. So gaben sie sich als Herr und Diener aus, von Mekka kommend. Habt Ihr den Zorn Moshins gesehen, als Ali ihn schlug? Ali ist ein Teufel. Mit elf Jahren floh er aus seines Vaters Haus zu seinem Onkel, dessen Gewerbe das Berauben von Pilgern war, und lebte bei ihm viele Monate, bis sein Vater ihn wieder einfing. Vom ersten Tage der Schlacht bei Medina an war er bei unserm Herrn Faisal und führte die Ateiba an in den Ebenen rund um Aar und Bir Derwisch. Hier waren die Kamelgefechte, und Ali wollte keinen Mann bei sich haben, der es ihm nicht gleichtun konnte: neben dem Kamel herlaufen und sich mit einer Hand in den Sattel schwingen, während die andere die schußbereite Büchse hielt. Die Kinder der Harith sind Kinder der Schlacht.« Zum ersten Mal floß der Mund des alten Mannes über von Worten.

Während er sprach, durcheilten wir die blendende, fast baumlose Ebene, deren Boden nach und nach weicher wurde. Anfangs war es graues Geröll gewesen, dicht gelagert wie Kies. Allmählich nahm der Sand mehr und mehr zu, und die Steine wurden seltener, so daß man sie schließlich einzeln nach Farbe und Art unterscheiden konnte: Porphyr, Basalt, grüner Schiefer. Zuletzt war es nahezu reiner weißer Sand mit einer härteren Gesteinsschicht darunter, über den man wie über weichen Teppich ritt. Die einzelnen Sandkörnchen waren blank geschliffen und fingen wie kleine Diamanten die Sonnenstrahlen in so blendenden Reflexen auf, daß ich es nach einer Weile nicht mehr aushalten konnte. Ich kniff die Augen zusammen und zog mir das Kopftuch wie ein Visier bis tief über die Nase, um mich so vor der Hitze zu schützen, die mir in glasigen Wellen vom Boden herauf ins Gesicht schlug. Etwa achtzig Meilen vor uns tauchte hinter Janbo der massige Gipfel des Rudhwa auf und schwand wieder in dem flimmernden Dunst, der seinen Fuß verhüllte. Ganz nahe in der Ebene erhoben sich die niedrigen formlosen Höhen von Hesna, die den Weg zu sperren schienen. Zu unserer Rechten zog sich der steile Rücken des Beni Ajub dahin, scharf und kantig wie eine Säge, die erste der Bergketten zwischen der Tihama und der steilen Brüstung des Hochlands um Medina, nordwärts sich abdachend zu einer blauen, sanften Hügelgirlande. Hinter dieser aber stiegen mächtige Gebirgszüge, jetzt von der Abendsonne rot beleuchtet, gleich einer hochgestuften Treppe langsam hinan zum ragenden Hauptmassiv des Dschebel Subh mit seinen phantastischen Granitkegeln.

Ein wenig später bogen wir von der Pilgerstraße rechts ab und ritten von nun ab quer über einen sanft ansteigenden Basaltrücken, so von Sand überdeckt, daß nur die obersten Grate daraus hervorragten. Er hielt genügend Feuchtigkeit, daß kurzes, hartes Gras und Strauchwerk reichlich seine Hänge bedeckten, wo ein paar Schafe und Ziegen weideten. Dort wies Tafas auf einen Stein, der die Grenze des Gebietes der Masruh bezeichnete, und erklärte mit grimmiger Freude, daß er nun daheim auf dem Eigentum seines Stammes wäre und seiner Wache ledig sein könnte.

Vielfach hält man die Wüste für leeres Land, Freigut für jeden Beliebigen; aber in Wirklichkeit hat jeder Berg und jedes Tal einen anerkannten Besitzer, der das Recht seiner Familie oder seines Stammes sofort gegen jeden Eindringling geltend machen würde. Sogar die Brunnen und Bäume haben ihre Eigentümer, die gestatten, daß man sich Wasser von dem einen, Brennholz von dem anderen nimmt, soviel man braucht für den eigenen Bedarf; doch sie würden jeden vertreiben, der versuchte, aus ihrem Eigentum Nutzen zu ziehen oder es zu seinem privaten Vorteil auszubeuten. Es herrscht eine sonderbare Art von Kommunismus in der Wüste, der die Natur und was sie bietet, jedem, den man als freundlich gesinnt kennt, zu freiem Gebrauch, aber nur für eigene Zwecke überläßt. Die logische Auswirkung ist die Beschränkung dieses Vorrechts auf die Menschen der Wüste und ihre schroffe Ablehnung gegen jeden Außenstehenden, der keinerlei Einführung oder Bürgschaft aufzuweisen hat; denn die gemeinsame Sicherheit liegt in der gemeinsamen Verantwortlichkeit der Blutsgemeinschaft. Für Tafas wurde in seinem eigenen Lande die Sorge um meine Sicherheit zu einer leichten Bürde.

Die Täler begannen sich schroff abzuzeichnen, ihr Bett bestand aus sauberem Sand und Kies, unterbrochen hie und da von einem mächtigen, von der Flut herabgetragenen Felsblock. Überall standen Ginsterbüsche, mit ihrem Grün und Grau dem Auge wohltuend, gut für Brennholz, aber zum Abweiden ungeeignet. Es ging stetig bergan, bis wir den Hauptweg der Pilgerstraße erreichten. Wir folgten ihr, bis bei Sonnenuntergang der Weiler Bir el-Scheik in Sicht kam. Bei Dunkelwerden, als eben die Feuer der Abendmahlzeit angezündet wurden, ritten wir durch die breite Straße ein und machten halt. Tafas trat in eine der zwanzig elenden Hütten, und unter Geflüster, unterbrochen von langen Pausen des Schweigens, erhandelte er Mehl, woraus er mit Wasser einen Teigkuchen knetete, 5 cm dick und 20 cm im Durchmesser. Diesen vergrub er in der Asche eines Reisigfeuers, das ihm eine Frau der Subh, die ihn zu kennen schien, angefacht hatte. Als der Kuchen gar war, zog er ihn vom Feuer fort und klopfte die Asche ab, worauf wir ihn untereinander teilten. Abdullah ging dann, um sich Tabak zu kaufen.

Man sagte mir, der Ort habe zwei steingemauerte Brunnen am Fuß des südlichen Abhanges; aber ich spürte keine Lust, sie zu besichtigen, denn ich war müde von dem langen ungewohnten Ritt des Tages, und die Hitze in der Ebene hatte mir stark zugesetzt. Meine Haut war voller Blasen, und meine Augen schmerzten von dem scharfen Lichtreflex des silbrigen Sandes und der glänzenden Kiesel. Die letzten zwei Jahre hatte ich in Kairo verbracht, Tag für Tag am Schreibtisch hockend, in einem kleinen überfüllten Büro, mit hunderterlei eiligen Sachen beschäftigt, die inmitten ablenkenden Getriebes durchdacht und besprochen werden mußten, aber ohne jede körperliche Betätigung, außer dem täglichen Gang zwischen Büro und Hotel. Daher wurde mir dieser plötzliche Wechsel einigermaßen schwer, denn ich hatte keine Zeit gehabt, mich erst nach und nach an die pestilenzialische Glut der arabischen Sonne und die Eintönigkeit langer Kamelritte zu gewöhnen. Wir mußten in derselben Nacht noch eine zweite Station erreichen, und am anderen Tage stand bis zum Lager Faisals noch eine lange Reise bevor.

So war mir das Abkochen und Einkaufen sehr willkommen, womit eine Stunde verging; wir kamen überein, noch eine weitere Stunde zu rasten, und als diese zu Ende war, stieg ich ungern wieder in den Sattel. Wir ritten in pechschwarzer Finsternis immer talauf und talab, abwechselnd durch heiße oder kühlere Luftschichten, je nachdem wir offenes Feld oder geschützte Senkungen passierten. Nach der Lautlosigkeit unseres Rittes zu urteilen, die dem gespannt lauschenden Ohr förmlich weh tat, muß der Boden sandig gewesen sein und weich wie ein Teppich, denn ich schlief ständig im Sattel ein, um alle paar Sekunden aus dem Halbschlaf wieder aufzuschrecken, wenn ich, durch einen unregelmäßigen Schritt des Tieres aus dem Gleichgewicht gekommen, instinktiv nach dem Sattelknopf griff. Bei der Dunkelheit und der Einförmigkeit des Geländes war es mir unmöglich, die schweren Lider über den stierenden Augen offenzuhalten. Lange nach Mitternacht machten wir endlich Rast; und ich war, in den Mantel gehüllt, in einer höchst komfortablen kleinen Sandkuhle eingeschlafen, ehe noch Abdullah mein Kamel niedergehalftert hatte.

Drei Stunden später waren wir wieder im Sattel, und jetzt beleuchtete der späte Mond unseren Weg. Wir ritten das Wadi Mared hinab – sein ausgetrocknetes Bett tot, heiß, schweigend, und rechts und links scharfzackige Höhen, schwarzweiß ragend in der ermatteten Luft. Viele Bäume.

Endlich graute der Tag, als wir just aus der Enge herauskamen in eine weite Ebene, über deren Fläche ein unruhiger Wind launische Staubwirbel drehte. Es wurde immer heller, und nun zeigte sich hart rechts von uns Bir Ibn Hassani. Die saubere Ansiedlung von rührend unwahrscheinlichen Häuschen, braun und weiß, wie Schutz suchend aneinandergedrängt, nahm sich puppenhaft aus und erschien noch verlassener als die Wüste selbst unter dem riesigen Schatten der finster dahinter aufragenden Wand des Subh. Während wir hinschauten, in der Hoffnung, Leben vor den Türen zu entdecken, brach die Sonne hervor; und die zackige Klippenwand, Tausende von Fuß über unseren Köpfen, setzte sich plötzlich in hart zurückgeworfenem Glanze weißen Lichts gegen den in schwindender Dämmerung noch matten Himmel ab.

Indes wir durch die Talebene weiterritten, kam ein alter geschwätziger Kamelreiter von den Häusern her zu uns herübergetrabt, in der Absicht, sich uns anzuschließen. Er nannte sich Khallaf und schien von übergroßer Freundlichkeit. Seine Vorstellung erfolgte inmitten eines Stromes abgedroschener Redensarten, und als sie erwidert war, suchte er uns in ein Gespräch zu verwickeln. Doch Tafas zeigte sich abgeneigt gegen seine Gesellschaft und gab nur lakonische Antworten. Khallaf ließ sich nicht abschrecken, und um sich beliebt zu machen, beugte er sich zu guter Letzt herunter und kramte in seiner Satteltasche, bis er einen kleinen verschlossenen Emailletopf hervorzog, der eine ansehnliche Portion des im Hedschas üblichen Reiseproviants enthielt. Es war der gleiche ungesäuerte Teig von gestern, nur, bevor er ausgekühlt war, in den Fingern zerkrümelt und mit flüssiger Butter durchfeuchtet, so daß das Ganze breiig zusammenpappte. Zum Essen süßte man ihn mit gemahlenem Zucker, griff dann mit den Fingern hinein und formte, wie aus feuchtem Sägemehl, kleine Kugeln.

Ich aß nur wenig bei dieser ersten Kostprobe; Tafas und Abdullah aber langten kräftig zu, so daß Khallaf zum Dank für seine Freigebigkeit halb hungrig blieb: wohlverdientermaßen, denn es gilt bei den Arabern für weibisch, auf einer kleinen Reise von hundert Meilen Proviant mitzuführen. Wir waren nun Kameraden, und der Schwatz begann von neuem. Khallaf erzählte uns von den letzten Kämpfen und von einer Schlappe, die Faisal am Tage vorher erlitten hatte. Er schien aus seiner Stellung bei den Quellen des Wadi Safra zurückgeworfen worden zu sein und jetzt bei

Hamra zu stehen, das nur eine kurze Wegstrecke von uns entfernt war; oder Khallaf glaubte wenigstens, daß er dort stände: Wir würden das sicher im nächsten Dorf auf unserem Wege erfahren. Der Kampf schien nicht schwer gewesen zu sein; doch hatten die wenigen Verluste gerade den Stamm von Tafas und Khallaf betroffen, und die Namen wie Verwundung eines jeden wurden der Reihe nach aufgezählt.

Inzwischen blickte ich umher und fand mich zu meinem Erstaunen in einer ganz veränderten Landschaft. Sand und Geröllschutt wie in der vergangenen Nacht und in Bir el-Scheik waren verschwunden. Wir ritten ein Tal hinauf, etwa zwei- bis fünfhundert Meter breit, bedeckt mit Kies und leichtem, ziemlich festem Boden, aus dem hie und da kleine Hügel aus einem verwitterten grünen Gestein aufragten. Viele Dornbäume standen umher, darunter langstämmige Akazien, wohl 10 m hoch und mehr, von herrlichem Grün, und dazwischen Tamarisken und dichtes Buschwerk, so daß das Ganze in den langen weichen Schatten dieses frühen Morgens fast einem anmutigen, wohlgepflegten Parke glich. Der ganze ebene und wie reingefegte Boden, die vielfältigen Kiesel mit ihren heiter erstrahlenden Farben gaben der Landschaft etwas wie von einer Zeichnung; und der Eindruck wurde noch verstärkt durch die klaren, scharf abgesetzten Linien der Berge. Sie erhoben sich gleichmäßig zu beiden Seiten, Steilhänge von tausend Fuß Höhe, aus granitbraunem und dunklem, porphyrfarbenem Fels mit rosa Flecken; und zu alledem noch ruhten diese rotleuchtenden Gipfel auf einem hundert Fuß hohen Sockel quergemaserten Gesteins, das mit seiner seltsamen Färbung wie von einer feinen Moosschicht überdeckt schien.

Nach einem Ritt von sieben Meilen gelangten wir auf eine niedrige Wasserscheide, gekrönt von einer Mauer aus behauenen Granitsteinen, jetzt nur noch lose Trümmerhaufen, aber einst ohne Zweifel ein Grenzwall. Sie lief von Fels zu Fels und stieg selbst ein beträchtliches Stück die Bergwände hinan, da, wo die Hänge nicht allzu steil waren. In der Mitte, wo die Straße durchlief, hatten zwei Einfriedungen gelegen, vielleicht frühere Viehhegen. Ich fragte Khallaf nach der Bedeutung der Mauer. Er antwortete, er wäre in Damaskus, Konstantinopel und Kairo gewesen und hätte viel Freunde unter den Großen Ägyptens. Ob mir dort einer der Engländer bekannt wäre? Khallaf schien sich sehr für meine Persönlichkeit und meinen Reisezweck zu interessieren. Er versuchte mich zu fangen, indem er anfing, ägyptisch zu reden. Als ich ihm im Dialekt von Aleppo antwortete, sprach er von seinen Bekanntschaften unter den Vornehmen Syriens. Ich kannte sie ebenfalls; worauf er auf die Landespolitik übersprang und vorsichtig verschleierte Fragen stellte über den Sherif und seine Söhne, und was ich wohl glaubte, was Faisal jetzt tun werde. Ich wußte das noch weniger als er und wich ihm durch zusammenhanglose Antworten aus. Schließlich kam mir Tafas zu Hilfe und wechselte das Gesprächsthema. Nachher erfuhren wir, daß Khallaf im Sold der Türken stand und ihnen ständig Berichte schickte über alles, was über Bir Ibn Hassani zur arabischen Front wollte.

Jenseits der Mauer gelangten wir in einen Seitenzweig des Wadi Safra, ein ödes und steinigeres Tal mit weniger glanzvollen Bergen. Es verlief in ein anderes, in dem weit hinten nach Westen zu eine Gruppe dunkler Palmen lag; es war Dschedida, wie die Araber sagten, eins der Sklavendörfer im Wadi Safra. Wir wandten uns nach rechts, überquerten einen zweiten Sattel und stiegen einige Meilen bergab bis zu einem hohen Felsvorsprung. Als wir um ihn herumbogen, befanden wir uns plötzlich im Tal des Wadi Safra, dem Ziel unserer Reise, und mitten in Wasta, seinem größten Dorf. Wasta bestand aus lauter einzelnen kleinen Weilern, die teils auf Sandbänken an den Steilhängen zu beiden Seiten des Flußbettes lagen, teils auf Geröllinseln zwischen den zahlreichen, tief ausgewaschenen Kanälen, die in ihrer Gesamtheit die Talsohle bildeten.

Wir wandten uns an zwei oder drei dieser angestauten Inseln vorbei dem oberen Teil des Tales zu. Unser Weg führte uns an dem Hauptbett der Winterfluten hin, das mit weißem Geröll und Blöcken angefüllt und ganz flach war. In seiner Mitte, zwischen zwei Palmenhainen am oberen und unteren Ende, floß eine Strecke klaren Wassers, etwa zweihundert Meter lang und 4 Meter breit, mit sandigem Grund und auf beiden Seiten gesäumt mit einem zehn Fuß breiten Streifen von fettem Gras und Blumen. Hier hielten wir einen Augenblick an, um unsere Kamele von dem frischen Wasser saufen zu lassen. Der Anblick des Rasens nach dem tagelangen harten Kieselglanz war eine so plötzliche Entspannung für unsere Augen, daß ich unwillkürlich aufblickte, um zu sehen, ob nicht eine Wolke die Sonne verdunkelt hätte.

Wir folgten diesem Wasserlauf aufwärts bis zu dem Palmenhain, von dem er, in einer steingefaßten Rinne sprudelnd, seinen Ausgang nahm, und ritten im Schatten der Palmen an der verwitterten Gartenmauer hin bis wieder zu einem der abgesonderten Weiler. Tafas lenkte in die schmale Straße ein (die Häuser waren so niedrig, daß man vom Sattel aus auf ihre Lehmdächer herabsehen konnte), hielt vor einem der größeren Häuser und klopfte an das Tor. Ein Diener öffnete uns, und wir stiegen im Innern des Hofes ab. Tafas halfterte die Kamele nieder, lockerte die Sattelgurte und warf ihnen von einem Haufen, der neben dem Tor lag, würzig duftendes Grünfutter vor. Dann führte er mich in das Gastzimmer des Hauses, einen dämmrigen, sauberen kleinen Raum aus Lehmziegeln, gedeckt mit halbgeteilten Palmstämmen und festgestampfter Erde darüber. Wir ließen uns auf den Palmblattmatten nieder, die den erhöhten Sitz rings um den Raum bedeckten. Der Tag in dem stickigen Tal war glühend heiß gewesen: einer nach dem anderen sanken wir, Seite an Seite, zurück; und das Summen der Bienen in den Gärten draußen und der Fliegen drinnen, die unsere verhüllten Gesichter umkreisten, lullte uns in den Schlaf.

Bevor wir erwachten, hatten die Diener ein Mahl aus Brot und Datteln für uns bereitet. Die Datteln waren frisch, saftig und süß, so gut, wie ich sie noch nie gegessen hatte. Der Hausherr, ein Harbi, war mit seinen Nachbarn im Dienste Faisals abwesend; seine Frauen und Kinder zelteten mit den Kamelen in den Bergen. Die Araberstämme des Wadi Safra lebten höchstens fünf Monate des Jahres in ihren Dörfern. Die übrige Zeit wurden die Gärten Sklaven anvertraut, Neger gleich den ausgewachsenen Burschen, die uns das Mahl hereinbrachten und die mit ihren rundlichen Gliedmaßen und plumpen, glänzenden Körpern seltsam fremd wirkten unter den vogelartigen Arabern. Khallaf erzählte mir, daß die Schwarzen ursprünglich als Kinder von ihren nominellen Takruri-Vätern aus Afrika herübergebracht und während der Pilgerzeit in Mekka verkauft worden wären. Wenn sie sich kräftig entwickelt hatten, waren sie fünfzig bis achtzig Pfund das Stück wert und wurden ihrem Preis entsprechend sorgsam behandelt. Einige wurden Haus- oder Leibsklaven ihrer Herren; die meisten aber kamen in die Palmendörfer dieser fieberheißen, feuchten Täler, deren Klima für arabische Arbeiter zu ungesund war. Doch die Neger gediehen dort, bauten sich feste Häuser, heirateten Sklavinnen und verrichteten alle Handarbeit.

Sie waren sehr zahlreich – so gab es zum Beispiel hier im Wadi Safra dreizehn Dörfer dicht nebeneinander –, bildeten daher eine Gemeinschaft für sich und lebten auf ihre Art. Die Arbeit war schwer, aber die Aufsicht nicht streng und die Flucht leicht. Ihre rechtliche Lage war schlecht, denn sie konnten sich nicht an die Stammesgerichtsbarkeit oder gar an die Gerichte des Sherifs wenden. Aber die allgemeine Anschauung und das Eigeninteresse des Besitzers bewahrte sie vor schlechter Behandlung; und die Glaubenslehre, daß die Freilassung eines Sklaven ein gutes Werk sei, hatte zur Folge, daß so gut wie alle zuletzt die Freiheit erhielten. Wenn sie geschickt waren, konnten sie sich noch nebenbei ein Taschengeld verdienen. Die ich sah, besaßen Eigentum und erklärten sich mit ihrer Lage zufrieden. Für eigene Rechnung bauten sie Melonen, Kürbisse, Gurken, Trauben und Tabak, abgesehen von den Datteln, deren Überschuß in Dhaus nach dem Sudan hinübergesandt und dort gegen Getreide, Stoffe und die Annehmlichkeiten Afrikas oder Europas eingetauscht wurde.

Nachdem die Mittagshitze vorüber war, stiegen wir wieder in den Sattel und ritten das klare, gemächliche Rinnsal aufwärts, bis es sich zwischen dem Palmenhain mit seinen niedrigen Grenzmauern aus sonnengetrocknetem Lehm verlor. Kreuz und quer zwischen den Baumwurzeln waren kleine Gräben gezogen, ein bis zwei Fuß tief und so angelegt, daß der Strom aus der steinernen Rinne in sie hineingeleitet und jeder Baum einzeln bewässert werden konnte. Der Oberlauf des Wassers, das diese Anlage speiste, war Eigentum der Gemeinde, und nach einem alten Brauch wurde das Wasser jedem Landeigentümer täglich oder wöchentlich auf eine bestimmte Anzahl Minuten oder Stunden zugeteilt. Das Wasser war leicht salzig, wie es edlere Palmen brauchen; doch gab es in den Hainen auch zahlreiche süße Brunnen in Privatbesitz, die aus dem etwa einen Meter unter dem Boden liegenden Grundwasser gespeist wurden.

Unser Weg führte uns durch das Hauptdorf und seine Basarstraße. In den Läden war wenig zu finden; überhaupt machte der ganze Ort einen verfallenen Eindruck. Wasta war noch vor einer Generation ein großer, volkreicher Ort gewesen (man sprach von tausend Häusern); eines Tages aber wälzte sich eine gewaltige Wasserflut durch das Wadi Safra herab, durchbrach die Dämme der Palmengärten und schwemmte die Palmen weg. Manche der Inseln, auf denen die Häuser jahrhundertelang gestanden hatten, wurden überflutet, die Lehmhäuser sanken aufgeweicht zusammen und erstickten oder ersäuften die unglücklichen Bewohner. Menschen und Bäume hätten ersetzt werden können, wenn nicht der Erdboden mit fortgeschwemmt worden wäre. Aber die Gärten waren in jahrelanger Arbeit mühsam aus Erde aufgebaut, die man aus den Anschwemmungen nach normalen Regengüssen gewonnen hatte, und jene Wasserflut – mehr als zwei Meter tief und drei Tage lang rasend – hatte diese künstlichen Hemmnisse auf ihrer Bahn wieder in die ursprünglichen Geröllhalden verwandelt.

Etwas oberhalb von Wasta erweiterte sich das Tal auf etwa vierhundert Meter Breite, und der sandige Kies des Flußbettes war durch die Winterregen zu einer weichen, glatten Fläche geebnet. Die Talwände bestanden aus nackten, roten oder schwarzen Steilfelsen, deren Ecken und Grate scharf wie Messerklingen waren und die das Sonnenlicht wie gleißendes Metall zurückwarfen. Als eine wahre Wohltat erschien uns dagegen das frische Grün von Laub und Gras. Wir begegneten bereits einzelnen Abteilungen von Faisals Truppen mit Herden weidender Reitkamele, und nach Hamra zu war jedes Felsenloch und jede Baumgruppe ein Biwak. Die Soldaten riefen Tafas fröhliche Grüße zu, und dieser, wieder zum Leben erwacht, winkte und rief zurück, während er eilig vorwärts drängte, um bald seiner Pflicht gegen mich entbunden zu sein.

Hamra tauchte zu unserer Linken auf, ein Dorf mit etwa hundert Häusern, verborgen zwischen Gärten und breiten Erdwällen, die etwa zwanzig Fuß [knapp 7 m] hoch waren. Wir durchwateten einen kleinen Fluß, stiegen zwischen Gärten einen gemauerten Pfad bis zu einem der Erdwälle hinan, und nahe dem Hoftor eines breiten niedrigen Hauses ließen wir unsere Kamele niedergehen. Tafas sprach ein paar Worte mit einem Posten, der vor dem Tor stand, einen Säbel mit silberbeschlagenem Griff in der Hand. Er führte mich in einen Innenhof; an der gegenüberliegenden Seite, umrahmt von den Pfeilern eines schwarzen Torwegs, stand eine weiße Gestalt, die mich gespannt erwartete. Ich fühlte auf den ersten Blick: Dies war der Mann, den zu suchen ich nach Arabien gekommen war – der Mann, der die Erhebung Arabiens zu glorreichem Ende führen würde. Faisal machte einen sehr großen, säulenhaften schlanken Eindruck in seinen langen, weißseidenen Gewändern und dem braunen Kopftuch, das von einer scharlachroten, golddurchwirkten Schnur gehalten war. Seine Lider waren gesenkt, und das bleiche Gesicht mit dem schwarzen Bart wirkte wie eine Maske gegenüber der seltsamen, regungslosen Wachheit seines Körpers. Die Hände hielt er vor sich über seinem Dolch gekreuzt.

Ich grüßte ihn. Er ging vor mir her in das Zimmer und setzte sich auf seinen Teppich nahe der Tür. Als sich meine Augen an das Dämmerlicht gewöhnt hatten, sahen sie in dem kleinen Raum eine ganze Anzahl schweigender Gestalten sitzen, die unverwandt auf mich oder Faisal starrten. Dieser hielt den Blick immer noch auf seine Hände gesenkt, die sich langsam um den Dolch wanden. Schließlich fragte er leise, wie ich die Reise gefunden hätte. Ich sprach von der Hitze, und er fragte, wie lange ich von Rabigh gebraucht hätte, worauf er erklärte, daß ich für die Jahreszeit schnell geritten wäre.

»Und wie gefällt dir unsere Stellung hier im Wadi Safra?« »Gut; aber sie ist weit von Damaskus.«

Das Wort war wie ein Schwert unter sie gefahren. Ein Beben durchlief alle. Dann erstarrten sie zu Regungslosigkeit, und eine Minute lang hörte man nicht den leisesten Atemzug. Einige träumten vielleicht von fernem Erfolg; andere mochten darin eine Anspielung auf ihre jüngste Niederlage sehen. Endlich hob Faisal die Augen, lächelte mir zu und sagte: »Türken gibt es, gelobt sei Gott, näher bei uns.« Wir lächelten alle mit ihm, und ich erhob mich, um mich für den Augenblick zu verabschieden.

Vom Kat und anderen Genüssen

Hodeida, Jemen

Kat oder Qat stammt wie der Kaffee auch aus Äthiopien, ist aber schon seit undenklichen Zeiten in Gebrauch. Heute, so wird geschätzt, genießen es mehr als drei Viertel der jemenitischen Bevölkerung, und es wird für die Emigranten sogar bis in die Vereinigten Staaten exportiert – als heimatliches Vergnügen zum Wochenende.

Je nach medizinischer und weltanschaulicher Sichtweise wird es als mildes Stimulans, das nicht süchtig macht, oder als harte Droge bezeichnet, die schwerwiegende gesundheitliche Probleme von Verdauungsstörungen bis Impotenz verursacht – aber wenn letzteres allgemein zuträfe, wäre es dann so beliebt? Im Jemen ist der Genuß von Kat heutzutage zwar grundsätzlich legal, in öffentlichen Gebäuden aber verboten, und die frischen Blätter dürfen nur auf Märkten außerhalb der Städte verkauft werden.

Sicherlich hat die Sitte, die Nachmittage träumerisch mit einer Kat-Sitzung hinzubringen, unerwünschte wirtschaftliche Auswirkungen – den Verbrauch hochwertiger landwirtschaftlicher Nutzfläche und den Verlust von ungezählten Stunden produktiver Arbeit. Auch die Einkommen vieler Familien könnten sicherlich sinnvoller für andere Dinge ausgegeben werden.

Wolfgang von Weisl (1896–1974), Mediziner und Reserveoffizier aus Wien, war Orientkorrespondent für verschiedene Zeitungen, wanderte nach Palästina aus, gehörte der Haganah an, der jüdischen Militärorganisation in Palästina, lebte zeitweise wieder in Europa, wurde Mitglied der liberalen Partei Israels und arbeitete dann wieder als Arzt in einem von ihm gegründeten Sanatorium. Als Präsident der israelisch-österreichischen Freundschaftsgesellschaft war er häufig in Wien anzutreffen.

Ich beschäftigte mich damit, dem Hochstapler, der sich unter der Maske eines Kochs eingeschlichen hatte, Unterricht in der Geheimwissenschaft zu geben, aus Eiern, Mehl, Salz, Fett, Kartoffeln und Wasser etwas Genießbares zuzubereiten. Ohne großen Erfolg. Erstens war der Schüler ein talentloses Ungeheuer, zweitens war unser Kochwasser »Hali«, Brackwasser, aus Löchern in der Nähe der Meeresküste gegraben.

Ohne Feinschmecker zu sein, konnte ich doch feststellen, daß der Geschmack des bitteren Salzes sich überall durchsetzte. Im Tee siegte er über den Zucker, in Fleischklößen über den Pfeffer. Ich gewöhnte mir das Kochen mit Wasser ab und briet Eier, Leber usw. in Fett. Das Fett schmeckte nicht nach Meersalz, dafür roch es nach Hammel. Nach drei Tagen hatte ich mir infolgedessen sowohl das Kochen als auch das Essen abgewöhnt. Nach vier Tagen fragten meine Bekannten, ob mir denn das Klima nicht bekäme. Ich sagte: »Im Gegenteil!« Und ging wieder zum Markt, etwas Genießbares zu kaufen.

An Gemüse und Obst war kein Mangel. Am meisten gab es Katblätter. Kat wächst im wasserreichen Gebirge und wird von dort in Büscheln, die sorgfältig in große feuchte Bananenblätter gehüllt werden, in die Ebene gebracht. Das Büschel kostet einen Taler (zwei Mark) und reicht für einen ordentlichen Katesser für höchstens zwei Tage. Monatlich kostet also das Kat allein 15 Taler, und wie schon Mark Anton so schön sagte: »Ordentliche Katesser sind sie alle, alle.«

Nun beträgt aber die Löhnung eines jemenitischen Soldaten nur fünf bis sieben Taler monatlich, ein Leutnant bekommt 10 bis 12 Taler, ein Hafenoffizier (zum Beispiel der des zweitwichtigsten Hafens Al-Luhayyah) erst 15 Taler – genausoviel, wie seine Katrechnung ausmacht. Es gehörte somit wenig Überredungskunst der jemenitischen Beamten und Offiziere dazu, mir glaubhaft zu machen, daß ihr Gehalt ungenügend sei, es gehörte aber noch weniger Überredungskraft der Eingeborenen und Fremden dazu, mir klarzumachen, daß jeder jemenitische Offizier und Beamte ausschließlich von Bestechung lebe und stehle, daß die Richter ihre Urteile an den Meistbietenden verkaufen, die jemenitischen Truppen stehlen, rauben, plündern, ohne daß man

Hilfe und Schutz bei ihren Vorgesetzten findet. Die Armen brauchen Geld für Kat!

Das Kat schmeckt übrigens wirklich gut: Die zarten grünen Blätter der Zweige werden einzeln zerkaut, wobei sie einen erfrischend säuerlichen Geschmack entwickeln, der an den unseres Sauerampfers erinnert. Von Zeit zu Zeit nimmt man während des Katkauens einen Schluck Wasser oder Tee, raucht dazu die Wasserpfeife, hierzulande »Buri« genannt, und ist glücklich! Nach einiger Zeit entwickelt sich nämlich als Folge des Katessens ein eigentümlicher Dämmerzustand, wie nach Genuß von Opium. Schlaflos, aber müde, liegt man auf dem Diwan, raucht, kaut, denkt an nichts.

Müde, blaß, schwächlich werden allmählich alle Katesser: Das ganze Volk machte daher einen degenerierten Eindruck. Die Menschen sind klein, weit unter europäischem Mittelmaß, die Augen der Katesser schläfrig, die Lebensenergie scheint gering, Verdauungstörungen sind an der Tagesordnung; sie bereiten den Boden für Typhus und Ruhr vor, die Jahr für Jahr schwere Opfer fordern.

Da der Katgenuß ohne Rauchen kein Genuß ist, wird dementsprechend viel Tabak verbraucht. Überall sieht man die langen, braunen, starken, etwas bitter schmeckenden Blätter des persischen Tabaks, der auch im Jemen und im Hadramaut angebaut wird – dort sind die schlechtesten, billigsten Sorten daheim. Kat und Tabak zusammen untergraben die Lebenskraft des Jemeniten. Sie werden ihn am Tage der Entscheidung in die Hände der wahhabitischen Krieger liefern, die keins dieser Laster kennen.

Obst gibt es auf dem Markt von Hodeida fast ebensoviel wie den weltberühmten jemenitischen Kaffee, Mokka. (Die Stadt heißt nicht Mokka, sondern Mokha.) Zu anderen Jahreszeiten gibt es auch Birnen, Granatäpfel, Weintrauben, Orangen, aber auch jetzt im Winter war die Auswahl an Früchten genügend groß.

Die Frucht »Turang«, italienisch Cedro, eine riesige Orange mit glänzend weißem Fruchtfleisch, das an holzige Birnen mit Zitronengeschmack erinnert (mit einem Wort: Grapefrucht, nur besonders saftlos), wird in kleinen Schnitten zu je einem Pfenning verkauft. Kleine Melonen, »Dudda«, mit grünem Fruchtfleisch und grünen Kernen (vor Typhus wird gewarnt!), Datteln, Bananen, Zitronen und schrecklich schmutzige

Rosinen, Linsen, Reis, Erdnüsse und japanischer Zucker – das waren im wesentlichen die Bestandteile meines Speisezettels im Jemen. Sonst gab es nichts, gar nichts. Ich suchte Limonade. Es gab keine. Ich suchte – da ich das Wasser wirklich nicht trinken konnte – nach Bier oder Wein. Beim griechischen Kaufmann, flüsterte man mir geheimnisvoll ins Ohr, gebe es dergleichen. Richtig entkorkte er auch eine Flasche Kognak und gab mir einen Schluck zur Probe. Ich kostete und entschuldigte mich sofort: Ich sei eigentlich Antialkoholiker. Endlich fand ich bei dem einzigen Juden Hodeidas, Yussuf Khalif, ein Regal Flaschen mit verheißungsvollen Etiketten; italienischer Vermouth, palästinensischer Malaga, palästinensischer Alicante und – ich traute meinen Augen nicht – französischer Champagner. Ich kaufte fünf Flaschen Palästinawein, ohne nach dem Preis zu fragen, gab Auftrag, mir die Flaschen sofort in die Wohnung zu bringen. Zitternd entkorkte ich die erste, zweite, fünfte – vom Wein waren nur die Etiketten da, der Rest war Essig.

Am fünften Tag des Hungerns war ich bei einem Italiener zu Gast. Es gab Suppe – sie schmeckte nicht nach Meersalz. Es gab Tee und Wasser – durchaus trinkbar. Aufgeregt fragte ich meinen Wirt: »Wie kriegen Sie das Salz aus dem Wasser heraus?«

»Es ist keins darin. Es gibt doch zwei Arten Wasser in Hodeida, das Brackwasser, Hali, und das Süßwasser, Mandar. Sie müssen nur Ihrem Koch auftragen, Mandar zu verwenden«, war die Antwort.

Ich stürze nach Hause, wecke Koch und Diener, brülle sie an: »Warum habt Ihr mir dieses scheußliche Hali gegeben statt Mandarwasser? Zahle ich Euch dafür, daß Ihr mich verhungern und verdursten laßt?«

Die Diener waren ehrlich gekränkt. Sie erklärten mir die Sache: »Haliwasser ist ganz billig, Mandar schrecklich teuer, denn es kommt von weither. Es kostet ganze zwei Piaster Imama per Blech. (Einen Pfennig pro Liter!) So viel wird der Herr doch nicht ausgeben wollen – für bloßes Wasser. Und außerdem ist das Haliwasser viel besser für die Gesundheit. Man braucht Hali unbedingt, wenn man Kat ißt. Kat stopft – und Hali führt ab!«

In Sanaa

Jemen

Sanaa, eine der ältesten Städte der Erde, gehört zum Weltkulturerbe der Vereinten Nationen wegen der einzigartigen Anlage der Wohntürme, die auf Steinfundamenten ruhen und mit Lehmziegeln aufgemauert sind. Zierbänder und Fensterdekorationen, in weißem Kalk abgesetzt, machen die Häuser und Moscheen von Sanaa unverwechselbar. Die Armut des Landes, in dem bis heute als einzigem Staat auf der Arabischen Halbinsel kein Öl in nennenswerter Menge gefunden wurde, hat eine »Modernisierung« in größerem Maßstab nicht zugelassen. 23

Solange das Osmanische Reich existierte, bemühte es sich, zumindest Sanaa und die Hafenstädte des Jemen in seine Gewalt zu bekommen oder die Macht über sie zu halten. Zur Zeit des Besuches von Hedwig Weiss-Sonnenburg – sie war als Frau des damaligen deutschen Gesandten in Äthiopien zu einem Besuch über das Rote Meer gekommen – gab es die osmanische Herrschaft nicht mehr.

Der Jemen schloß sich ab. Der traditionell geprägte Norden stand bis 1962 unter der Herrschaft von Imamen, im Süden bildete sich um Aden, das 1967 von den Briten aufgegeben wurde, die Volksrepublik Südjemen. Die beiden jemenitischen Staaten bekämpften einander, der Norden unterstützt durch Saudi-Arabien, der Süden durch Ägypten und die Sowjetunion. Seit 1990 gibt es nur noch einen jemenitischen Staat. Der mühsame Weg zu einer dauerhaften Einigung und das Nebeneinander und Gegeneinander von alten Stammesstrukturen und einer zentralen Regierung führen immer noch zu Auseinandersetzungen, in die auch Touristen und ausländische Diplomaten als Geiseln hineingezogen werden, um weltweite Aufmerksamkeit zu erregen.

Ich liege in einem großen bunten, türkischen Bett und träume. Durch die Fenster blitzt der kalte Morgen, klar ist der Himmel, hoch ragt eine Zypresse über die Mauer hinweg in seine reine Bläue. Die vielen kleinen Fenster sind bunt, blaues, rotes, auch gelbes Glas, die ganze Wand des Zimmers ist bedeckt mit Fenstern, und durch das vielfarbige Glas blicken Teile einer unwirklichen Landschaft. Deutlich heben sich die Äste eines kahlen Obstbaumes, in dessen Zweigen ein Adler hockt, vor einem Fenster ab. Ein paar Blüten hat der Baum aber doch, pfirsichweiche, rosa Blütchen, ob der Nachtfrost ihnen nicht geschadet hat? In ein paar Monaten tragen die Rosensträucher hier im Garten die berühmten arabischen Rosen, deren Duft berauschender sein soll als der aller Blumen der Erde. Die Bäume rings aber hängen dann voll herrlichen Obstes, Birnen, Pfirsiche, Nüsse, und das Holzspalier ist schwer von schwarzen Trauben. Aber jetzt ist hier Winter, und im Gegensatz zu Abessinien, besonders Addis Abeba, das doch fast dieselbe Höhenlage hat wie Sanaa, 2.400 m, sind die Bäume hier alle winterlich kahl, obgleich die Sonne brennend heiß am Tage scheint. Die Nächte haben aber mehr Fröste, und auch die völlige Trockenheit mag der Grund zum Winterschlaf der Natur hier sein.

Es ist so märchenhaft, in dieser fernen, fremden Stadt aufzuwachen, von der man nichts kennt und von der man alles kennenlernen möchte, deren eigenartigen Zauber ich schon von meinem Zimmer aus zu spüren meine. Sanaa, geheimnisvoller Name der heiligen Stadt, bin ich wirklich hinter deinen Mauern? Wie lange spukte dieser Name in unsern Gedanken, verbunden mit unvollkommenen Vorstellungen, bis wir unsere Wanderung, getrieben von Abenteuer- und Forscherlust, hierhin unternahmen und auf halbem Weg noch nicht wußten, ob wir wirklich je hingelangen würden.

Es war ein unvergeßlicher Anblick, als die alte heilige Stadt, von deren Schönheit nur sagenhafte, kärgliche Erzählungen ins Abendland gelangen, plötzlich an einer Wegbiegung tief unter unsern Füßen lag. In einem flachen Gebirgstal, rings von Bergen umschlossen, schimmerte sie im Licht der untergehenden Sonne, wie eine rosige Marmorstadt, und rings die steinigen Hänge schimmerten mit in den zartesten Tönen, mit denen das Abendlicht auch die grauesten Geröllhalden verzauberte. An der Küste hatte man uns zwar erzählt, wie Sanaa inmitten einer Gartenlandschaft läge, wie klare Gebirgsbäche sie durcheilten und große Bäume rings Schatten spendeten. Davon war nun allerdings nichts zu sehen, und doch war sie in ihrer herben Schönheit inmitten der kühnen Berglandschaft bewundernswert.

Es war beinahe Nacht, als wir durch das Tor in die Stadt einzogen, nur wenige altertümliche, eckige Laternen erhellten die Strassenecken. Ich hatte wieder das türkische Kleid mit dem dichten schwarzen Schleier angelegt, denn keine Frau darf unverschleiert die heilige Stadt des Imams betreten. So trug der dichte Schleier noch dazu bei, das ich nur ein stark verschwommenes Bild von hochragenden Häusern und weiten Plätzen, laufenden neugierigen Bewohnern hatte und, heute erwachend, mich in einem türkischen Palast befand, inmitten einer arabischen Stadt, als hätte mich das Zauberpferd des Chinesen aus Tausendundeiner Nacht durch die Lüfte hierher gebracht.

Warum nur kreischt dieser eigentümliche Ton draußen vor dem Hause und wird von überall erwidert? Ich trete ans Fenster, es ist zwar ein dichtes Holzgitter davor, denn hier war einst der Harem des früheren türkischen Hausherrn, und es ist unschicklich für mohammedanische Frauen, sich offen am Fenster zu zeigen, aber ich kann doch von hier aus den Grund der kreischenden Töne ausfindig machen. Von diesem merkwürdigen Steinbau dort hinter der Gartenmauer kommt es herüber. Ich sehe eine schiefe, gemauerte Ebene, ein Kamel, einen langen Strick, den das Kamel herauf und herunter zieht, und einen Fellsack, der am Ende dieses Strickes befestigt ist. Er sinkt langsam in die kühle Tiefe des Brunnenloches hinab, kommt langsam und voll kalten, klaren Wassers wieder herauf und gießt seinen Inhalt aus, der in versteckten Röhren bis zu dem Wasserbassin vorm Hause geht und dort den Springbrunnen speist. So konnten die Frauen, die einst hier wohnten, von ihrem vergitterten, teppichbelegten Gefängnis zusehen, wie das Wasser aus feinen Röhren lustig blitzend in die Höhe sprang und niedersprudelnd auf stillem Wasserspiegel verschwand. Und solange das Kamel mit störrischer Miene, Schilf kauend, herauf und herunter wandelt und der kleine Araberjunge lustig mit seiner großen Peitsche nebenher läuft, solange spielt die Wasserkunst vor dem Haus des türkischen Großen. Jetzt, seit der türkischen Räumung, gehört das Palais dem Imam, und er hält es für seine seltenen Gäste bereit, aber langsam verfällt unter lässigen arabischen Händen die Schönheit der Steineinfassungen und des einst wunderbaren Gartens.

Und überall kreischen die Ziehbrunnen über Sanaa, um Ströme kalten Wassers an die Oberfläche zu leiten, und das Kreischen ist wie ein Herzschlag dieser stillen Stadt, und die Ströme eiskalten Wassers, die heraufgeholt werden aus dunkler Tiefe, sind wie ihr rauschendes, lebenspendendes Herzblut.

Das Haus, in dem wir wohnen, ist in einem prächtigen, halb türkischen, halb arabischen Stil erbaut. Zu ebener Erde liegt das Empfangszimmer, das sich in seiner ganzen Breite gegenüber dem Wasserbassin öffnet. Dieses selbst ist von einem geschweiften Steinmäuerchen umfaßt, durch dessen Rundbögen man die lieblichste Aussicht in den Garten hat. Eine hochstufige Steintreppe führt durch allerlei Gänge in die oberen Stockwerke des Hauses, offene und mit Türen versehene Räume findet man überall in loser Anordnung. Die Treppen führen weiter in die Türmchen, und von jedem gelangt man auf kleine flache Dächer, von niedrigen Steingalerien umgeben wie bei den arabischen Häusern. Wir klettern bald auf das allerhöchste dieser kleinen Dächer, und nun liegt Sanaa vor uns wie ein schön gewebter Teppich, und wir grüßen still die heilige Stadt.

Wenn man im Abendland von einem Turm herab auf eine Stadt schaut, so sieht man klar, wie in einem Riesennetz, die Straßen nach allen Richtungen gleichmäßig verlaufen und die Häuser daran schön in Reih und Glied. Aber in Sanaa sieht man Gruppen von Häusern willkürlich gebaut, hier höher, hier niedriger, die Zwischenräume sind die Plätze, die Durchgänge die Straßen. Ein jedes Haus wendet seine Front nach welcher Seite es ihm gerade paßt, eines umgibt sich mit einem Garten, ein paar andere scheinen sich zusammenzutun, um gemeinsam ein Stück freies Land in ihrer Mitte zu bebauen, dort dräut der wuchtige Turm einer Mauerbefestigung, und überall weisen schlanke, weiße Minaretts wie fromme Finger zum Himmel. Alle Häuser sind aus braunem Backstein im selben Stil erbaut, über Fenstern und Türen weiße Arabesken in leuchtend sich abhebendem Kalkbewurf. Man erblickt flache, mit kunstvollen Balustraden eingefaßte Dächer, einmal viele Fenster dicht aneinander, unter Bögen ruhend, ein andermal kleine viereckige Fenster in großen, unregelmäßigen Abständen. Und wie schon einmal in Hodeida erinnert uns diese Bauart wieder an die Häuserfronten Venedigs, dieses Stück Morgenland in Europa, nur daß statt der kühlen Kanäle hier staubige und sonnige breite Straßen die Stadt durchziehen.

Rings um Sanaa läuft die breite, erdfarbene Mauer, die im Süden das Judenviertel, daran anstoßend das einstige Türkenviertel und im Osten das Araberviertel umschließt. Behäbige Wachttürme und imposante Tore geben der Stadt von außen ein machtvolles Aussehen, und manche Stürme hat sie auch schon über sich ergehen lassen. Oftmals wurde sie von erbitterten Gegnern fast dem Erdboden gleichgemacht, aber immer wieder wuchs sie von neuem trutzig empor.

Auch während die Türken von hier aus bemüht waren, den Jemen zu beherrschen, hatte die Stadt in zwei Belagerungen durch den Imam viel zu leiden, aber nach dem Abzug der Türken legte sich große Stille über sie, ja es liegt noch heute wie ein Druck ungelösten und noch nicht wieder auferstandenen Lebens über Sanaa. Nur wenige Leute gehen über die weiten, sandigen Plätze, Frauen mit bunten, alles bedeckenden Schleiern, so daß sie aussehen wie wandelnde Gespenster, einige Reiter zu Esel, langsam dahinwandelnde vornehme Araber, aus den Lehrgebäuden strömende junge Schüler, ein paar geschäftige Juden und der uns nun schon gewohnte Anblick blauer, schwarzlockiger Soldaten des Imams.

Das einstige Türkenviertel ist der Stadtteil der Vornehmen. Hier stehen noch die Paläste und Villen der türkischen Beamten, die in der Verbannung, wie sie den Posten in Sanaa nannten, sich wenigstens mit Schönheit umgeben wollten. Sie bauten für sich und ihre Frauen die reizendsten Paläste mit Wasserkünsten inmitten herrlich angelegter Gärten. Heute sind ihre Häuser in den Händen vornehmer Araber aus der Umgebung des Imams. Wohl stehen noch die Zypressen und andere edle Bäume, im Sommer sollen noch die Rosen blühen, aber in den meisten Gärten sieht man große Felder von Lauch alle andern Anlagen verdrängen.

Das Araberviertel mit seinen enggedrängten, durch Steinerker und Wasserspeier belebten Häuserfronten, mit seinen entzückenden Durchblicken, erinnert, wie ich schon sagte, immer wieder an Venedig, das Judenviertel zeichnet sich durch Reinlichkeit aus, und hier sieht man am häufigsten die berühmten Fenster aus Alabaster, die wohl Licht ins Zimmer lassen, aber den Ausblick auf die Straße verwehren.

Imam Jahja selbst, seine zwölf Söhne und sein ganzer Harem bewohnen den einstigen Regierungspalast des türkischen Generalgouverneurs und kommen sich dort gewiß nach der Steinburg ihrer heimatlichen Berge wie im Paradiese vor. Alles, was die Türken an Artillerie zurücklassen mußten, ist in seinem Besitz, und er ist klug genug, die moderne Waffe zu achten, ein großes Arsenal ist sein Traum. Auch Aeroplane hat er schon kennengelernt, doch so gerne er sein Land unangreifbar stark haben will, er ahnt als kluger Herrscher die Gefahr, die in der unbeschränkten, unvermittelten Zulassung westlicher Zivilisation schlummert.

Pilgerfahrt nach Mekka

Hedschas, Saudi-Arabien

24

Schon in vorislamischer Zeit war Mekka ein Wallfahrtsort; damals wurden dort viele Götter angebetet. Der Koran schreibt vor, daß jeder Muslim, der die Mittel und die Kraft dazu hat, die »große Wallfahrt« durchführen soll, bei der gewisse Riten in und um Mekka herum zu bestimmten Zeiten durchzuführen sind. Dieses Gebot führt heutzutage bei einer Beteiligung von zwei Millionen Pilgern oder mehr zu großen logistischen Problemen.

Das Betreten der Heiligen Stätten von Mekka und Medina (dort ist der Prophet begraben) war und ist Nicht-Muslimen verboten. Es gibt aber etwa zwei Dutzend europäische Reisende, die sich vor Muhammad Asad dort aufhielten und darüber berichteten: Christliche, aber zwangskonvertierte Sklaven, die von ihren Herren auf die Wallfahrt mitgenommen wurden, Christen in Verkleidung, die das unentdeckte Übertreten des Verbots als sportliche Herausforderung ansahen, Männer, denen man zugute hielt, sie seien auf dem Weg zum Islam wie Muhammad Asad, bereits vorher konvertierte Muslime und manch »echte« muslimische Pilger. Von einigen weiß man ganz einfach nicht, ob sie nun im arabischen Sinn Rechtgläubige waren, weil sie ihre Berichte neutral abfaßten.

Eine sehr bewegende Geschichte von der Pilgerfahrt stammt von Muhammad Asad (1900–1992), der als Leopold Weis in Polen geboren wurde, als Journalist im Nahen Osten lebte und in den fünfziger Jahren als pakistanischer Gesandter bei den Vereinten Nationen akkreditiert war. Seine Suche nach dem »geistigen Sinn des Seins« blieb in der jüdischen wie der christlichen Glaubenslehre unerfüllt. Im Islam jedoch fand er »eine gefühlsmäßige Unmittelbarkeit in allem Erleben, eine instinktive Offenheit für alle Fragen des Daseins – eine Vernunft des Herzens«.

An Bord befanden sich nur Pilger, so viele, daß das Schiff sie kaum fassen konnte: Denn die Schiffahrtsgesellschaft, die den Profit der kurzen Pilgerzeit schlucken wollte, hatte es wahrhaftig bis an den äußersten Rand gefüllt, ohne sich viel Sorge um die Bequemlichkeit der Reisenden zu machen. Auf den Decks, in den Kabinen, in allen Gängen, auf allen Treppenabsätzen, in den Speisesälen der ersten und zweiten Klasse, in den zu diesem Behuf geleerten und mit behelfsmäßigen Leitern versehenen Laderäumen: in jeder Ecke und jedem Winkel waren menschliche Wesen qualvoll zusammengepfercht. Vornehmlich waren es Pilger aus Ägypten und Nordafrika. In großer Demut, nur mit dem Ziel der Fahrt vor den Augen, ließen sie all diese Beschwerden widerspruchslos über sich ergehen. Wie sie in engen Gruppen, Männer, Frauen und Kinder, auf den Deckplanken hockten und mühsam ihren Haushalt führten (denn die Schiffahrtsgesellschaft lieferte kein Essen); wie sie mit Blechkannen und Leinwandschläuchen sich immerfort zum Wasser durchkämpften, wobei jede Bewegung in solcher Enge zur Qual gesteigert wurde; wie sie sich zu den fünf Zeiten des Gebets stundenlang um die für eine solche Menschenmenge viel zu wenigen Wasserhähne zusammenscharten, um die Gebetswaschungen vorzunehmen; wie sie in der Stickluft der tiefen Laderäume litten, zwei Stockwerke unterm Deck, wo sonst nur Warenballen und eisenbeschlagene Kisten zu reisen pflegten: Wer das sah, mußte die Macht des Glaubens erkennen, die in diesen Pilgern lebte. Denn sie schienen ihre Nöte kaum zu fühlen: weil sie nur an Mekka dachten. Immer nur davon sprachen sie zueinander, und die Erschütterung, mit der sie der nahen Zukunft entgegenblickten, machte ihre Gesichter hell. Die Frauen sangen in Chören Lieder von der Heiligen Stadt, und immer wieder kam der Refrain: »Labbayk, Allahumma, labbayk! Dir bin ich bereit, o Gott, Dir bin ich bereit!«

Gegen Mittag des zweiten Tages heulte die Schiffssirene: das war das Zeichen, daß wir uns auf dem Breitengrad von Rabigh befanden, einem kleinen Küstenort nördlich von Jeddah, wo die von Norden kommenden Pilger alter Überlieferung gemäß ihre Alltagskleider ausziehen und den Ihram, das Pilgergewand, anlegen müssen. Dieses besteht aus zwei ungenähten weißen Tüchern aus Baumwolle oder Wolle, von denen eins um die

Lenden, das andere um die Schulter geschlungen wird, während der Kopf unbedeckt bleibt. Diese Gewandung, die auf eine Vorschrift des Propheten zurückgeht, bezweckt, daß es während des Hadsch keinen Unterschied gebe zwischen den Gläubigen, die von überall her zusammenströmen, um das Haus Gottes zu besuchen: keinen Unterschied zwischen Rassen und Völkern, noch auch zwischen Reich und Arm – so daß alle wissen mögen, daß sie Brüder sind, gleichwertig vor Gott und den Menschen. Und sehr bald verschwand auf unserm Schiff jegliche bunte Kleidung der Männer; man sah keinen roten maghrebinischen Tarbusch mehr, keinen marokkanischen Burnus und auch nicht die farbige ägyptische Gallabijja: Überall gab es nur jene schlichten weißen Tücher über Körpern, die sich nun feierlicher als sonst bewegten, vom Übertreten in den Pilgerstand sichtbar berührt. Die Frauen behalten auch auf der Pilgerfahrt ihre gewöhnliche Kleidung, da der Ihram ihre Körper allzu sehr entblößen würde; da aber diese auf unserm Schiff nur weiß oder schwarz war – schwarz wie bei den Ägypterinnen und weiß bei den Frauen aus Nordafrika – so fehlte dem Bild jede farbige Unterbrechung.

Im Morgengrauen des dritten Tages ankerten wir vor der Küste Arabiens. Die meisten von uns standen an der Reling und sahen nach dem Land hinüber, das sich langsam aus dem Morgendunst hob.

Auf allen Seiten konnte man die Umrisse verankerter Schiffe sehen, und zwischen ihnen und dem Land blaßgelbe und smaragdgrüne Streifen im Wasser: Korallenriffe unter See, Abschnitte jener langen, ungastlichen Kette, die der Westküse Arabiens vorgelagert ist. Hinter diesen Streifen, gegen Osten, stand etwas wie ein Hügel, flach und dämmrig; als aber die Sonne sich dahinter erhob, da war es kein Hügel mehr, sondern eine Stadt dicht überm Meer, deren Häuser sich vom Strand zur Mitte hin immer höher emporreckten: ein kleines, zierliches Gebilde aus rosa und gelbgrauem Korallenstein – die Hafenstadt Jeddah. Schon konnte man die geschnitzten Fensterläden und die Holzverkleidungen der Balkone erkennen, denen die feuchte Luft im Laufe der Jahre eine einheitliche, graugrüne Färbung verliehen hatte. Ein Minarett sprang aus der Mitte empor, weiß und gerade wie ein Finger.

Erneut brach auf unserm Schiff der Ruf los: »Labbayk, Allahumma, labbayk!« – ein jubelnder Ruf der Hingabe, mit welchem die weißgekleideten Pilger an Bord das Land ihrer Sehnsucht begrüßten. Ihrer Sehnsucht und meiner: Denn für mich war dieser Anblick der arabischen Küste die Erfüllung jahrelangen Suchens. Ich sah auf Elsa, meine Frau und Gefährtin, und las in ihren Augen das gleiche Gefühl …

Und schon schoß eine Schar von weißen Flügeln vom Festland her auf uns zu: arabische Küstenboote. Ihre lateinischen Segel bauschten sich in voller Fahrt schräg über der Wasserfläche, sanft und lautlos glitten sie durch die Furten zwischen unsichtbaren Korallenklippen – die ersten Abgesandten Arabiens, bereit, uns zu empfangen. Als sie heranschwebten und schwankend, schlank und schaukelnd sich um die Bordwand des Schiffes scharten, da falteten sich die Segel, eines nach dem andern, unter Rauschen und Flattern zusammen, als hätte ein Flug von Riesenreihern sich zum Füttern niedergelassen; und aus dem lautlosen Gleiten von vorhin erhob sich jetzt ein Krächzen und Schreien aus ihrer Mitte: Das war das Schreien der Bootsleute, die nun von Boot zu Boot sprangen und die Bordtreppe heraufstürmten, um sich des Gepäcks der Pilger zu bemächtigen; die Pilger aber waren so voller Unruhe angesichts des so nahen, heiligen Landes, daß sie alles mit sich geschehen ließen, ohne sich zu wehren.

Die Boote waren flach und breit; die Schwerfälligkeit ihres Unterbaus stand in merkwürdigem Gegensatz zur Schönheit und Schlankheit der hohen Besegelung. In einem solchen Boot oder einem größeren derselben Art war wohl einst der tapfere Seefahrer Sindbad ausgezogen, um Abenteuer ungewollt zu erleben und auf einer Insel zu landen, die eigentlich – o Schreck! – eines Walfisches Rücken war … Und auf ähnlichen Schiffen fuhren, lange vor Sindbad, die Phönizier um der Spezereien willen südwärts durch dasselbe Rote Meer, die Weihrauchküste des südlichen Arabien entlang, Ophirs Goldschätzen entgegen …

Und nun segelten wir, armselige Nachfolger jener fahrenden Helden, in den Booten arabischer Küstenschiffer durchs Korallenmeer, in weiten Bogen die unterseeischen Riffe umgehend: Pilger in weißen Gewändern, zwischen Kisten und Kasten und Bündeln verstaut, eine stumme und erwartungsvolle Schar.

Auch ich war voller Erwartungen. Aber wie konnte ich damals ahnen, als ich auf der Bootsbank saß, die Hand meiner Frau in meiner Hand, daß das einfache Unternehmen einer Pilgerfahrt zu einer so völligen Umwandlung unseres Lebens führen würde? Wieder muß ich an Sindbad denken. Als er die Küsten seiner Heimat verließ, hatte auch er keine Ahnung, was ihm die Zukunft bringen würde; er wollte ja nur Handel treiben und Geld verdienen; und als ich auszog, wollte ich nur eine Pilgerfahrt machen: Aber als die Dinge, die ihm und mir geschehen sollten, auch wirklich geschahen, da war keiner von uns beiden mehr imstande, die Welt mit den alten Augen anzuschauen.

Gewiß, mir begegnete nichts so Phantastisches wie die Dschinne und der Riesenvogel Roch und die verzauberten Jungfrauen, mit denen der Seefahrer aus Basra seinen Strauß bestehen mußte: Und dennoch sollte jene meine erste Pilgerfahrt mein Leben nachhaltiger beeinflussen als alle Reisen das seine. Auf Elsa wartete der Tod; und weder sie noch ich konnten ahnen, wie nahe er war. Was mich selbst betraf, so wußte ich zwar, daß ich das Abendland verlassen hatte, um unter Muslims zu leben: Aber ich wußte nicht, daß ich im Begriff war, meine ganze Vergangenheit hinter mir zurückzulassen. Denn damals ging die Welt der abendländischen Gedanken und Gefühle, Bestrebungen und Vorstellungen ohne mein Wissen für mich zu Ende. Eine Tür schloß sich leise hinter mir, so leise, daß ich's nicht vernahm, ich dachte, es würde eine Reise sein, wie eine der früheren, da man durch fremde Länder zog, um immer wieder zu seiner Vergangenheit zurückzukehren: Aber die Tage sollten sich völlig verwandeln, und mit ihnen die Richtung allen Begehrens.

Zu jener Zeit hatte ich schon viele östliche Länder gesehen. Ich kannte Iran und Ägypten besser als irgendein Land in Europa; Kabul hatte für mich all seine Fremdartigkeit verloren; die Basare von Damaskus und Isfahan waren mir vertraut. Und so konnte es auch nicht ausbleiben, daß Jeddah mir kaum etwas Neues bot, als ich zum erstenmal durch den Basar schritt und überall nur in wahllosem Durcheinander eine formlose Wiederholung von Dingen sah, die ich anderswo in größerer Vollendung erlebt hatte. Der Basar war zum Schutz gegen die dampfende Hitze mit Brettern und Sackleinwand überdacht; durch Löcher und Spalten fielen dünne, gebändigte Sonnenstrahlen herein und vergoldeten das Zwielicht. Offene Garküchen, vor denen Negerjungen kleine Fleischstücke am Spieß über glühenden Kohlen brieten; Kaffeestuben mit glänzenden Messinggefäßen und Bänken aus Palmblattgeflecht; langweilige Läden, mit allerlei europäischem und morgenländischem Tand angefüllt. Überall Schwüle und Fischgeruch und Korallenstaub. Überall Menschenmengen, die zahllosen Pilger in Weiß und die farbigen, weltlichen Bürger von Jeddah, in deren Gesichtern, Kleidern und Sitten alle Länder der islamischen Welt sich ein Stelldichein gaben: etwa ein Vater aus Indien, während der Großvater mütterlicherseits – selber vielleicht eine malayisch-arabische Mischung – vielleicht eine Großmutter geheiratet hatte, die von seiten des Vaters aus Buchara und von seiten der Mutter aus dem Somaliland stammte – lebendige Spuren der Jahrhunderte von Pilgerzügen sowie auch ein Ausdruck der islamischen Lebensauffassung, die keine Schranke der Hautfarbe und keinen Unterschied zwischen Rassen kennt. Auch war Jeddah in jenen Tagen (1927) die einzige Stadt im Hedschas, in welcher Andersgläubigen der Aufenthalt gestattet war. Man sah noch zuweilen Ladenschilder mit europäischen Inschriften und Menschen in weißem Tropenanzug und einem Korkhelm oder Hut auf dem Kopf; über den Konsulaten wehten fremde Fahnen.

All dies gehörte gleichsam noch nicht so sehr zum Festland wie zur See: Es gehörte zu den Geräuschen und Gerüchen des Hafens, zu den Schiffen draußen auf der Reede hinter den blaßfarbenen Korallenstreifen, zu den Fischerbooten mit ihren weißen Dreiecksegeln – zu einer Welt also, die von der mittelländischen noch nicht allzu verschieden war. Die Häuser sahen natürlich schon etwas anders aus: Sie waren mit ihren reichgegliederten Fassaden der Seebrise zugewandt und trugen geschnitzte Fensterrahmen; ihre Balkone waren mit dünnen Holzgittern versehen, die den Bewohnern erlaubten, ungehindert ins Freie zu sehen, aber dem Vorübergehenden den Einblick ins Innere des Hauses verwehrten; und all dieses Holzwerk saß graugrün und überaus leicht auf den Mauern aus rosa Korallenstein. Das war schon nicht mehr die Welt des Mittelmeers – aber auch noch nicht ganz Arabien.

Arabien aber kündigte sich schon in dem stahlblauen Himmel an, in den nackten, felsigen Hügeln und Sanddünen gegen Osten und in dem Hauch von Größe und Kargheit, die in der arabischen Landschaft immer so sonderbar Hand in Hand gehen.

Am Nachmittag des nächsten Tages machte sich unsere Karawane auf den Weg nach Mekka und wand sich durch ein Gewühl von Pilgern, Beduinen, Kamelen mit und ohne Sänften, Reitkamelen, bunt aufgeputzten Reiteseln zum Osttor der Stadt hin. Ab und zu fuhren Autos vorbei – die ersten Autos in Saudi-Arabien –, mit Pilgern vollbeladen, aus Signalhupen schreiend. Die Kamele schienen in den neuen Ungeheuern ihre Feinde zu wittern; sie scheuten jedesmal, sooft eines von ihnen vorüberrasselte, drückten sich entsetzt an die Häuserwände und drehten ihre langen Hälse hin und her, verwirrt und hilflos. Eine neue Zeit dämmerte drohend heran und erfüllte die hohen, geduldigen Tiere mit apokalyptischen Vorahnungen.

Schließlich blieb die weiße, zinnengeschmückte Stadtmauer hinter uns, und die Wüste öffnete sich: eine Ebene, graubraun und öde, spärlich mit Grasbüscheln und Dornensträuchern bewachsen, von vereinzelten Hügeln gekrönt, die gleich Inseln im Meer aufragten; und an ihrem östlichen Rand etwas höhere Felsenketten, blaugrau, zackig, unbelebt. Durch diese ganze düstere Ebene wanden sich Kamelkarawanen, viele, in langen Zügen - Hunderte und Tausende von Kamelen - Tier um Tier im Gänsemarsch hintereinander, mit Sänften und Pilgern und Gepäck beladen, hinter Hügeln verschwindend und wieder auftauchend. Allmählich mündeten die verschiedenen Pfade in einem einzigen, breiten, sandigen Weg, den ähnliche Karawanen im Verlauf der Jahrhunderte ausgetreten hatten.

In der nachmittäglichen Stille der Landschaft, die vom weichen Patschen der Kamelfüße, von den gelegentlichen Rufen der Kameltreiber und vom halblauten Singen einzelner Pilger eher unterstrichen als durchbrochen wurde, überkam mich plötzlich eine Empfindung, eine so überwältigende Empfindung, daß man sie fast eine Vision nennen könnte: Ich sah mich über eine Brücke gehen, die sich über einen unsichtbaren Abgrund spannte und so lang war, daß der Anfang, von welchem ich gekommen war, sich bereits im Dunst der Ferne verloren hatte, während das Ende vor mir sich kaum erst in seinen Umrissen abzuzeichnen begann. Ich stand in der Mitte, und mein Herz krampfte sich in Erschreckem zusammen, da ich mich solcherart zwischen Anfang und Ende der Brücke stehen sah - schon zu fern dem einen und noch nicht nah genug dem andern -, und es schien mir, lange Sekunden hindurch, als müßte ich ewig zwischen den beiden bleiben, ewig überm tosenden Abgrund - als auf einmal die ägyptische Frau auf dem Kamel vor mir den uralten Pilgerruf anstimmte, »Labbayk, Allahumma, labbayk!«, und mein Wachtraum auseinanderbrach.

Von allen Seiten konnte man jetzt Sprachen und Raunen in Worten vieler Zungen vernehmen. Zuweilen riefen einige Pilger im Chor, »Labbayk!« - oder eine ägyptische Fellachin sang ein Lied zum Preise des Propheten, woraufhin eine andere die Ghatraja ausstieß, den Jubelruf arabischer Frauen (der in Ägypten Zaghruta genannt wird), jenen schrillen, sehr hohen, lang ausgehaltenen Trillerschrei, welchen die Frauen bei festlichen Gelegenheiten anzustimmen pflegen - bei Hochzeiten, Kindergeburten, Beschneidungen, religiösen Umzügen und natürlich auch Pilgerfahrten. Im ritterlichen Arabien der Vorzeit, da die Töchter der Häuptlinge mit den Männern ihres Stammes in den Krieg ritten, um sie zu größerer Tapferkeit anzuspornen (denn es galt als unauslöschbare Schande für den ganzen Stamm, wenn eines dieser Mädchen getötet oder gar vom Feinde gefangengenommen wurde), hörte man die Ghatraja oft auf dem Schlachtfeld.

Die meisten der Pilger reisten in Sänften - je zwei auf einem Kamel; ihre rollende Bewegung machte einen schwindlig und folterte die Nerven; man schlief erschöpft ein, wachte von einem plötzlichen Stoß auf, schlief wieder ein und wachte wieder auf, gerüttelt, gequält, geschaukelt, bis einem alle Knochen im Leibe schmerzten. Von Zeit zu Zeit riefen die beduinischen Treiber ihren Tieren aufmunternd zu; der eine oder andere von ihnen sang eine Weile im Gleichtakt mit dem langgezogenen Schritt der Kamele und verfiel wieder in Schweigen.

Gegen Morgen langten wir in Bahra an, wo die Karawane tagsüber Rast hielt; denn die Hitze erlaubte nur Nachtmärsche.

Dieses Dorf - eigentlich nur eine gestreckte Zeile von Kaufbuden, Kaffeestuben, einigen Reisighütten und einer ganz kleinen Moschee - war der herkömmliche Halteplatz der Pilgerzüge auf halbem Wege zwischen Jeddah und Mekka. Die Landschaft war die gleiche wie die von gestern: eine Wüste mit vereinzelten Hügelzügen hier und dort und den höheren, bläulichen Bergen im Osten, welche die Küstenniederung vom mittelarabischen Hochland schieden. Jetzt aber glich diese Wüste einem ungeheuren Heereslager mit zahllosen Zelten, Kamelen, Sänften, Gepäckstücken und einem Wirrwarr vieler Sprachen - Arabisch, Hindustani, Malaiisch, Persisch, Somali, Türkisch, Paschtu, Amharisch und Gott weiß was für anderen noch. Es war schon eine richtige Schau von Völkerschaften; da aber alle den gleichmachenden Ihram trugen, waren die Verschiedenheiten kaum bemerkbar, und die vielen Rassen erschienen fast wie eine.

Die Pilger waren alle müde nach dem nächtlichen Marsch, aber nur die wenigsten unter ihnen verstanden es, die Ruhezeit auszunutzen; den meisten bedeutete Reisen wohl etwas ganz Ungewohntes - und dazu noch eine solche Reise, zu solchem Ziel! Da mußte man doch unruhig sein und sich ständig bewegen; da mußten doch die Hände immerfort nach Beschäftigung suchen, und sei es auch nur das zwecklose aufmachen und Zumachen des Gepäcks: Sonst würde man in dem Glück des Morgen wie in einem Meer versinken und das Heute ganz und gar verlieren ...

Solches schien den Bewohnern des Nachbarzelts, Pilgern aus einem bengalischen Dorf, geschehen zu sein. Sie sprachen kaum ein Wort miteinander, saßen mit gekreuzten Beinen am Boden und starrten unbeweglich nach Osten, in die Wüste hinein, die vor Hitze flimmerte und zitterte und von einem harten, blassen Himmel überkuppelt war. Es lag ein so unirdischer Friede in ihren Gesichtern, daß man fühlte: Sie standen schon vor dem Haus Gottes, und fast schon vor Ihm selbst. Die Männer waren von bemerkenswerter Schönheit, mager, mit langgelocktem Haar und glänzend-schwarzen Bärten. Einer von ihnen lag krank auf einem Teppich; neben ihm hockten zwei junge Frauen wie bunte Vögelchen in ihren bauschigen roten und blauen Hosen und silberbestickten, knielangen Hemden; sie hatten lange schwarze Zöpfe, und die jüngere trug einen dünnen Goldreif im Nasenflügel.

Am Nachmittag starb der Kranke. Die Frauen erhoben kein Wehgeschrei, wie sie es so oft in orientalischen Ländern tun: Denn dieser hier war ja auf der Pilgerfahrt gestorben, auf geheiligter Erde, ein Glücklicher. Die Männer wuschen den Leichnam und wickelten ihn in das gleiche weiße Tuch, das er als sein letztes Gewand getragen hatte. Dann stellte sich einer von ihnen vors Zelt, legte die Hände wie ein Schallrohr vor den Mund und rief lauthallend den Gebetsruf aus: »Gott ist der Allergrößte, Gott ist der Allergrößte! Es gibt keine Gottheit außer Gott, und Mohammed ist Sein Gesandter! ... Gebet über einen Toten! Gott habe Sein Erbarmen mit euch!« Und von allen Seiten strömten weißgekleidete Männer zusammen und reihten sich hinter einem Imam zum Gebet wie die Soldaten einer großen Armee. Als das Gebet zu Ende war, gruben sie ein Grab, ein alter Mann sprach Verse aus dem Koran, dann fiel Sand über den Toten, der auf der Seite lag, das Gesicht nach Mekka gewendet.

Vor Sonnenaufgang des zweiten Morgens verengte sich die sandige Ebene, die Berge traten näher zusammen; wir zogen durch eine Schlucht und erblickten im fahlen Dämmerlicht die ersten Gebäude von Mekka; und mit der aufgehenden Sonne betraten wir die Heilige Stadt.

Mit ihren geschnitzten Erkerfenstern und verdeckten Balkonen sahen die Häuser denen von Jeddah ähnlich, nur daß die Mauersteine schwerer und dunkler waren als der hellfarbene Korallenstein von Jeddah. Es war noch sehr früh am Morgen, aber schon stieg eine dicke, brütende Wärme empor und legte sich bedrängend um die Brust. Vor vielen Häusern standen Bänke, auf welchen erschöpfte Menschen schliefen. Immer dichter schlossen sich die Häuser über unserer schaukelnden Karawane zusammen, immer enger wurden die Straßen, je tiefer wir ins Innere der Stadt vordrangen. Da wir nur noch wenige Tage vor dem Pilgerfest standen, war das Menschengewühl in den Straßen groß. Zahllose Pilger im weißen Ihram und andere, die zeitweilig wieder ihre Alltagskleider aus allen Ländern der islamischen Welt angezogen hatten; Wasserträger, unter der Last eines vollen Lederschlauchs gebeugt oder unter einer Querstange, an welcher zwei ehemalige Petroleumkanister als Wassereimer hingen; Eseltreiber und Reitesel, schellenklingelnd, bunt aufgezäumt; und, um die Verwirrung vollzumachen, Kamele aus der entgegengesetzten Richtung, mit leeren Sänften beladen und in allen Stimmlagen röhrend. Eine solche Wirrnis herrschte in den engen Gassen, daß man denken konnte, die Pilgerfahrt sei hier nicht etwa ein schon seit Jahrhunderten alljährlich wiederkehrendes Ereignis, sondern eine Überraschung, auf die man nicht vorbereitet gewesen war. Schließlich hörte unsere Karawane gänzlich auf, eine Karawane zu sein, und wurde zu einem wüsten Knäuel von Kamelen, Sänften, Gepäck, Pilgern, Kameltreibern und Geschrei.

Von Jeddah aus hatte ich eine Verabredung getroffen, im Hause eines bekannten Mutauuif oder Pilgerführers, namens Hasan Abid, abzusteigen; aber es sah kaum danach aus, daß ich ihn oder sein Haus in diesem Durcheinander finden würde. Plötzlich aber schrie jemand: »Hasan Abid! Wo seid ihr, Pilger für Hasan Abid?« – und wie ein Dschinn aus dem Märchen stand auf einmal ein junger Mann vor uns und lud uns mit einer tiefen Verbeugung ein, ihm zu folgen; er sei von Hasan Abid geschickt worden, uns zu seinem Haus zu führen.

Nach dem üppigen Frühstück, mit welchem der Mutauuif uns bewirtete, begab ich mich, von demselben jungen Mann geführt, zur Heiligen Moschee. Wir gingen durch besonnte Straßen mit viel Lärm und Menschenfluten, an Fleischerläden vorbei, vor denen gehäutete Schafe in Reihen hingen; an Gemüsehändlern vorbei, die ihre Waren auf Strohmatten am

Boden ausgebreitet hatten; durch Fliegenschwärme, Gerüche von Gemüse, Staub und Schweiß; dann durch einen schmalen überdachten Basar, in welchem die Stoffhändler ihre Läden hatten. Wie überall in den Basaren Westasiens und Nordafrikas bestanden auch hier die Läden nur aus kleinen Nischen, in denen die Verkäufer mit untergeschlagenen Beinen inmitten ihrer Stoffballen kauerten; und draußen vor den Nischen hingen alle Arten von fertigen Kleidungsstücken für alle Nationen der islamischen Welt: ein berauschendes Farbenfest.

Und da waren Menschen aller Rassen und Trachten, weiße und schwarze, braune und gelbe: Menschen im Turban und solche mit bloßem Kopf; die einen gingen still, mit gesenktem Kopf, vielleicht einen Rosenkranz in der Hand, während andere leichtfüßig, wie beflügelt durchs Gedränge liefen; geschmeidige, braune Leiber der Somali, kupfern aus den Falten der weißen, togaartigen Gewänder hervorleuchtend; Araber aus dem inneren Hochland, hager von Gestalt, schmal von Angesicht, stolz im Gebaren; schwergliedrige, untersetzte Usbeken aus Buchara, die selbst in der mekkanischen Hitze ihre wattierten Kaftane und hohen Schaftstiefel anbehalten hatten; sarong-bekleidete Javanermädchen mit offenen Gesichtern und mandelförmigen Augen; Marokkaner, langsam und würdevoll im weißen Burnus; Mekkaner in langen Hemdröcken, mit lächerlich kleinen Käppchen auf dem Kopf; ägyptische Fellachen mit erregten Gesichtern; indische Frauen, so undurchdringlich von Kopf bis Fuß in weiße Überwürfe gehüllt, daß sie wandelnden Zelten glichen; riesige Fullata-Neger aus Timbuktu oder Dahomey in indigoblauen Gewändern und roten Mützen; und zierliche chinesische Damen, gestickten Schmetterlingen ähnlich, auf winzigen, gebundenen Füßchen trippelnd. Ein Geschrei, ein Gedränge in beiden Richtungen, so daß es einem vorkam, als wäre man von Meereswellen umbrandet, die man nur im einzelnen, nie aber als Gesamtbild zu erfassen vermochte. Alles quirlte unterm Brausen ungezählter Sprachen und heftiger Gebärden – bis wir auf einmal, unversehens, vor einem der Tore der Heiligen Moschee standen.

Es war ein dreibogiges Tor; breite steinerne Stufen stiegen zu ihm hinan; auf der Schwelle saß ein halbnackter indischer Bettler, die ausgemergelte Hand dem Eintretenden flehend entgegengestreckt. Und dann erblickte ich zum erstenmal den inneren Hof des Heiligtums. Es lag tiefer als das Straßenniveau – viel tiefer als die Schwelle – und tat sich dem

Auge wie eine Schale auf: ein riesiges Viereck auf allen Seiten von vielbogigen Säulengängen umgeben; und in seiner Mitte ein Würfel, vielleicht dreizehn Meter hoch, schwarzumhüllt, mit einem breiten, goldgestickten Band von Koranversen auf dem oberen Teil der brokatenen Hülle: die Kaaba …

Dies war also die Kaaba, symbolischer Stern des Glaubens und Mittelpunkt der islamischen Welt, Sehnsuchtsziel so vieler Millionen von Menschen diese vielen Jahrhunderte hindurch … Um dieses Ziel zu erreichen, hatten zahllose Pilger die schwersten Opfer gebracht; viele hatten unterwegs ihr Leben gelassen; viele waren erst nach unsagbaren Entbehrungen hierher gelangt: Und allen bedeutete dieses kleine, viereckige Gebäude das Ziel und die Erfüllung ihres Verlangens.

Da stand es nun vor mir, ein nahezu vollkommener Würfel (wie schon der arabische Name besagt), mit schwarzem Brokat behangen, eine ruhige Insel in der Mitte des gewaltigen Vierecks der Moschee: viel ruhiger als irgendein anderes Werk der Architektur in der ganzen Welt. Es schien fast, als ob derjenige, der die Kaaba zum erstenmal erbaute – denn seit Abrahams Zeit war der ursprüngliche Bau mehrmals in der gleichen Form erneuert worden –, ein Gleichnis der menschlichen Demut gegenüber Gott hätte schaffen wollen. Er wußte, daß keine Schönheit des architektonischen Rhythmus, keine noch so vollendete Linienführung der Vorstellung vom Allseienden Gott je gerecht werden könnte: Und so beschränkte er sich auf die einfachste dreidimensionale Form und erbaute einen Würfel aus Stein.

Ich hatte in verschiedenen islamischen Ländern Moscheen gesehen, in welchen begnadetes Künstlertum zu höchster Entfaltung gekommen war. Ich hatte Moscheen in Nordafrika gesehen, schimmernde Gebetspaläste aus Marmor und Alabaster; den Felsendom in Jerusalem, machtvoll vollendetes Kuppelrund über zierlichem Unterbau, ein Traum von Leichtigkeit und Schwere, widerspruchslos vereint; und die hymnischen Bauwerke in Istanbul, die Suleymaniye, die Jeni Valide, die Bajazid-Moschee; und die von Brussa in Kleinasien; und die safawidischen Moscheen in Isfahan – majestätische Harmonien aus Stein, farbigen Majolika-Platten und Mosaiken, riesige Stalaktitenportale über silberbeschlagenen Torflügeln, überschlanke Minarette mit alabasternen und türkis-blauen Galerien, marmorbelegte Höfe mit Springbrunnen und uralten Platanen; und die gewaltigen Prunkbauten des Timur Lang in Samarkand, auch in ihrem Verfall noch unschätzbare Kostbarkeiten: Alle diese hatte ich gesehen – niemals aber hatte ich so stark wie vor der Kaaba gefühlt, daß die Hand des Erbauers seinem religiösen Empfinden so restlos gefolgt war. In der formalen Einfachheit eines Kubus, in dem vollkommenen Verzicht auf alle Schönheit der Linie und Form sprach sich der Gedanke aus: »Was auch immer der Mensch an Vollendetem mit seinen Händen zu schaffen vermag – immer wird es nur Überheblichkeit sein, es als Gottes würdig hinzustellen; und deshalb ist das Einfachste, das er sich erdenken kann, das Größte, das er zu Gottes Ruhme bauen kann.« Einem ähnlichen Gedankengang verdankt wohl auch die mathematische Einfachheit der ägyptischen Pyramiden ihr Dasein – nur daß dort des Menschen Eitelkeit zumindest in den gewaltigen Ausmaßen seiner Bauwerke zum Ausdruck kam. Hier aber, in der Kaaba, sprachen sogar die Ausmaße nur von Demut und Hingabe; und die stolze Bescheidenheit dieses Baus hatte nicht ihresgleichen auf der Erde.

Einen einzigen Zugang hat die Kaaba – eine silberbeschlagene Tür an der Nordostseite, mehr als zwei Meter hoch überm Erdboden angebracht, so daß der Eintritt nur mit Hilfe einer hölzernen Treppe möglich ist, die an einigen Tagen des Jahres an das Heiligtum herangeschoben wird. Der Innenraum, für gewöhnlich geschlossen (ich sah ihn erst bei späteren Gelegenheiten), ist sehr einfach: ein Marmorfußboden, mit ein paar Teppichen belegt, und einige Lampen aus Bronze und Silber, die von den schweren Deckenbalken herabhängen. Nicht dieser Innenraum ist dem Muslim wichtig, sondern das ganze Gebäude an sich, denn es ist ja die Qibla – das heißt, die Gebetsrichtung – für die gesamte islamische Welt: Fünfmal am Tage wenden sich die Muslime an allen Ecken und Enden der Welt zu diesem Symbol der Einheit Gottes.

Eingelassen in die östliche Ecke des Gebäudes und von einem breiten Silberrahmen eingefaßt befindet sich ein dunkelfarbener Stein. Dieser schwarze Stein, von zahllosen Pilgergenerationen hohlgeküßt, ist die Ursache so manchen Mißverständnisses unter den Abendländern: Sie nehmen gewöhnlich an, er sei ein vorislamischer Fetisch gewesen, den Mohammed als eine Konzession an die heidnischen Mekkaner mit in den Islam übernahm. Das ist vollkommen irrig. Genauso wie die ganze Kaaba ist auch der Schwarze Stein ein Gegenstand der Verehrung, nicht aber der Anbetung. Er wird verehrt, weil man ihn als den einzigen Überrest von Abrahams ursprünglichem Tempel betrachtet; und die Pilger küssen ihn, weil die Lippen Mohammeds ihn einst berührten. Der Prophet wußte wohl, daß die späteren Generationen der Gläubigen immer seinem Beispiel folgen würden: Und als er den Stein küßte, da wußte er auch, daß die Lippen künftiger Pilger hier den seinen in Erinnerung begegnen würden und bot damit einen Bruderkuß, über den Tod und über alle Zeiten hinweg, seiner ganzen Gemeinde; und wenn jetzt die Pilger den Schwarzen Stein küssen, dann kommt es ihnen vor, als küßten sie ihren Propheten sowie auch alle ihre Glaubensbrüder, die hier vor ihnen waren und nach ihnen kommen werden.

Kein Muslim würde je leugnen, daß die Kaaba lange vor Mohammed bestand; und gerade in dieser Tatsache liegt ja ihre Bedeutung. Der Prophet erhob nie den Anspruch, eine neue Religion begründet zu haben; im Gegenteil: Hingabe an Gott – Islam – ist ja, wie der Koran sagt, die »natürliche Anlage des Menschen« seit dem Erwachen seines Bewußtseins; es war dies und nichts anderes, was Abraham, Moses, Jesus und alle anderen Propheten Gottes lehrten und in verschiedenen Sprachen und Formen den Menschen predigten – und die Botschaft des Korans ist nicht die einzige, sondern nur die letzte dieser göttlichen Offenbarungen. Auch würde kein Muslim es leugnen, daß das Heiligtum von Götzen und Fetischen voll war, bis Mohammed sie zerbrach, so wie einst Moses das Goldene Kalb in der Wüste Sinai zerbrach – aber lang ehe man Götzen in der Kaaba aufgestellt hatte, wurde dort der Wahre Gott angebetet; und Mohammed brachte nur Abrahams Tempel zu seiner ursprünglichen Bestimmung zurück.

Und da stand ich nun vor Abrahams Tempel und sah mir das Wunder an, ohne zu denken (denn die Gedanken und Vergleiche kamen erst viel später); und ein Rausch wuchs singend in mir hoch.

Glatte Marmorfliesen mit hüpfenden Sonnenreflexen bildeten um die Kaaba ein Rund, und über diese Marmorfliesen schritten viele Menschen, Männer und Frauen, im Kreis um das schwarzgewandete Gotteshaus. Es gab unter ihnen viele, die weinten, viele, die im Gebet laut zu Gott riefen, und viele, die weder Worte noch Tränen zu Gebote hatten, sondern nur schweigend mit gesenktem Kopf gingen …

Es gehört zur Pilgerfahrt, siebenmal den Rundgang um die Kaaba zu machen: nicht nur um dem größten Heiligtum des Islam Ehrfurcht zu erweisen, sondern auch um sich die grundlegende Forderung des islamischen Lebens zu vergegenwärtigen. Die Kaaba ist ein Symbol der Einheit Gottes; und die körperliche Bewegung der Pilger um sie herum ist ein symbolischer Ausdruck des menschlichen Seins und Tuns – ein Hinweis darauf, daß nicht nur unser inneres, sondern auch unser äußeres Leben, unser Tun und unsere praktischen Bestrebungen Gott zum Mittelpunkt haben müssen.

Und auch ich begann den Umgang. Ab und zu wurde ich eines Mannes oder einer Frau um mich gewahr; einzelne Bilder huschten an meinen Augen vorbei und verschwanden. Da war ein riesiger Neger in weißem Ihram, einen großkugeligen Rosenkranz wie eine Kette um das starke, schwarze Handgelenk geschlungen. Ein alter Malaie trippelte eine Weile neben mir; seine Hände schlenkerten seltsam ratlos um den gebatikten Sarong. Ein graues Auge unter buschiger Braue – wem gehörte es? –, und schon war es in der Menge verloren. Unter den vielen Menschen vor dem Schwarzen Stein sah ich eine junge Inderin stehen: Sie war offenbar krank; in ihrem schmalen, zartgeschnittenen Gesicht lag der Ausdruck einer merkwürdig offenen Sehnsucht, so deutlich sichtbar wie das Leben der Fische und Algen am Grund eines kristallenen Teichs. Sie hielt beide Hände mit aufwärtsgedrehten, blassen Handflächen lose vor sich hingestreckt, der Kaaba zu, und die Fingerspitzen zitterten, als wollten sie das wortlose Gebet begleiten …

Ich ging und ging, die Minuten vergingen, alles Kleine und Bittere in meinem Herzen floß allmählich aus meinem Herzen hinaus, ich wurde zum Teil des kreisförmigen Stroms – oh, war dies der Sinn unseres Tuns: sich bewußt zu werden, daß man Teil eines Kreislaufs ist? War dies, vielleicht, aller Verwirrung Ende? Und die Minuten zerflossen, und die Zeit stand still, und dies war der Mittelpunkt der Welt …

1931 · Hans Helfritz

In der Wolkenkratzerstadt Shibam

Wadi Hadramaut, Jemen

25 *Tief eingeschnitten in das Küstengebirge Südarabiens, das nach Nordosten abfällt und sich in den Sanden des Leeren Viertels verliert, liegt das Wadi Hadramaut. Sein bewohnter Teil läuft ungefähr parallel zur Küste. Dank des Grundwassers, das sich in geringer Tiefe findet, gibt es dort ein Band von Oasenstädten, von denen Shibam die bekannteste ist.*

Hans Helfritz (1902–1995), Musikwissenschaftler und Reisender aus Leidenschaft, dessen Tonaufnahmen aus dem Jemen im Berliner Völkerkundemuseum archiviert sind, war mit Unterstützung eines lokalen Herrschers mit seinem Freund, dem Arzt Jan Pomorski, im Jemen unterwegs. Die Briten, die von Aden aus mit den benachbarten Stämmen freundliche Kontakte knüpfen und sie zu friedlichem Umgang untereinander bewegen wollten (was ihnen nicht so recht gelang), fühlten sich durch deren Auftauchen gestört und hatten so manche sarkastischen Kommentare zu Helfritz' abenteuerlichen Schilderungen abzugeben, die darauf hinausliefen, daß sich die beiden wie Elefanten im Porzellanladen benommen und damit selbst in Gefahr gebracht hätten (sie wurden mit Steinen beworfen und landeten zweimal im Gefängnis). Die beiden waren die ersten Europäer, die die Ruinen der antiken Weihrauchstadt Shabwah zu Gesicht bekamen. Helfritz unternahm später noch weitere Reisen in den Jemen.

Der Hadramaut, fruchtbar wie er in bestimmten Teilen ist, hat seine Bevölkerung nur selten ernähren können. Als »Gastarbeiter« zogen viele Männer bis nach Singapur und Indonesien, um dort zu Wohlstand zu kommen und ihre Familien zu unterstützen. Schon zu Helfritz' Zeiten kündeten Automobile und reich ausgestattete Paläste davon.

Der Ruf meines Freundes als guter Arzt hatte sich mit Windeseile in ganz Hadramaut verbreitet. Vielen Menschen hat er bisher schon geholfen, wir konnten uns oft kaum vor dem Ansturm der Patienten retten. Eines Tages ließ ihn der Sultan von Shibam zu sich bitten, dem kein arabischer Hakim mehr helfen konnte. Er litt an einer schweren Ruhr. Wir machten uns also auf, um Shibam, wohl die merkwürdigste Stadt des Wadi Hadramaut, zu erreichen.

Weit und flach breitet sich vor uns das Wadi aus. Seine zerklüfteten, schroffen braunen Felswände treten allmählich immer mehr zurück. In der weiten Ebene ist noch deutlich das ausgetrocknete Flußbett, teilweise durch Salz verkrustet, zu erkennen. In Abständen von vielen Jahren gehen gewaltige Wolkenbrüche über Hadramaut nieder. Von allen Bergen fließen dann Sturzbäche hinab, und bald füllen sich die Wadis mit Wasser. Die Flut kommt oft mit solcher Gewalt und Schnelligkeit, daß viele Menschen und Tiere ihr zum Opfer fallen. Im Jahre 1929 soll eine solche Flut Bäume entwurzelt und einen ganzen Palmengarten vor sich hergeschoben haben.

Dort, wo das Wadi Hadramaut am breitesten ist und fünf Seitentäler wie die Rippen eines Palmzweiges nach allen Richtungen auslaufen, liegt ein mächtiger Koloß, aus dem Lehm des Wadi erbaut, mit blendend weiß getünchten Zinnen: Shibam, die gewaltigste Festung Hadramauts, das Chicago der Wüste, eine Stadt von etwa 7.000 Einwohnern. Schon viele Kilometer weit sieht man diese Wolkenkratzerstadt mit ihren bis zu acht Stockwerken hohen Häusern aus der Ebene emporragen.

Nähert man sich der Stadt, so scheint sie wie eine Fata Morgana in der Luft zu schweben. Weiß schimmernde Paläste wie aus Marmor, schlanke Minaretts, hochragende Wolkenkratzer, vielfach durchbrochen von dunklen Fensterhöhlen und Schießscharten, sind in zarten Tönen auf den blauen Himmel gemalt, ohne Verbindung mit der Erde. Steht man vor ihr, erklärt sich die Täuschung: Der untere Teil der Bauwerke besteht aus braunem Lehm und verschmilzt mit der Farbe des Wüstenbodens, während der obere Teil weiß gegipst ist. Der Farbkontrast, dazu noch der starke Gegensatz von Licht und Schatten, ist für unsere dämmerungsgewohnten Augen ungeheuer.

Shibam steht mitten in der Ebene des großen Wadis. Eine Stadtmauer gibt es nicht, aber die Häuser, diese langen, schmalen Hochbauten mit ihren vielen Schießscharten, Zinnen und weißgetünchten flachen Dächern, sind so eng aneinandergebaut, daß ihre Fronten die Stelle der Stadtmauer vertreten. Die Fenster beginnen erst in etwa zehn Meter Höhe über dem Boden, viel zu hoch, um bequem einsteigen zu können.

Wir reiten durch das einzige Stadttor ein, das eine Auffahrt hat wie eine alte Ritterburg, nur Graben und Zugbrücke fehlen. Shibam gilt mit seinen festen Lehmwänden und hohen Wachttürmen, die weit in das Wadi hinausgeschoben sind und sich hoch oben an den Felsabstürzen befinden, in Beduinenkriegen als uneinnehmbar. Trotz der natürlichen sicheren Lage hat Shibam sich in früheren Zeiten oft gegen Angriffe von Räuberbanden und fremden Beduinenstämmen wehren müssen. Kleinkriege und Überfälle aus dem Hinterhalt sind hier, im Wadi el-Ain und im Wadi Doan an der Tagesordnung.

Wir werden mit allen Ehren empfangen und eilen gleich zu dem Sultan, dem mein Freund helfen soll. Er gewährt uns Audienz in seinem Sommersitz, einem entzückenden Schlößchen, das weiß aus üppig grünen Gärten leuchtet.

Der Sultan, eine noch jugendliche Erscheinung, hager und groß, mit äußerst feinen und angenehmen Gesichtszügen, sitzt mit seinem kleinen Sohne auf dem Boden vor einer Tafel wundervollen Gebäcks und arabischer Süßigkeiten. Trotz der bösen Ruhr, an der er seit einem Monat leidet, ißt er selbst mit von den schweren Speisen.

Zum Glück haben wir das beste Mittel gegen diese Krankheit bei uns, das Emetin, das aus der Ipecacuanhawurzel gewonnen wird. Dieses salzsaure Präparat spritzt Jan dem Sultan mehrere Tage lang unter die Haut. Sehr bald tritt auffallende Besserung ein, und die Dankbarkeit des Sultans kennt keine Grenzen. Die Erfolge dieses vor einigen Jahren entdeckten Mittels reichen ans Wunderbare, es hat in den Tropen schon sehr viel Segen gespendet.

Solche Krankheiten zu heilen ist nicht so schwierig. Aber den Leuten klar zu machen, daß sie beim Essen und Trinken sich mancher sonst gewohnter Genüsse enthalten müssen, erfordert einige Geduld. Sultan Ali ißt einen Tag lang wirklich nur die ihm vorgeschriebenen Speisen, doch am nächsten Tag delektiert er sich schon wieder an fettem Hammelbraten mit Paprikasauce. Es ist ganz unmöglich, ihn vom Wassertrinken abzuhalten. Erst als wir ihm erzählen, daß mit dem unabgekochten Wasser viele kleine »Duds«, Würmer, in seinen Bauch gelangten und diese schreckliche Krankheit hervorriefen, wird er vorsichtiger.

Unser Haus ist bald der Sammelplatz aller Kranken, die von uns Heilung erwarten. Die Gesundung des Sultans verschafft uns das größte Vertrauen. Es gibt auch bei den Arabern Heilkundige, Hakim genannt, die aber fast jede Krankheit mit Schröpfen zu heilen versuchen, selbst Augenkrankheiten. Die Leute lassen sich diese Prozedur ganz gern gefallen. Auf der Straße sieht man sie oft mit mindestens zehn Schröpfnäpfen auf Rücken und Nacken sitzen, durch die ihnen der Hakim das Blut abzapft. Offene Wunden heilt der Hakim mit Messingplatten, die er auf die Wunde legt und mit einem Band festbindet, ein Mittel, das neuerdings auch anderswo angewendet wird, denn die Ausstrahlungen dieses Metalles sollen von besonderer Heilkraft sein. Auch den Chinesen ist dieses Heilmittel bekannt.

Vollkommen machtlos jedoch sind die Hakims dem Fieber gegenüber, besonders der Malaria, welche auch in diesen Höhen noch vorkommt. Bei Augenkrankheiten und eiternden Geschwüren, die sich manchmal in grausigem, schreckenerregendem Zustand befinden und ganze Glieder vereitern, hört ihre Kunst auf. Solche Krankheiten werden jedoch von den Menschen mit großer Ergebung getragen. Die Beduinen gehen immer barfuß, jeder kleinsten Verletzung droht Infektion. Eine Wunde wird höchstens notdürftig mit irgendeinem alten Lappen verbunden und durchaus nicht vor Staub und Schmutz geschützt. Heilt sie zu, dann ist es gut, heilt sie nicht zu, nun, dann läßt man es eben gehen, wie es geht, Verbinden hat doch keinen Zweck mehr. Gegen Schmerzen sind die Leute anscheinend ziemlich unempfindlich, und die fürchterlichen Vereiterungen werden gelassen hingenommen.

Diese Unglücklichen kommen nun zu uns und bitten uns um »Daua gilil«, ein wenig Arznei. Alle Stände sind vertreten, und der Strom der Besucher nimmt kein Ende. Alle wollen sie eine Daua gegen ihre vielen Krankheiten haben. Bei uns geht es auch weniger schmerzhaft zu als bei den Hakims, die sehr schnell mit dem glühenden Eisen bei der Hand sind, bei allen möglichen Krankheiten und Schmerzen, bei inneren und äußeren, so daß man kaum einen Menschen ohne die davon herrührenden Narben zu sehen bekommt.

Manche Araber zeigen uns auch Arzneifläschchen mit arabischer und hindustanischer Aufschrift, die sie über Aden aus Europa bekommen haben. Es handelt sich hier um den mörderischen Schund irgendeines Quacksalbers, der in unverantwortlicher Weise ein Mittel in die Welt hinausschickt, das die gleiche unfehlbare Wirkung auf Fieber, Knochenbrüche und Hühneraugen ausüben soll.

Daß Krankheiten eine natürliche Ursache haben, sehen unsere Patienten nicht ein. Immer ist es der Wurm, der ihnen die Schmerzen und Krankheiten bereitet, und diesen Wurm hat ihnen der Dschinn geschickt.

Es gibt auch einige ganz Schlaue, die irgendeine Krankheit vortäuschen, nur um eine »Daua« zu erhalten. Die heben sie sich für den Fall auf, daß sie wirklich einmal krank werden sollten. Ein Mann brachte es sogar fertig, Schwerhörigkeit vorzutäuschen, er wünschte durchaus eine Medizin dagegen. Für örtliche Behandlung war er nicht zu haben, und schließlich stellte es sich heraus, daß er gar nicht schwerhörig war, sondern besser hörte als wir alle zusammen!

Am schwierigsten ist es klarzumachen, daß es auch Krankheiten gibt, gegen die wir kein Mittel bei uns führen. Vor allem machen uns die zahlreichen Augenkrankheiten viel Mühe; daß wir sie überhaupt nicht heilen können, dürfen wir den Leuten nicht sagen, denn das glauben sie einfach nicht. Ein alter, fast erblindeter Beduine, dem wir nicht helfen können, verfolgt uns mehrere Stunden in die Wüste hinein und droht, uns zu erschießen, wenn wir ihn nicht heilen. Unsere Soldaten, denen die Sache unangenehm ist, halten sich weit entfernt. Mögen die Ferengi, die Fremden, sehen, wie sie mit dem wilden Alten allein fertig werden!

Die Beduinen im Hadramaut wenden ein merkwürdiges Mittel gegen Kopfschmerzen und überhaupt zum allgemeinen Wohlbefinden an: Sie nehmen etwas Asche von einem erloschenen Holzkohlenfeuer und schieben diese in den Mund, zwischen Zähne und Lippen. Ob hierdurch eine desinfizierende Wirkung in der Mundhöhle erzielt wird? Nur bei den Beduinen Hadramauts fand ich diesen Gebrauch, nicht in Jemen oder anderen Teilen Arabiens.

Da die Städte Hadramauts verhältnismäßig sauber sind – die sinnreiche Kanalisation sorgt dafür –, treten epidemische Seuchen wie Pest und Cholera nur selten auf. Vor allem aber kennt man nicht unsere europäischen Krankheiten, denn Hadramaut steht ja in keinem Verkehr mit Europa. Der Rückgang der Kolonialbevölkerung, den man in anderen Ländern beobachtet, ist in erheblichem Maße auf die Einschleppung europäischer Krankheiten und Laster zurückzuführen, denen tropische Völker eher unterliegen als wir, nicht auf die so gefürchteten Tropenkrankheiten selbst.

Wie lange es noch dauern wird, bis im Hadramaut die sogenannte »Kultur« ihren Einzug hält, wissen wir nicht. Vorläufig sind die Beduinen Südarabiens noch sicher davor. Wir wollen hoffen, daß uns eines der wenigen ursprünglichen Länder unserer Erde noch recht lange so erhalten bleibt, wie es ist, trotz der »Würmer« und Dschinn.

Die Ölsuche

Dhahran, Saudi-Arabien

26 *Seit mehr als 10.000 Jahren benutzen die Menschen Erdöl: Als Dichtungs- und Baumaterial, als Arznei, und die Militärs wußten damit Feuer und Verderben über den Feind zu bringen. Im 19. Jahrhundert wurden Schmierstoffe für die Industrie entwickelt, und das Petroleum ersetzte nun den Walfischtran in den Lampen. Mit Beginn des 20. Jahrhunderts wurden Kriegsflotten und eine schnell wachsende Anzahl von Automobilen vom Öl angetrieben, das zunächst aus den Ölquellen Amerikas und Rußlands stammte, später auch aus Persien und dem Irak.*

König Ibn Saud, der mit der Inbesitznahme von Mekka der mächtigste Herrscher Arabiens geworden war und sich 1932 zum König von Saudi-Arabien proklamiert hatte, suchte nach einer Basis für die Seßhaftwerdung der Nomaden und die wirtschaftliche Entwicklung seines Landes. Er holte Geologen und Agrarwissenschaftler ins Land, die Wasser finden und eine Landwirtschaft aufbauen helfen sollten. (Zu diesen Experten gehörte auch Karl Twitchell, der im folgenden Text erwähnt wird.) Sie konnten aber keine nennenswerten Ressourcen entdecken. Der König, der lediglich auf die Einnahmen aus den Pilgerkarawanen zählen konnte, verfolgte daher mit immensem Interesse, wie Öl auf Bahrain gefunden wurde, und erteilte einer amerikanischen Gruppe eine Ölkonzession. Die Jahre 1933 bis 1937, in denen in der Region um Dhahran unweit von Bahrain prospektiert wurde, bis Öl tatsächlich in förderungswürdigen Mengen gefunden werden konnte, werden im folgenden Text beschrieben, der einer frühen Ausgabe des Handbuchs der Arabisch-Amerikanischen Gesellschaft (heute Saudi-ARAMCO) entstammt, das für ihre Mitarbeiter bestimmt war und von Augenzeugen geschrieben wurde.

Am 23. September 1933, weniger als drei Monate nach Erteilung der Konzession, kam die Vorhut der Firmengeologen, R. P. (Bert) Miller und S. B. (Krug) Henry, mit einer Barkasse im Hafen von Al-Jubayl an. Dabei war Karl Twitchell, der von Jeddah aus Arabien durchquert und die anderen in Bahrain getroffen hatte. Sie waren die ersten aus der westlichen Welt, die die Leute in der Stadt zu Gesicht bekamen. Deshalb versuchten sie, ihr fremdartiges Aussehen dadurch zu vermindern, daß sie sich Bärte wachsen ließen und arabische Kleidung trugen.

Das erste Quartier lag in einem Gebäude in einem Hof, der von Mauern umgeben war. Das hatten die Gebrüder Gosaibi, bekannte Kaufleute in dieser Gegend und Agenten der Gesellschaft, ihnen zur Verfügung gestellt. Dieses und ein anderes Haus der Gosaibis in Hofuf waren die Heimatbasis für die Geologen bis 1936.

Nach ihrer Ankunft in Al-Jubayl am frühen Morgen machten die Geologen noch am gleichen Tag ihre erste Erkundungsfahrt. Bis J. W. (Soak) Hoover einen Monat später mit Fahrzeugen aus den Vereinigten Staaten kam, benutzten sie zwei Autos der Regierung und einen Lastwagen, den Twitchell von Jeddah herübergebracht hatte. Damit fuhren die Geologen und ihre Soldateneskorte durch die Küstenregion südlich von Al-Jubayl und kamen am 28. September in die hügelige Gegend, die sie von Bahrain aus gesehen hatten.

Hier fanden sie den Beweis, daß es eine domartige geologische Struktur von dem Typ gab, in der sich Öl sammelt [eine Aufwölbung der geologischen Schichten]. Mit Hilfe von Lastkamelen errichteten sie ein Außenlager ungefähr 9 km südlich des Küstendorfes Dammam. Nach Hoovers Ankunft begannen Versuchsbohrungen an dem, was sie den Dammam-Dom nannten. Sie erfuhren, daß diese bedeutendste Erhebung der Gegend Dschebel Dhahran genannt wurde.

Für die Geologen mit ihren geübten Augen war diese domartige Struktur leicht erkennbar. Sie waren der Meinung, daß ihre Arbeit in Saudi-Arabien ein Kinderspiel wäre. Aber wie sich im Lauf der Zeit herausstellte, wußte die Natur das Geheimnis, wo die anderen Ölquellen [im Gegensatz zu den schon auf Bahrain gefundenen] versteckt waren, gut zu bewahren.

Mit Ausnahme des Dammam-Doms ist die Küstenregion weitgehend von Sand oder Ablagerungen aus dem Miozän bedeckt, die erst entstanden, als die Faltung, durch die die Anreicherung von Öl stattfand, weitgehend abgeschlossen war. Die Ablagerungen an der Oberfläche gaben deshalb nur sehr versteckte Hinweise auf die Verhältnisse im Untergrund.

Nach der Erstellung einer vorläufigen Prospektionskarte des Dammam-Doms begaben sich die Geologen im November nach Hofuf und fingen damit an, sich das übrige Gebiet anzusehen, das zu der Konzession gehörte. Bald kamen andere Geologen hinzu. Zunächst versuchten sie, ein möglichst großes Gebiet mit Methoden der Schnellerfassung abzudecken. Unter der Leitung von Miller und von den Basen Hofuf und Al-Jubayl aus machten sie in getrennten Gruppen zu je zwei Mann Exkursionen in abgelegene Gegenden: im Süden bis nach Yabrin, im Westen bis nach Al-Dahna, und im Nordwesten bis nach Hafar al-Batin.

Das Arbeiten unter fremden Leuten in einem fremden Land, von dem es nur vage und ungenaue Karten gab, oft Hunderte von Meilen vom Lager entfernt, brachte so seine Schwierigkeiten mit sich. Sie waren weitgehend auf den Transport mit Kamelen angewiesen und auf die Kenntnisse arabischer Führer zu Geländebeschaffenheit und Wasserstellen für ihre Prospektionstouren. Die Regierung bestand darauf, daß jede Gruppe von zehn Soldaten und Führern begleitet wurde, was ihnen reichlich Schutz bot, aber auch ihre Versorgungs- und Transportschwierigkeiten vergrößerte. Mit den Beduinen gab es keinen Ärger. Der König hatte Sicherheit im ganzen Land geschaffen. Von den Beduinen und der Soldateneskorte lernten die Amerikaner mit der Zeit Arabisch und die Ortsbezeichungen und die lokale Geschichte der Gegend.

Ab dem Frühling 1934 konnten die Geologen viele Monate lang ein Fairchild-Flugzeug benutzen, aus dem Beobachtungen und Luftbilder gemacht werden konnten.

Im Frühjahr 1935 waren sie mit der Untersuchung der Schichtenfolge – der Stratigraphie der Gegend – gut in Gang gekommen, aber in der Entzifferung der unsichtbaren Informationen von Faltungen unter der Oberfläche hatten sie keinen großen Fortschritt gemacht. Trotzdem aber hatten sie genug Hinweise auf vielversprechende Strukturen an Orten gefunden, die sich mittlerweile als Ölfelder erwiesen haben. Sie fanden kleine Hinweise auf Faltungen bei Oatif, gleiche Anzeichen wurden aus der Luft bei

Abu Hadriya gesichtet. 1935 berichteten Max Steineke und Tom Koch von »Fenstern« älterer Felsen aus dem Eozän, die kaum sichtbar in den Sanden bei Abqaiq, Al-Alat und anderswo auftraten. Diese und andere Hinweise waren wichtig für die Entdeckung des großen Abqaiq-Feldes.

Aber erst in späteren Jahren konnten die Geologen mit der Hilfe von Bohrgeräten, Seismographen und Gravitätsmessern arbeiten. Diese Geräte ermöglichten die Entschleierung der Geheimnisse der Strukturen unter der Erdoberfläche, die die Anzeichen an der Oberfläche nahelegten, aber nicht bewiesen. Das Gefüge und die Ölfelder, die sie entdeckten, machen der Einsatzfreude und dem Scharfsinn der Geologen Ehre.

Im Sommer 1934 war die Entscheidung gefallen, den Dammam-Dom zu testen, und entsprechende Pläne waren entwickelt worden. Es war die einzige geeignete Struktur, die die Geologen entdeckt hatten. Die Aussicht, dort Öl zu finden, war vielversprechend. Die Formation ähnelt der von Bahrain und ist nur 40 km entfernt. Man dachte, dort gäbe es einen sicheren Treffer.

Die Geologen sind nur die Vorhut; die Ingenieure, Bauarbeiter und Bohrleute müssen die Gerätschaften und Anlagen einrichten, die man braucht, um die Lücke zwischen einem Fund und einem Bohrloch zu schließen oder, anders ausgedrückt, zwischen Öl im Untergrund und Öl in den Strömen des Welthandels. Die erste Gruppe dieser Männer kam in Al-Khobar Anfang Dezember 1934 an. Es war ihre Aufgabe, in Saudi-Arabien den neuen Betrieb aufzubauen.

Zu dieser Zeit waren das kleine Dorf Dammam und die paar Fischerhütten bei Al-Khobar nicht geeignet, Quartier für die Leute oder Lagermöglichkeiten für Lebensmitel und andere Dinge zu bieten, die gebraucht wurden. Der Dammam-Dom, Standort des neuen Projektes, war eine riesige, öde Fläche von Sand und nacktem Fels. Nicht nur Bohrturm und Ausrüstung, sondern auch jedes Stück Bauholz, Eisenwaren, Sanitärinstallationen und Baustahl, die für den Aufbau und die Benutzung von Wohnungen gebraucht wurden, Wasserleitungen, Fahrzeuge und Ersatzteile, Lebensmittel und persönliche Gebrauchsgegenstände mußten über eine Versorgungskette herbeigebracht werden, die bis in die Vereinigten Staaten zurückreichte.

Ein Zeltlager wurde in der Nähe des heutigen Golfplatzes von Dhahran aufgebaut. Al-Khobar war von den Geologen als Entladungsstelle für die Güter eingerichet worden, die per Schiff kamen. Bevor man schweres Gerät anlanden konnte, war eine Mole zu bauen, die so weit ins tiefe Wasser reichen mußte, daß kleine Schiffe und Leichter anlegen konnten. Diese Aufgabe bot den Arabern vor Ort die ersten Arbeitsmöglichkeiten als Bauarbeiter bei der Gesellschaft. Eine einigermaßen gute Straße wurde zum Bohrgelände gebaut, aber es war ausgesprochen schwierig, durch den Sand westlich von Al-Khobar zu kommen ohne die Niederdruckreifen, die man heute verwendet.

Der Bau des ersten Lagers in Dhahran erfolgte gleichzeitig mit dem Aufbau des Bohrgerätes. Bohrloch Dammam Nr. 1 lag am Westhang des Dschebel Dhahran, nördlich des heutigen Wohngebietes. Das Lager war besser ausgestattet als ein übliches Lager für eine Versuchsbohrung; das entsprach dem Umfang der Aktionen und der sicheren Annahme, daß Öl gefunden würde. Zwar ohne Klimaanlagen und so weit wie möglich aus lokal erhältlichem Material erbaut, waren die Quartiere aber doch großzügig und bequem. Mit einigen Änderungen und Erweiterungen waren sie bis Ende 1957 als Dhahran District Offices in Gebrauch.

Lager und Bohrturm wurden durch eine untermeerische Süßwasserquelle zwischen Dammam und Al-Khobar versorgt. Die Quelle wurde mit Beton eingefaßt, eine Pumpe wurde installiert und eine kleine Pipeline, etwa 18 km lang, bis ins Lager geführt. Diese Einrichtungen waren praktisch fertig, als die Bohrung von Dammam Nr. 1 am 30. April 1935 begann.

Die ersten Versuchsbohrungen am Dammam-Dom brachten eine Enttäuschung nach der anderen, dazwischen gab es immer mal wieder ein ermutigendes Ergebnis, das weitere Versuche rechtfertigte. So erwies sich wieder einmal, daß es bei der Ölsuche keine sicheren Treffer gibt. Im Sommer 1935 zeigte sich Öl in einer Tiefe von etwa 670 m, oberhalb der Schicht, die in Bahrain Öl lieferte; aber sie war nicht ergiebig. Als die Haupt-Bahrain-Schicht ein paar Tage vor Weihnachten angebohrt wurde, ergab sie nur etwas Gas und ein bißchen Öl und Wasser. Die Bohrung wurde bis auf 1.120 m Tiefe vorgetrieben, aber ohne weitere Resultate.

Im Februar 1936 wurde Bohrloch Nr. 2 in einem anderen Teil des Doms niedergebracht. Einige Monate später erbrachte diese Bohrung Öl in der Bahrain-Schicht, und es sah zunächst so aus, als ob dieses Bohrloch ein guter Lieferant werden würde. Aber es wurde auch zu einer Enttäuschung, denn die ersten Erfolge dauerten nicht an. Acht weitere

Bohrungen wurden in die Bahrain-Schicht geführt, aber ohne bessere Ergebnisse. Von den ersten zehn Bohrlöchern wurden drei beibehalten als sehr kleine Produzenten, eins zur Gasförderung, das immer noch Gas für das Lager fördert, und eines als Wasserquelle. Zwei wurden aufgegeben, und drei wurden vertieft.

Trotz der enttäuschenden Resultate beim Dammam-Dom wurde nie ernsthaft daran gedacht, die Konzession aufzugeben oder die Bohrungen einzustellen. Es war klar, daß die Männer langfristig nicht ohne ihre Familien in Arabien bleiben könnten, und einige waren schon sehr lange da. Deshalb wurde 1936 mit dem Bau des heutigen Wohngebietes begonnen. Im Frühjahr 1937 kamen die ersten amerikanischen Ehefrauen und Kinder in Dhahran an. Im Juli 1937 gab es 53 amerikanische Angestellte der Gesellschaft. Die zehn Häuser mit Klimaanlage, die damals gebaut wurden, stehen westlich der Eleventh Street und direkt nördlich von den Tennisplätzen.

Eine enttäuschende Testbohrung auf Bahrain in die »Arab Zone«, wie es heute heißt, führte zur Entdeckung großer Mengen an Gas, ergab aber kein Öl. Wenn es Öl in wirtschaftlich abbaubaren Mengen im Dammam-Dom gab, mußte es unterhalb der bisherigen Bohrlöcher liegen. Deshalb wurde 1936 Bohrloch Nr. 7 als Tiefenbohrung niedergebracht. Die Arbeit wurde unterbrochen, während die »Bahrain Zone« untersucht wurde, aber im Herbst 1937 wurde weitergebohrt. Diese Bohrung war der entscheidende Wendepunkt für das Geschick der Ölgesellschaft. Vorangetrieben bis in eine Tiefe von 1.655 m, traf sie auf große Mengen Öl in der »Arab Zone« und sicherte der Ölgesellschaft ein langes Leben. Die Bohrung war abgeschlossen im März 1938, fast drei volle Jahre nach dem Beginn am Bohrloch Nr. 1.

Durch das Leere Viertel

27 *Wilfred Thesiger, geboren 1910, ist der bekannteste, der klassische zeitgenössische Arabien-Autor in englischsprachigen Ländern; auch seine Fotosammlung wird vielfach gerühmt.*

Als englisches Kind in Äthiopien geboren und aufgewachsen, ergriff er mit Begeisterung das Angebot, eine Forschungsexpedition in das Innere Arabiens durchzuführen, um festzustellen, ob die periodisch auftretenden Heuschreckenplagen dort ihren Ursprung hätten. (Er stellte fest, daß das nicht der Fall war.)

Fünf Jahre lebte er unter Beduinen und zog mit ihnen durch ein unbarmherziges Land. Zu schaffen machte ihm zunächst, daß er niemals für sich allein war, die Härten von Klima und Landschaft nahm er leichter hin.

Thesiger war nicht der erste Ausländer, der das Leere Viertel durchquerte: Die Engländer Bertram Thomas und Harry Philby waren ihm fast zwanzig Jahre voraus gewesen. Aber er war der letzte Europäer, der die althergebrachte Lebensweise der Beduinen teilte. Anders als Doughty, der mit Nomaden reiste, die ein Dach über dem Kopf haben und einen Haushalt – wie bescheiden auch immmer – führen, war er mit seiner kleinen Gruppe jenseits der Grenzen der bewohnbaren Welt unterwegs.

Er beklagte das Einbrechen der westlichen Zivilisation, die dem arabischen Leben seine Würde nahm. Am Ende der Reise, von der er hier berichtet, stand die Ankunft an der Golfküste, wo die Ölsucher unterwegs waren und das Leben in seiner alten Form schon nicht mehr existierte. Für ihn waren die Änderungen, die sich innerhalb von 10 bis 20 Jahren in Arabien abspielten, vergleichbar mit der geschichtlichen Entwicklung in England zwischen frühem Mittelalter und der Mitte des 20. Jahrhunderts.

Bei Sonnenuntergang machten wir halt, um zu Abend zu essen und unsere Kamele mit dem Tribulus [Dornenzweigen] zu füttern, den wir mitgenommen hatten. Alle Schläuche schwitzten, und wir machten uns Sorgen wegen unserer Wasservorräte. Den ganzen Tag über hatten sie regelmäßig bedrohlich getropft. Alle paar Meter war ein Tropfen in den Sand gefallen – wie Blut aus einer Wunde, die man nicht stillen kann. Uns blieb nichts anderes übrig, als so rasch wie möglich weiterzureisen und die Kamele dabei nicht zu überanstrengen. Sie zeigten bereits Anzeichen von Durst. Al Auf wollte nach dem Essen weiterziehen. Während Musallim und Bin Kabina Brot buken, fragte ich ihn nach seinen früheren Reisen durch diese Wüste aus. »Ich habe sie zweimal durchquert«, sagte er. »Das letzte Mal kam ich vor zwei Jahren hier vorbei. Ich kam von Abu Dhabi.« Ich fragte: »Wer hat dich begleitet?« Und er antwortete: »Ich war allein.« Ich glaubte, mich verhört zu haben, und wiederholte: »Wer waren deine Begleiter?« »Gott war mein Begleiter.« Diese grauenhafte Öde allein zu durchqueren, ist eine ungeheuerliche Leistung. Auch wir durchzogen sie jetzt, aber wir führten unsre eigene Welt mit uns, eine kleine Welt von fünf Menschen, die jedem von uns Kameradschaft, Gespräch, Gelächter und das Bewußtsein schenkte, daß andere die Gefahren und Entbehrungen mit uns teilten. Ich wußte, daß diese ungeheuerliche Einsamkeit mich überwältigt hätte, wäre ich hier allein gewesen.

Ich wußte auch, daß Al Auf es wörtlich meinte, wenn er sagte, Gott sei sein Begleiter gewesen. Für diese Bedu ist Gott eine Realität, und der Glaube an seine Gegenwart gibt ihnen den Mut zum Durchhalten. An seinem Vorhandensein zu zweifeln, wäre für den Bedu ebenso undenkbar wie blasphemische Redensarten. Die meisten von ihnen beten regelmäßig, und viele halten die Fasten des Ramadan ein, die einen ganzen Monat lang währen. In dieser Zeit dürfen sie von Sonnenaufgang bis Sonnenuntergang weder essen noch trinken. Fällt diese Fastenzeit in den Sommer – und da die arabischen Monate nach dem Mond zählen, kommt der Sommer jedes Jahr elf Tage früher – machen sie von der Erleichterung Gebrauch, die dem Reisenden gestattet, erst dann zu fasten, wenn er seine Reise beendet hat, und verlegen den Fastenmonat in den

Winter. Einige der Araber, die wir in Maghshin zurückgelassen hatten, fasteten jetzt, weil sie es nicht früher im Jahr hatten tun können. Ich habe in Hadramaut und im Hedschas Städter und Dorfbewohner dem Bedu nachsagen hören, er sei ohne Religion. Als ich Einspruch erhob, antwortete man mir: »Selbst wenn die Bedu beten, kann Gott ihre Gebete nicht erhören; denn sie verrichten vor dem Gebet nicht die vorgeschriebenen Waschungen.«

Diese Bedu sind keine Fanatiker. Einmal reiste ich mit einer größeren Gruppe von Raschid, und einer fragte mich: »Weshalb wirst du kein Mohammedaner und gehörst dann wirklich zu uns?« Ich antwortete: »Gott schütze mich vor dem Teufel!« Sie lachten. Diese Redensart wird von den Arabern benutzt, wenn sie etwas Schädliches oder Unschickliches von sich weisen. Anderen Arabern gegenüber hätte ich eine solche Antwort niemals gewagt, aber jener Fragesteller hätte sie ganz gewiß gegeben, wenn ich ihm vorgeschlagen hätte, er solle Christ werden.

Nach dem Essen ritten wir zwei Stunden lang über eine Salzfläche. Die Dünen zu beiden Seiten schimmerten bleich im Mondlicht. Sie wirkten höher als am Tag. Die beleuchteten Abhänge schienen sehr glatt, und die Schatten in ihren Falten waren tintenschwarz. Schon bald schüttelte mich die Kälte. Meine Begleiter schmetterten ihre Lieder in die Stille hinaus, in der sonst nur das Salz unter den Hufen der Kamele knirschte. Die Worte ihrer Lieder waren die Worte des Südens, aber Rhythmus und Melodie stimmten mit den Liedern überein, die ich die Bedu der Syrischen Wüste hatte singen hören. Auf den ersten Blick schien sich der Bedu Südarabiens von dem des Nordens deutlich zu unterscheiden, nun aber merkte ich mehr und mehr, daß dieser Unterschied recht oberflächlich war und sich vor allem in der Kleidung ausdrückte. Meine Begleiter hätten sich in einem Rualla-Lager durchaus heimisch gefühlt, während ein Städter aus Aden oder Muscat in Damaskus auffallen würde.

Endlich machten wir halt, und ich stieg, starr vor Kälte, aus dem Sattel. Ich hätte viel für einen heißen Trunk gegeben, aber ich wußte, daß ich noch achtzehn Stunden darauf warten mußte; wir entzündeten ein kleines Feuer und wärmten uns vor dem Schlafengehen. Obwohl ich sehr müde war, schlief ich kaum. Tagelang war ich Stunde um Stunde auf einem schaukelnden Kamel geritten, mein Körper war wie gerädert. Wahrscheinlich war ich schwach vor Hunger. Unsere Nahrung war selbst für Bedu-Begriffe nur eine Hungerration. Am meisten aber quälte mich der Durst. Er war nicht so schlimm, daß er mir zu schaffen machte, aber ich wurde das ständige Durstgefühl nicht los. Ich träumte sogar von schäumenden Bächen eiskalten Wassers. Aber es war schwer, Schlaf zu finden. Nun lag ich wach und versuchte, die Strecke, die wir zurückgelegt hatten, und die Strecke, die wir noch zurücklegen mußten, zu schätzen. Auf meine Frage, wie weit es bis zum Brunnen sei, hatte Al Auf geantwortet: »Nicht die Entfernung, sondern die großen Dünen der Uruq al-Shaiba können uns gefährlich werden.« Das Wasser, das ich in den Sand hatte tropfen sehen, und der Zustand unserer Kamele beunruhigten mich. Die Kamele lagen ganz dicht neben mir in der Dunkelheit. Ich richtete mich auf und starrte zu ihnen hinüber. Mabkhaut erwachte und rief: »Was ist, Umbarak?« Ich murmelte eine Antwort und legte mich wieder nieder. Hatten wir auch den Wasserschlauch richtig abgebunden, als wir das letzte Mal Wasser holten? Was würde wohl geschehen, wenn einer von uns erkrankte oder verunglückte? Bei Tage ließen sich solche Gedanken leicht verscheuchen. In der Einsamkeit und im Dunkel der Nacht war das schwieriger. Schließlich sagte ich mir, daß Al Auf allein hier gereist war, und ich schämte mich.

Die andern wurden mit dem ersten Morgengrauen wach und wollten aufbrechen, solange es noch kalt war. Die Kamele beschnupperten den verdorrten Tribulus, waren aber zu durstig, um ihn zu fressen. In wenigen Minuten standen wir bereit. Schweigend stapften wir dahin. Meine Augen tränten vor Kälte, die scharfen Salzkrusten schnitten in meine brennenden Füße. Die Welt war grau und öde. Dann zeichneten sich allmählich die Dünenberge vor uns am erbleichenden Himmel ab. Kaum merklich begannen sie zu glühen, und die aufgehende Sonne, die nun ihre Gipfel traf, verlieh ihnen Farbe.

Vor uns lag eine hohe Dünenkette ohne jedes Quertal. Sie war von unterschiedlicher Höhe, wie ein Gebirgszug, dessen Gipfel durch Pässe verbunden sind. An den höchsten Stellen mußte sie sich wohl über 200 Meter aus der Salzebene erheben. Der Südhang vor uns war sehr steil, er war also die dem Wind abgekehrte Seite. Ich wünschte, wir hätten die Düne aus entgegengesetzter Richtung besteigen können. Denn es ist leicht, ein Kamel diese Steilhänge aus Sand hinunterzuführen, aber immer schwierig, eine Aufstiegsmöglichkeit zu entdecken.

Al Auf hieß uns warten, bis er den Weg erkundet hatte. Ich sah ihm zu, wie er über die schimmernde Salzfläche ging, das Gewehr geschultert, den Kopf in den Nacken geworfen, die Augen auf die Steilhänge gerichtet. Er wirkte sehr zuversichtlich. Aber angesichts dieser Sandhänge schien es mir, daß wir die Kamele niemals zum Aufstieg bewegen könnten. Mabkhaut war offenkundig der gleichen Meinung, denn er sagte zu Musallim: »Wir müssen einen Umgehungsweg finden. Kein Kamel steigt da hinauf.« Musallim antwortete: »Das verdanken wir Al Auf. Der hat uns hierher gebracht. Wir hätten uns viel weiter westlich halten sollen, näher an Dakaka.« Er hatte sich einen Schnupfen geholt, zog fortwährend die Nase hoch, und seine ziemlich hohe Stimme klang heiser und kummervoll. Ich wußte, daß er auf Al Auf eifersüchtig war und ihm bei jeder Gelegenheit eins auswischte. Nicht gerade sehr klug spottete ich: »Wenn du unser Führer wärst, dann wäre die Reise lang geworden.« Er fuhr herum und gab zornig zurück: »Du magst die Bait Kathir nicht. Ich weiß schon, daß du nur die Raschid magst. Gegen den Willen meines Stammes habe ich dich hierher gebracht, und nie erkennst du an, was ich für dich getan habe.«

Während der letzten Tage hatte er keine Gelegenheit versäumt, mich daran zu erinnern, daß ich ohne ihn niemals von Ramlat al-Ghafa aus hätte weiterreisen können. Er buhlte um meine Gunst und wollte seine Belohnung höhertreiben, aber das alles reizte mich nur. Ich war nun versucht, meinem Groll in zornigen Worten Luft zu machen und es zu einer törichten Auseinandersetzung kommen zu lassen. Aber ich bezwang mich und ging mit der Ausrede, ich wolle fotografieren, davon. Ich wußte, wie leicht man unter solchen Umständen eine heftige Abneigung gegen einen der Gefährten fassen und ihn zum Sündenbock für alles mögliche machen kann. Ich dachte: »Ich darf es nicht so weit kommen lassen, daß ich ihn verabscheue. Schließlich verdanke ich ihm sehr viel. Aber, bei Gott, ich wollte, er würde mich nicht dauernd daran erinnern.«

Ich setzte mich auf eine Sandbank und wartete auf Al Aufs Rückkehr. Der Boden war noch immer kalt, obgleich die Sonne jetzt ziemlich hoch am Himmel stand und ein hartes, klares Licht auf den Sandwall vor uns warf. Der Gedanke, daß der gewaltige Sandwall vor uns, der einzig und allein dem Wind seine Entstehung verdankte, von hier aus die Hälfte des Himmels verdeckte, war phantastisch. Ich konnte Al Auf jetzt, etwa eine halbe Meile entfernt, am Fuß der Düne erkennen. Er stieg einen Hang hinauf und wirkte wie ein Bergsteiger, der sich durch weichen Schnee zu einem hohen Gebirgspaß vorarbeitet. Ich konnte sogar die Spuren sehen, die er hinterließ. Außer ihm bewegte sich nichts in der schweigenden Leere.

Was würden wir tun, wenn wir die Kamele nicht über die Düne brächten? Ich wußte, daß wir nicht weiter nach Osten gehen konnten, denn dort war der Treibsand von Umm al-Samim. Die leichtere und bequemere Strecke über Dakaka, die Thomas genommen hatte, verlief mehr als dreihundert Kilometer weiter westlich. Wir konnten es uns nicht leisten, unsere Reise durch einen Umweg zu verlängern. Unser Wasservorrat war bereits gefährlich knapp, und unsere Kamele würden zusammenbrechen, wenn wir sie nicht bald tränkten. Wir mußten sie über diese ungeheuerliche Düne bekommen, und wenn wir sie abluden und selbst die Lasten hinaufschleppten. Aber wie sah es auf der anderen Seite aus? Wie viele weitere Dünen warteten dort auf uns? Wenn wir jetzt umkehrten, konnten wir vielleicht Maghshin erreichen. Aber wenn wir erst einmal diese Düne hier bewältigt hatten, würden die Kamele, das wußte ich, zu hungrig und zu durstig sein, um auch nur nach Ghanim zurückzukommen. Dann dachte ich an Sultan und die andern, die uns im Stich gelassen hatten, und an den Triumph dieser Männer, wenn wir aufgaben und geschlagen zurückkehrten. Ich blickte wieder zur Düne hinüber und sah Al Auf zurückkommen. Ein Schatten fiel auf den Sand neben mir. Ich blickte auf, es war Bin Kabina. Er lächelte, sagte »Salam Alaikum« und setzte sich. Eindringlich fragte ich ihn: »Werden wir die Kamele da hinüberbekommen?« Er schob sich das Haar aus der Stirn, betrachtete die Hänge mit nachdenklich gerunzelter Stirn und antwortete: »Sie ist sehr steil, aber Al Auf wird schon eine Möglichkeit finden. Er ist ein Raschid, nicht einer von diesen Bait Kathir.« Dann zerlegte er unbekümmert sein Gewehr, machte sich daran, es mit dem Saum seines Hemdes zu säubern, und wollte wissen, ob alle Engländer dasselbe Fabrikat benutzten.

Als Al Auf zurück war, gingen wir zu den andern hinüber. Mabkhauts Kamel hatte sich niedergelegt. Die anderen standen, wo wir sie gelassen hatten - ein schlechtes Zeichen. Gewöhnlich liefen sie sofort davon, um Nahrung zu suchen. Al Auf lächelte und schwieg, keiner stellte eine Frage. Er bemerkte, daß die Lasten auf meinem Kamel aus dem Gleichgewicht geraten waren, und rückte die Satteltasche auf der einen

Seite zurecht. Dann hob er den Kamelstecken, den er in den Sand hatte fallen lassen, mit den Zehen auf, nahm sein Kamel am Halfter, sagte »Los!« und führte uns auf die Düne zu.

Jetzt konnte er zeigen, daß er seinen Ruf zu Recht verdiente. Unbeirrt ging er voraus und suchte den für die Kamele geeignetsten Weg. Hier, im Windschatten des Höhenzuges, fiel der glatte Sand vom Gipfel bis zum Fuß der Düne steil und unberührt ab. Die Sandflächen waren unbezwingbar, da der Sand sofort nachgab und abrutschte. Aber an ihren Rändern war der Sand fester und auch nicht so abschüssig. Man konnte sich diese Hänge hinaufarbeiten. Doch auch sie waren nicht alle für Kamele begehbar, und von unten war kaum abzuschätzen, wie steil sie wirklich waren. Ganz langsam lockten wir die unwilligen Tiere Schritt für Schritt hinauf. Wenn wir stehenblieben, blickte ich besorgt zu den Gipfeln, über die der zunehmende Wind Sandfahnen in den Abgrund wehte. Mir schien, als würden wir niemals hinaufgelangen. Aber plötzlich waren wir oben. Ehe ich mich in den Sand fallen ließ, sah ich ängstlich in die Runde. Ich wollte wissen, was uns bevorstand. Erleichtert stellte ich fest, daß wir uns am Rand einer gewellten Hochebene mit flachen Tälern und niedrigen runden Hügeln befanden, durch die wir ohne große Mühe weiterziehen konnten. »Wir haben es geschafft. Wir sind auf dem Gipfel der Uruq al-Shaiba«, dachte ich triumphierend. Die Angst vor diesem gewaltigen Hindernis hatte seit jener Nacht in der Wüste von Ghanim auf mir gelastet, als Al Auf mich zum erstenmal davor gewarnt hatte. Nun war diese Angst geschwunden, ich sah vertrauensvoll in die Zukunft.

Wir ruhten eine Weile schweigend im Sand aus, bis Al Auf uns weitergehen hieß. Einige kleine Dünen, die von Querwinden zusammengefegt worden waren, verliefen in Kurven parallel zu dem großen Absturz über das Hochplateau. Ihre Steilhänge fielen nach Norden ab, und die Kamele konnten ohne Schwierigkeiten hinunterrutschen. Diese gewellten Hochflächen waren ziegelrot und hie und da von dunkleren Farbtönen durchsetzt. Der tiefere Sand zeigte, wo unsere Tritte ihn freilegten, eine hellere Tönung. Aber das seltsamste in dieser Landschaft waren eine Anzahl tiefer kraterähnlicher Trichter, die wie riesenhafte Hufabdrucke aussahen. Sie unterschieden sich von den normalen Sicheldünen dadurch, daß sie nicht über ihre Umgebung hinausragten, sondern Hohlformen in dem festen, gewellten Sandboden bildeten. Die Salzebenen an ihrem Grund sahen sehr weiß aus.

Wir bestiegen die Kamele. Meine Gefährten hatten die Gesichter mit den Kopftüchern verhüllt und schwankten im Rhythmus der Kamele. Die Schatten auf dem leuchtenden Sand waren blau wie der Himmel. Zwei Raben, die nordwärts flogen, strichen krächzend über unsre Köpfe hinweg. Ich kämpfte gegen den Schlaf an. Der einzige Laut, das Mahlen der Kamelhufe im Sand, klang, als leckten kleine Wellen über einen Strand.

Am späten Nachmittag machten wir mit Rücksicht auf die Kamele einen vierstündigen Halt auf einem langen sanften Hang, der zu einer großen Salzebene abfiel. Hier gab es keinerlei Vegetation, nicht einmal Salzbüsche säumten die Ebenen zu unsern Füßen. Al Auf erklärte, daß wir bei Sonnenuntergang wieder aufbrechen würden. Während des Essens sagte ich gutgelaunt zu ihm: »Das Schlimmste dürften wir überstanden haben. Die Uruq al-Shaiba haben wir ja nun hinter uns.« Er sah mich einen Augenblick an und antwortete: »Wenn wir heute Nacht gut vorankommen, können wir es morgen erreichen!« Ich fragte: »Was erreichen?« Und er antwortete. »Die Uruq al-Shaiba. Hast du etwa das, was wir heute überquert haben, für die Uruq al-Shaiba gehalten? Das war doch nur eine Düne, morgen wirst du es zu sehen bekommen.« Einen Augenblick lang glaubte ich, er scherze, doch dann begriff ich, daß er im Ernst sprach und daß der schlimmste Teil der ganzen Reise, den ich hinter mir zu haben glaubte, noch vor uns lag. Es war Mitternacht, als-Al Auf endlich sagte: »Hier wollen wir haltmachen. Wir wollen ein wenig schlafen und die Kamele rasten lassen. Die Uruq al-Shaiba sind jetzt nicht mehr weit.« In meinen Träumen dieser Nacht waren sie gewaltiger als der Himalaya.

Al Auf weckte uns, als es noch immer finster war. Wie gewöhnlich bereitete Bin Kabina den Kaffee. Die bitteren Tropfen, die er uns ausschenkte, regten an, aber wärmten nicht. Der Morgenstern war über den Dünen aufgestiegen. Im ersten bleichen Licht des Morgengrauens nahmen die formlosen Dinge allmählich wieder Gestalt an. Die knurrenden Kamele stemmten sich auf die Füße. Wir verweilten noch einen Augenblick neben dem Feuer, dann setzten wir uns auf Al Aufs Kommando in Bewegung. Der knirschende Sand unter meinen Füßen war eisig wie verharschter Schnee.

Vor uns lag ein Höhenzug aus Sand, der so hoch, ja vielleicht noch höher als der Höhenzug war, den wir tags zuvor bewältigt hatten. Aber hier waren die Gipfel steiler und eigenartiger, und manche türmten sich zu gewaltigen Hörnern empor, von denen die geschwungenen Kämme wie Draperien herabwallten. Der Sand dieser Dünen war blasser als der, den wir hinter uns hatten, und sehr weich. Beim Aufstieg stäubte er in Wolken um unsere Füße. Eingedenk der Tatsache, daß vor zwölf Jahren im Danakil-Land meine Kamele fast ohne jedes vorherige Anzeichen zusammengebrochen und verendet waren, fragte ich mich, wie viele unserer Kamele wohl noch aushalten würden. Sie zitterten bereits heftig, sobald sie stehenblieben. Wollte eines der Tiere nicht mehr weitergehen, zerrten wir am Halfter, schoben von hinten nach und hoben die Lasten zu beiden Seiten hoch, während wir das brüllende Tier den Hang hinauftrieben. Manchmal legte sich ein Kamel nieder und weigerte sich, wieder aufzustehen. Dann mußten wir es abladen und die Wasserschläuche und Satteltaschen selbst tragen. Nicht, daß sie etwa sehr schwer gewesen wären, besaßen wir doch nur wenige Liter Wasser und ein paar Handvoll Mehl.

Wir führten die zitternden, scheuenden Tiere hinauf über große gekurvte Sandkämme, deren messerscharfe Grate unter unsern Tritten abrutschten. Trotz der mörderischen Anstrengung verloren meine Gefährten niemals die Geduld. Die Sonne brannte unbarmherzig vom Himmel, ich fühlte mich ausgepumpt, elend und schwindlig. Als ich mich so den Hang hinaufquälte, knietief im rutschenden Sand, klopfte mein Herz zum Zerspringen. Und mein Durst wurde mit jeder Minute unerträglicher, ich konnte kaum mehr schlucken, sogar meine Ohren schienen zugefallen. Doch es würde noch viele endlose Stunden dauern, ehe ich etwas trinken durfte. Ich blieb stehen, um auszurasten, ließ mich in den sengenden Sand fallen und hörte die anderen rufen: »Umbarak, Umbarak!« Ihre Stimmen klangen erschöpft und heiser.

Es dauerte drei Stunden, bis wir diesen Höhenzug überquert hatten.

Auf dem Gipfel angelangt, sahen wir diesmal keine sanft gewellten Hänge vor uns wie am Tage zuvor. Drei kleinere Dünenketten ritten auf dem Gipfelrücken, und hinter diesen fiel der Sand steil zu einer weiten Salzebene zwischen den Sandbergen ab. Der Höhenzug auf der andern Seite kam mir noch höher vor als der, auf dem wir standen. Hinter ihm erstreckten sich weitere Sandberge. Ich suchte den Horizont nach einem Ausweg ab. Irgendwo, scheinbar am Rand der Welt, ging der Sand in den Himmel über. Aber in dieser Unendlichkeit war nichts Lebendiges zu sehen, nicht eine einzige verdorrte Pflanze, die mich hätte Hoffnung schöpfen lassen. »Hier gibt es keinen Weg mehr«, dachte ich. »Wir können nicht zurück, und unsre Kamele werden nicht eine einzige dieser furchtbaren Dünen mehr bewältigen. Das ist das Ende.« Die Stille hüllte mich völlig ein. Kaum vernahm ich noch die Stimmen meiner Gefährten und das unruhige Scharren der Kamele.

Wir stiegen hinab, und irgendwie – nie werde ich begreifen, wie die Kamele es schafften – bewältigten wir auch den nächsten Hang. Dort oben brachen wir völlig erschöpft zusammen. Al Auf gab jedem von uns ein wenig Wasser, gerade genug, um die Mundhöhle anzufeuchten. »Wir brauchen das, wenn wir weiterkommen wollen«, sagte er. Die mittägliche Sonne hatte jede Farbe aus dem Sand gesogen. Verstreute Kumuluswolkenbänke warfen ihre Schatten über die Dünen und Salzebenen und verstärkten den Eindruck, wir befänden uns im Hochgebirge und tief unter uns im Tal lägen gefrorene Seen von blauer und grüner Farbe. Schläfrig wälzte ich mich auf die Seite. Aber der Sand brannte durch mein Hemd und riß mich aus meinen Träumen.

Zwei Stunden später weckte uns Al Auf. Als er mir half, mein Kamel zu beladen, sagte er: »Kopf hoch, Umbarak. Diesmal haben wir wirklich die Uruq al-Shaiba bezwungen.« Und als ich auf die Dünenkette vor uns deutete, meinte er: »Dort kann ich einen Durchlaß finden, die brauchen wir nicht zu überqueren.« Wir zogen bis Sonnenuntergang weiter, nunmehr den Tälern zwischen den Dünen folgend. Wir wären auch nicht mehr fähig gewesen, nur eine einzige Düne zu ersteigen. Auf dem Hang, an dem wir haltmachten, wuchs ein klein wenig frische Qassis (Cyperus conglomeratus Rottb.). Ich hoffte schon, dieser Glücksfall könne uns veranlassen, die Nacht hier zu verbringen, aber kaum hatten wir gegessen, holte Al Auf die Kamele und sagte: »Wir müssen weiter, solange es kühl ist, wenn wir Dhafara jemals erreichen wollen.«

Lange nach Mitternacht machten wir Rast, um schon im Morgengrauen aufzubrechen, noch immer erschöpft von der Anstrengung des Vortags. Aber Al Auf machte uns Mut. Wir hätten das Schlimmste nun überstanden. Die Dünen jedenfalls waren niedriger als bisher, gleichmäßig hoch, runder und mit weniger Gipfeln. Vier Stunden nachdem wir aufgebrochen waren, erreichten wir eine sanfte Hochfläche aus gold- und silberfarbenem Sand. Aber noch immer gab es nichts für unsere Kamele zu fressen.

Plötzlich sprang ein Hase aus einem Gesträuch, und schon hatte Al Auf ihn mit dem Stecken erschlagen. Die andern riefen: »Gott hat uns Fleisch geschickt.« Tagelang hatten wir vom Essen gesprochen, jede Unterhaltung lief nur noch darauf hinaus. Seit wir Ghanim verlassen hatten, nagte dumpfer Hunger in meinen Eingeweiden, und jeden Abend war meine Kehle wie ausgedörrt. Selbst wenn ich einen Schluck getrunken hatte, konnte ich das trockene Brot, das Musallim austeilte, kaum hinunterwürgen. Den ganzen Tag über kreisten unsere Gedanken und Gespräche um den Hasen. Um drei Uhr nachmittags konnten wir der Verlockung, anzuhalten und ihn zuzubereiten, nicht mehr widerstehen. Mabkhaut schlug vor: »Wir wollen ihn im Fell in der Glut braten. Das spart uns Wasser – wir haben ohnehin nicht mehr viel.« Bin Kabina machte sich zum Sprecher der anderen: »Nein, bei Gott! So etwas darfst du nicht einmal vorschlagen!« Und zu mir gewandt, sagte er: »Mabhkauts verkohltes Hasenfleisch wollen wir nicht haben. Suppe! Wir wollen Suppe und eine Sonderration Brot. Heute wollen wir uns satt essen, und wenn wir später Hunger und Durst ertragen müssen. Bei Gott, ich habe tollen Hunger!« Wir einigten uns auf die Suppe. Wir hatten die Uruq al-Shaiba bewältigt und wollten diese Großtat mit der Gottesgabe feiern. Wenn unsere Kamele uns nicht noch im Stich ließen, befanden wir uns jetzt in Sicherheit. Selbst wenn unser Wasservorrat ausginge, konnten wir noch lebend einen Brunnen erreichen.

Die ersten Patientinnen

Taif, Saudi-Arabien

28

Um 1950 entstanden in Saudi-Arabien die ersten Schulen außerhalb der Koranschulen von Mekka und Medina und des Königspalastes von Riyadh und die ersten Krankenhäuser. Heute besteht ein landesweites Netz von Bildungs- und Gesundheitseinrichtungen, das von der Bevölkerung kostenlos in Anspruch genommen werden kann.

In Taif, der Sommerresidenz des Königs, baute man das erste Krankenhaus für Frauen. Zu ungewohnten Behandlungsmethoden sah sich die junge deutsche Ärztin gezwungen, die erkennen mußte, daß der Weg ins Krankenhaus für manche saudische Ehefrau der Weg einer zeitlich begrenzten Flucht aus dem Leben im Harem ist. Ansonsten steht nur die Pilgerfahrt den Frauen zur zweitweisen Überwindung der Haremsmauern offen.

Freya Stark, Angehörige des britischen Auswärtigen Dienstes und erfahrene Reisende in Arabien, meinte, die in die Häuser gesperrten arabischen Frauen seien viel einflußreicher als die Europäerinnen, die frei draußen herumliefen. Für viele mag das gelten. Frau Rautenbach aber würde diese Aussage sicher nicht bestätigen. Auch Denise Zintgraff, die als Lehrerin eines kleinen Prinzen am Ende des 20. Jahrhundets in einem Harem in Riyadh lebte, würde diese Meinung nicht unterstützen. Sie berichtet von endloser und deprimierender Monotonie, vom Abrutschen vom Nichts-tun-Können in das lethargische Nichts-mehr-tun-Wollen, aus dem sie sich selbst nur mit Mühe befreien konnte.

Liselotte Rautenbach arbeitete drei Jahre in Saudi-Arabien, zuerst in Taif, dann in Riyadh im Königspalast. Sie heiratete einen Piloten, den sie in Saudi-Arabien kennengelernt hatte, und zog mit ihm in seine Heimat Südafrika.

Ich staunte, wie viele Patientinnen ich hatte. Der Ruf »eine Doktora alemanni ist hier« war mir vorausgeeilt, und so kam es, daß bei Morgengrauen eine lange Schlange vor meiner Baracke hockte. Ich begann sehr früh, sehr eifrig, sehr gründlich, aber bei allem Eifer auch sehr falsch.

»Frage sie, welches Leiden sie hat«, gebot ich Chijam [der Krankenschwester]. Schöne, große schwarze Augen haben diese Syrerinnen, man kann sie als Frau beneiden, und Allah wußte, was er tat, als er ihnen den Schleier vorschrieb, damit sie nicht alle Männer entzünden, sondern nur den einen, dem sie bestimmt sind. Diese Augen waren nun auf mich gerichtet, noch größer, noch schöner, noch verwirrender als sonst.

»Aber Doktora! – so etwas fragt man nicht in Arabien! Sie sind Doktora. Sie müssen die Krankheit wissen, sonst sind Sie keine Doktora!«

Also wurde meine Frage nicht weitergegeben, also mußte ich mir hier und in aller Zukunft selbst helfen. Nach Knoblauch roch sie, einen aufgetriebenen Bauch hatte sie, verstopft war sie, weder Pferde-Urin noch Knoblauch hatte geholfen, ein Einlauf war nötig, sehr nötig, und trotz der Sonne rissen wir alle Fenster auf, ließen die Hitze herein, um den Gestank entweichen zu lassen. So begann meine Praxis.

Es folgte am ersten Tag eine bunte Reihe von Krankheiten, aufregend war es und neu. Immer wieder war ich auf meine Phantasie angewiesen, um zu ahnen, was ich da wohl vor mir haben könnte und was in diesem Klima und unter diesen sanitären Verhältnissen dagegen zu tun gut wäre. Aber so vielgestaltig und schwierig mir dies am ersten Tag erschien, im Laufe der Zeit wurde es geradezu eintönig, denn es waren immer dieselben Leiden, die mir begegneten.

Der Inspekteur des Sanitätswesens hatte einige Jahre bei Professor Sauerbruch gearbeitet und sprach fließend deutsch. Er war zugleich leitender Arzt und fragte mich, welche Krankheiten ich hier erwartete. Und ich zählte ihm getreulich auf, was ich am Institut für Tropenkrankheiten in Hamburg gelernt hatte: die quälenden Augenentzündungen, die ansteckende ägyptische Augenkrankheit, die oft zur Erblindung führt, Cholera, Aussatz, Gelbfieber, Malaria, Amöbenruhr, Elephantiasis und die vielen Wurmkrankheiten, unter denen besonders Kinder so sehr leiden.

»Das ist schön«, sagte er, »daß Sie sich da auskennen und Ihr Wissen erproben wollen. Aber ebensoviel Arbeit wie diese klassischen Tropenkrankheiten machen uns die scheinbaren Bagatellfälle der verletzten, eiternden und mit allerlei Ungeziefer aus dem Sand behafteten nackten Füße, dazu die Skorpione und Hundebisse. An Spezialitäten, über die Sie wissenschaftlich arbeiten können«, fuhr er lächelnd fort, »haben wir, außer dem häßlichen Medinawurm, Nabelkoliken der Kinder, die wir uns noch nicht recht erklären können, und Gelenkentzündungen von hartnäckigster Art. Doch auch die asiatische Grippe und selbst die Kinderlähmung werden Sie bei uns kennenlernen.«

»Aber die Polio betrachtet man doch als typische Zivilisationskrankheit«, wandte ich ein. »Aha«, erwiderte er, »auch Sie meinen, Arabien sei ein Freiluftsanatorium. Da irren Sie leider, liebe Kollegin, Sie werden hier alle Leiden der zivilisierten wie der unzivilisierten Welt vorfinden und behandeln müssen!« Das überraschte mich sehr, und ich hielt es für Übertreibung. Ich kam mit dem Glauben nach Arabien, daß in der Weite der Wüste ein starkes, abgehärtetes Geschlecht wohne. Ich meinte zum Beispiel, bei so viel frischer Luft, so viel reiner Atmosphäre, so viel Sonne, die bakterientötend alltäglich herniederbrennt, sollte es keine Tuberkulose geben. Ich erfuhr von Chijam, daß diese im Gegenteil eine Volksseuche sei.

»Aber Doktora, wie soll es dich wundern?« sagte Chijam, nachdem sie mein Erstaunen genossen hatte, »schau doch in die Zelte, ja selbst in die Paläste, wie die Frauen leben: Im Schatten leben sie, kein Sonnenstrahl darf auf ihre Haut treffen, sie leben kaum, sie hocken im Dunkel oder Halbdunkel, und jeder Tb-Kranke spuckt, wohin es ihm behagt, ob im Freien oder im Zelt oder Haus.«

Ähnlich war es mit dem Rheuma. In diesem heißen Land sind, wie ich selbst in Taif erfuhr, die Nächte oft recht kühl. Tagestemperaturen von 45° im Gebirge und 70° an der See folgen Nächte mit 10° Kälte. Die Zelte sind abends meist unten aufgerollt, um die erfrischende Kühle hereinzulassen. Der Wüstenwind streift über die Schlafenden und bringt erquickende Ruhe, aber auch Kühle und Rheuma. In den Städten schläft man auf Matten oder Teppichen, die auf dem Stein- oder Lehmboden liegen. Das ist nicht minder ungesund. Deutsche Matratzen, vor allem solche, die sich heizen lassen oder nachts von selbst erwärmen, sind darum sehr begehrt und ein großer hygienischer Fortschritt.

Erschütternder aber noch als Tb und Rheuma sind die Seelen- und Nervenleiden der Frauen. Sie kamen mir völlig unerwartet. Auch hier war es Chijam, die mir das erste Verständnis eröffnete: »Lebe du einmal von früher Jugend an eingeschlossen, nur dazu gezüchtet, daß der Mann sich deiner bediene, führe dieses Leben jahrelang mit anderen Frauen zusammen, die eifersüchtig dich bewachen, siehe, wie du älter wirst, an Reiz verlierst, und wie der Mann sich einer jüngeren zuwendet, drehe dich täglich in diesem einen und einzigen Gedankenkreis und werde dann nicht hysterisch! Ich würde es, die Augen würde ich ihnen auskratzen, den anderen Weibern, kämpfen würde ich um ihn, wenn ich so dressiert worden wäre!«

So waren sie dressiert, das sah ich bald. Den Kampf ihrer Selbstbehauptung, den Kampf um den Mann und um den Platz im Harem, den verlegten sie in unsere Ambulanz. Darin waren sie alle gleich, ob reich oder arm. Nur die ärmsten, die Allein-Frauen, waren davon verschont. Sie aber waren durch das Übermaß an Arbeit früh verbraucht, häßlich und voller Scham über sich und die Armut ihres Herrn, der weitere Frauen sich nicht leisten konnte, weil er wirklich arm war oder weil er im Glücksspiel alles verlor. Die anderen aber, wenn sie im stillen, zähen, jahrelangen Kampf im Harem unterlegen waren und von jüngeren Frauen beiseite gedrängt wurden, ohne es zur überragenden Stellung der Mutter, der Hauptfrau und Gebieterin zu bringen, die kamen zu uns und blieben die vier Jahre hindurch meine tägliche Anfechtung.

Zu Gast bei König Ibn Saud

Riyadh, Saudi-Arabien

29

Im Jahr 1953 hatte Saudi-Arabien einen neuen König bekommen, den ältesten der mehr als 40 legitimen Söhne des alten Ibn Saud, der im Alter von 73 Jahren gestorben war. Doch erwies er sich als Staatsmann wenig geeignet, brachte das Land trotz zunehmender Einnahmen aus dem Ölgeschäft an den Rand des Bankrotts und wurde 1964 zur Abdankung gezwungen. Berichte über seine Auslandsreisen mit großem Troß und verschwenderischem Pomp füllten die Seiten der europäischen Illustrierten.

Zwischen Staatseinnahmen und Privatschatulle des Herrschers gab es bis etwa in diese Zeit keinen Unterschied. Der König bestimmte über Verwendung sämtlicher Mittel nach eigenem Ratschluß, Repräsentation wurde dabei natürlich als Ausdruck seiner Macht von seinem Volk erwartet.

Max Reisch (1912–1985), Ingenieur, Kaufmann, Verkehrspionier und österreichischer Rallyemeister von 1950, fuhr mit seinem Begleiter Rolf Hecker und dem wahrscheinlich ersten motorisierten Wohnmobil der Verkehrsgeschichte, das aus den Jenbacher Werken in Tirol stammte, mit ganzen 18 PS durch den Orient.

Saudi-Arabien hielt sich Fremden gegenüber, die nicht für den Aufbau des Landes gebraucht wurden, verschlossen. Aber die beiden mogelten sich von Kuwait über Hofuf bis nach Riyadh durch. Ihr Glück war, daß sie vorher in Berlin die Bekanntschaft des ehemaligen Premierministers des Irak, Rashid el-Gailani, gemacht hatten, der in Riyadh im Exil lebte und der sie nach arabischem Ehrenkodex als wenn auch unerwünschte, aber doch als Gäste behandelte und ihnen Zutritt zum Hof des Königs verschaffte. Nach drei Tagen wurden sie per Flugzeug nach Hofuf und zu ihrem Auto zurückgebracht.

In der Ferne tauchten Lichter auf. Rasch wurden sie ein ganzes Lichtermeer. Wir näherten uns dem Ziel der abendlichen Fahrt durch die arabische Wüste. Wenn wir zuerst so viele Lichter gesehen hatten, so war es wohl, weil wir von einer Anhöhe auf die weit verbreiteten Anlagen des Palastes hinabgesehen hatten. Aber nun glitt der Wagen lautlos abwärts, die Lichter verschwanden wieder, und hinter den hohen Lehmmauern sah man nur noch den indirekten Schein von vielen starken Lampen, der sich wie in einem Nebel am Himmel zu brechen schien. Nur war es kein Nebel, sondern der Sand, der ständig wie ein Schleier über Arabien liegt.

Ein großes, geschwungenes Tor und etwa ein Dutzend Leibwachen brachten den Wagen zum Stehen. Raschid el-Gailani sprach ein paar Worte, und dann wurde lautlos das Tor geöffnet. Fast schien es mir, daß dies nicht durch Menschenkraft geschah, sondern durch Seilzüge, die durch elektrische Motoren betätigt wurden. Hier sah man schon, daß amerikanische Ingenieure bei der technischen Gestaltung des Palastes mitgewirkt hatten. Der Wagen glitt durch dieses Tor, und ich konnte den ersten Laut der Überraschung nicht unterdrücken. Eben waren wir durch eine trostlose, trockene Wüste gefahren, und nun befanden wir uns in einem großen, gepflegten Park mit Büschen und Sträuchern, durch den schnurgerade eine breite, doppelgleisige [vierspurige]Autostraße führte. Dieser Boulevard war beiderseits von etwa einen Meter hohen Betonmauern eingefaßt, an denen hellstrahlende Neonröhren wie silberne Bänder entlangliefen. Von einem Schloß war jedoch noch nichts zu sehen. Dann erreichten wir ein zweites Tor von riesigen Ausmaßen. Der ganze Platz war von einem Neonbild über dem Tor grün erleuchtet. Es war das königlich-saudische Wappen: die zwei gekreuzten krummen Schwerter als Symbol des Kampfes für Allah und seinen Propheten und die Palme als Zeichen des friedlichen Aufbaues im geeinten Königreich Saudi-Arabien.

Hier verließen wir den Wagen, und der Chauffeur von Raschid el-Gailani schob seinen Buick auf einen großen Parkplatz in die Reihe vieler anderer Automobile. Ich glaube nicht, daß es irgendwo auf der Welt so viele speziell gebaute und mit Gold verzierte Luxuswagen nebeneinander zu sehen gibt wie hier im Park des königlichen Schlosses von Riyadh.

Das von Neonlicht grün beleuchtete Tor war geschlossen, und nur ein kleines, seltsam geformtes Pförtchen gab uns Einlaß. Zwei riesenhafte Neger, weiß gekleidet und mit langen, mit Halbedelsteinen besetzten Schwertern bewaffnet, standen finster blickend regungslos links und rechts der kleinen Tür, durch die nun Raschid el-Gailani als erster, gefolgt von uns, eintrat. Wenn wir gedacht hatten, in eine Empfangshalle oder in einen ähnlichen Raum zu kommen, so hatten wir uns getäuscht. Wir standen wiederum in einem Garten, diesmal einem kleineren, aber unvergleichlich üppigeren, in ein Lichtermeer getauchten, den unbedingt ein Filmarchitekt aus Hollywood entworfen haben mußte. Im Hintergrund, von Scheinwerfern farbig beleuchtet, hob sich das Gartenschloß wie in einem Märchen vom nächtlichen Hirnmel ab. Hier also residierte Ibn Saud, Sohn des Abdul Aziz Ibn Abdur-Rahman al-Faisal al-Saud, der König des Morgenlandes, Einiger und Herrscher Arabiens.

Die mit feinem Kies bedeckten Gartenwege waren gerade breit genug für zwei Personen. An Teichen, Weihern und seltensten Bäumen aller Art vorbei gingen wir in vielen Windungen auf den Palast zu. Die Blumen und Pflanzen waren von versteckt angebrachten Lampen in allen Farben des Spektrums angestrahlt. Auch sah ich Rosen, die aus Porzellan waren, und in den Sträuchern hingen kleine Käfige mit Vögeln, farbenprächtigen Exoten und vielen Singvögeln. Das war ein Zwitschern und Jubilieren – die einzige Musik, die der Wahhabismus in seiner strengsten Auslegung den Muselmanen gestattet. Und der König Arabiens ist strenggläubiger Wahhabit.

Licht, noch mehr Licht umfing uns, als die Gartenpfade über eine Freitreppe auf eine breite Marmortreppe mündeten. In die Terrasse eingelassen war ein Schwimmbecken, vielleicht 10 Meter breit und 30 Meter lang. Es war mit edlen Fayencen gekachelt, und am Boden des Bassins waren Lampen in vielen Farben angebracht, so daß das Wasser wie ein Regenbogen schillerte. Am Rande des Beckens war ein Sprungturm aus verchromten Stahlrohren aufgebaut, und auf der Terrasse lagen Schlauchboote und andere Wassergeräte umher. Nein, diese Vorstellung! Die Prinzen des Wüstenkönigs vergnügten sich mit dem Schlauchboot auf einem künstlichen See im Gartenpalast inmitten der Wüste, im Herzen Arabiens!

Ich war so fasziniert von diesem Bild, daß ich mich im Weitergehen in den Seilen eines Schlauchbootes verfing und strauchelte; es hätte nicht viel gefehlt, und ich wäre der Länge nach auf die Terrasse hingestürzt.

Raschid el-Gailani zog mich vorwärts. Ich sah zwei lange Reihen von Menschen, alle in arabische Gewänder gekleidet, auf den Marmorfliesen der Terrasse kauern. Am Ende dieser beiden Reihen – noch sehr weit entfernt – sah ich etwas Ähnliches wie einen erhöhten Stuhl, einen Thron.

Raschid el-Gailani ging in der Mitte, Rolf und ich ihm zur Rechten und Linken. Wir schritten nun die Gasse zwischen den Höflingen, Prinzen und Gästen entlang. Alle erhoben sich gerade in dem Augenblick, als wir an ihnen langsam vorüberschritten. Schließlich kam der große Augenblick: Wir standen dem mächtigen Herrscher Arabiens gegenüber. Er erhob sich von seinem Sitz, ging uns einen Schritt entgegen und gab uns beiden nach westlicher Art die Hand. Raschid el-Gailani nickte er auf dessen tiefe Verbeugung freundlich zu. Ibn Saud, ein großer, stattlicher Mann, wohl 1,90 Meter groß, war in eine kostbare, mit sehr viel Gold bestickte, elfenbeinfarbene Abaje aus hauchdünnem Wollgewebe gekleidet. Auf dem Kopf trug er ein weißes Tuch, die Kefije, die von einem doppelten Ring aus Kamelhaar festgehalten wird. Nur die Angehörigen der königlichen Familie tragen diesen Ring, Aggal genannt, mit goldenen Schnüren und Troddeln verziert. Es fiel mir auf, daß dieser sehr kostbaren Kleidung jede Seide fehlte. Der Wahhabismus lehnt dieses Gewebe als unarabisch ab.

Sein Gesicht ist schmal und dunkel gebräunt, die Nase leicht gebogen, groß und edel geformt. Er ist der Typus des reinrassigen Arabers ohne jeden afrikanischen Einschlag. Die Augen Seiner Hoheit sind durch eine sehr dunkle, große Brille verdeckt.

»Ana sadiq li'l-Arab – ich bin ein großer Freund der Araber«, diese meine Worte beziehungsweise die Art, wie ich sie ausspreche, lassen wohl erkennen, daß es mit meinem Arabisch nicht allzuweit her ist. Wie aus dem Nichts springt plötzlich eine weißgekleidete Gestalt in unseren Gesichtskreis und kauert sich auf dem Boden nieder: der Dolmetsch. Nun geht es leichter, und ich bringe auf englisch meine ergebene Huldigung zum Ausdruck.

Die Konversation wird gleich sehr interessant, als der König das Wort ergreift. Zuerst kommen allerdings die zwei allgemeinen, in ganz Arabien üblichen Fragen: »Befinden Sie sich bei guter Gesundheit? Hatten Sie eine gute Reise?«

Dann setzt Seine Hoheit uns in Erstaunen, indem er uns durch den Dolmetsch sagen läßt: »Wir hatten Bericht, daß Sie über Hofuf nach El-

Kertsch reisen würden.« (Ich dachte mir: Genauso weit hat unsere Bewilligung gereicht. Es ist nur interessant, wieso man das in Riyadh schon wußte? Natürlich durch Sprechfunk; Telegraf gibt es ja in diesem Land nicht, das ist viel zu unmodern.)

Der Dolmetsch fährt fort: »Ja, wenn Seine Hoheit gewußt hätte, daß Sie auch nach Riyadh kommen, dann hätte er Ihnen ein Auto nach El-Kertsch gesandt.«

Ich erwiderte: »Das ist sehr liebenswürdig; aber wir sind mit Hilfe unserer Freunde von der ARAMCO in deren Auto sehr bequem gereist.« Dabei dachte ich mir: Orientalische Höflichkeit! Jetzt, da wir hier sind und Raschid el-Gailani für uns beim König eine Lanze gebrochen hat, ist leicht reden; aber wenn wir von El-Kertsch angefragt hätten, ob wir nach Riyadh kommen dürfen, so hätte die Antwort ohne Zweifel ebenso orientalisch-höflich gelautet: »Gegenwärtig nicht möglich, zu einem späteren Zeitpunkt sehr gern.«

Ibn Saud unterhielt sich nun mit Dr. Hecker [Reischs Reisebegleiter] über einige ärztliche Probleme, und ich konnte meine Gedanken fortspinnen. Also, nun waren wir hier in der verbotenen Stadt, und das war die große Chance unseres Lebens, denn ich weiß, wie Berichterstatter großer Zeitungen aller Nationen in den Randstaaten Saudi-Arabiens, also in Jordanien, im Irak und in Kuwait, warten und warten und doch niemals in das verbotene Land hineindürfen, geschweige denn bis ins Herz des Islam, in die Königsstadt Riyadh!

Ich war gerade dabei, die spitzen Schnabelschuhe Seiner Majestät, die von einer koketten schwarzen Masche [Schleife] geziert waren, einer genauen Prüfung zu unterziehen, als er wieder das Wort an mich richtete. Ich mußte ihm über unser »Haus auf Rädern« aus den Jenbacher Werken und schließlich über Österreich viele Fragen beantworten. Er zeigte sich über die wesentlichen Probleme meiner Heimat erstaunlich gut unterrichtet, und ich habe ihn auch im Verdacht, daß er Englisch spricht und versteht, aber ich habe schon früher gehört, daß kein Edler der Saud im eigenen Land eine andere Sprache spricht als Arabisch. Interessant war auch, daß man in Riyadh über unsere gesamte Reise sehr genau Bescheid wußte; ich kann mir das nur so erklären, daß Zeitungsartikel, die in der libanesischen und syrischen Presse über uns erschienen sein mochten, am Hofe Ibn Sauds von seinen politischen Beobachtern registriert worden waren. Die Audienz hatte etwa eine Stunde gedauert, als wir zu Tisch gebeten wurden.

Die Tafel war im Garten gedeckt. Umgeben von Rosenduft, vielfarbig von bunten Lampen angeleuchtet, wuschen wir uns vor dem Essen die Hände. Riesige Negersklaven liefen mit Waschbecken, Wasserkanne, Seife und Handtuch von einem Gast zum anderen. Es war für etwa 60 Personen gedeckt. Der König saß am oberen Rand der Tafel, zu seiner Linken ein greiser Beduinenfürst, der gegenwärtig zu Gast am Hofe weilte; zu seiner Rechten saßen Raschid el-Gailani, dann ich, dann Dr. Hecker und zu beiden Seiten der Tafel die Brüder des Königs, einige seiner Söhne und dann noch eine Reihe von Beratern, Höflingen und sonstigen Gästen.

Zuerst wurden drei Gänge nach europäischer Art serviert. Ich beobachtete Seine Majestät und stellte fest, daß er diesen Gängen sehr zusprach. Anschließend gab es drei arabische Gänge, und ich war im stillen mit ihm einig, daß diese weniger Ehre verdienten. Der König im Morgenland hat Reisen nach Europa und Amerika unternommen und dort manches für gut und richtig befunden, was nach wahhabitischen Anschauungen abzulehnen wäre. Es wurde mit Messer und Gabel gegessen, ganz nach europäischer Sitte, ja noch mehr, nach sehr feinen Pariser Tischmanieren. Allerdings – je weiter man an der Tafel nach unten blickte, desto lockerer wurden die Sitten, und bei den arabischen Speisen griff man am unteren Ende der Tafel auch herzhaft mit den Fingern zu. Zu trinken gab es nur Wasser, aber es war eisgekühlt und wurde in edlen Gläsern, die das Saudi-Wappen trugen, kredenzt.

Die Teller trugen ein Muster von Arabesken in Blau und Gold in Verbindung mit dem saudischen Wappen. Rosenthal in München hat dieses Service für den königlichen Hof in Riyadh verfertigt. In »Time« stand zu lesen, daß der König für diese Sonderanfertigung 200.000 (zweihunderttausend!) US-Dollar bezahlt habe. Vielleicht waren es nur 20.000 Dollar. Ich habe mich übrigens nach meiner Rückkehr an die Rosenthal-Manufaktur gewandt; man sandte mir einige Fotos des königlich-saudischen Porzellans, aber meine Anfrage über den Preis überging man diskret.

Während des Essens erzählte der König aus jenen Zeiten, in denen sein Vater viele Kriege zu führen hatte, um das heutige Saudi-Arabien – das fast so groß ist wie Westeuropa – zu schaffen. Zu der Keimzelle Riyadh und der zentralarabischen Provinz Nedjd kamen im Laufe von 25 Jahren die Provinzen Hasa, Hedschas und Asir. Eine Episode ist bezeichnend für die beduinische Kampfesweise: Es war im Jahre 1910, und Ibn Saud stand im Kampf mit den mächtigen Fürsten der Schammar-Beduinen. Die beiden Heere standen sich kampfbereit gegenüber, und der Ausgang der Schlacht schien Ibn Saud mehr als ungewiß. In kühnem Entschluß sprengte er allein auf das feindliche Lager zu, sprang vor dem Zelt des Schammar-Fürsten vom Pferde und umklammerte die Zeltstange des gegnerischen Fürsten. Damit hatte er nach alter arabischer Sitte Gastfreundschaft für sich gefordert, und seine Sicherheit war gewährleistet. Er erreichte im Gespräch mit dem Schammar-Fürsten einen Friedensschluß, der ihm und dem Gegner die Ehre ließ und den Kampf vermied.

Nach dem Essen gestattete uns der König – eine große Auszeichnung –, ihn mit Blitzlicht zu fotografieren. Dann begleiteten wir ihn auf einem Spaziergang durch den Park, und stolz zeigte er uns seinen Garten mit hunderterlei Rosen, deren Züchtung er besondere Aufmerksamkeit zuwendet. Die Rosen waren wunderschön, und es hätte nicht der porzellanenen, von Meisterhand geformten, elektrisch beleuchteten Rosen bedurft, die zwischen den natürlichen Rosen eingefügt waren, um diesem Garten inmitten der Wüste das Prädikat »Märchen aus Tausendundeiner Nacht« zu geben.

Bei unserem Spaziergang durch den Garten bemerkte ich an den zögernden Schritten und dem Tasten über Wasserleitungsrohre und Gartenschläuche, daß Ibn Saud in seinem Sehvermögen zumindest sehr behindert war. Lag das an den schwarzen Brillen? Oder waren seine Augen schon so schlecht? Der König war noch jung, er wurde 1903 in Kuwait geboren. Nach dem Spaziergang durch den Garten schritt Ibn Saud mit uns und seinem Gefolge wieder auf die Terrasse vor dem Palast, wo eine große Menschenmenge versammelt war. An der zweistöckigen Fassade des Schlosses flammte abermals ein mächtiges Leuchtbild in Neon auf – selbstverständlich wieder in Grün, der Farbe des Propheten. Doch während das Wappen vorhin zwei gekreuzte Schwerter und eine Palme gezeigt hatte, leuchtete uns nun das Flaggenbild entgegen mit dem Koranspruch: »La ilaha illa'llah wa Muhammadun rasulu'llah – Es gibt nur einen Gott, und Mohammed ist sein Prophet«, mit vielen Arabesken und Verzierungen. Unter dieser Schrift, die wie ein künstlerisches Ornament wirkte, lag das Schwert des Islams.

Die Strahlen dieser mächtigen Neonbeleuchtung tauchten den ganzen Platz in ein faszinierendes Grün, und es war wirklich ein Bild märchenhafter Pracht, die Hunderte in weiße, schwarze und braune Beduinenmäntel gekleideten arabischen Würdenträger hier versammelt zu sehen.

Da entstand eine Bewegung! Einer der Sekretäre brachte zwei Etuis, die er dem König übergab. Ibn Saud öffnete sie und überreichte eines Dr. Hecker und eines mir. Jedes Etui enthielt eine Sprungdeckeluhr; auf dem Zifferblatt war in feiner, zarter Malerei das Bild des Königs zu sehen. Wir waren fassungslos vor Überraschung. Ibn Saud sagte: »Seien Sie willkommen in Saudi-Arabien, und seien Sie mir willkommen am Hofe. Abdullah Balkhair, mein erster Dolmetsch, steht ihnen ganz zur Verfügung und wird Ihnen morgen die Paläste zeigen. Sie werden zu den historischen Stätten geführt werden, an denen vor 50 Jahren mein Vater gekämpft und die Wiedergeburt Arabiens begründet hat.«

Spätnachts brachte uns der große dunkelblaue Buick vom Gartenschloß Ibn Sauds zurück nach Riyadh und zum Flugplatz. Ich fragte Raschid el-Gailani: »Es war so merkwürdig an der königlichen Tafel, als Seine Majestät jene Geschichte von der Zeltstange im Lager der feindlichen Schammar-Beduinen erzählte. Warum gerade das?«

»Ich sah Ihnen an, daß Sie sich wunderten. Ja, es hatte tatsächlich einen tieferen Sinn, daß er gerade das erzählte. Es ist ein uraltes Gesetz unter den Beduinen, daß jeder drei Tage Gastfreundschaft genießt, wenn es ihm gelingt, in das Zelt des Gegners zu gelangen und sich dort an der Zeltstange festzuhalten. Sie haben sich vielleicht auch gewundert, daß Sie als Gastgeschenk nichts ›Arabisches‹, also keinen Dolch oder Teppich, erhalten haben. Auch das Geschenk hat seinen tieferen Sinn! Sie sind unangemeldet und ohne königliche Einladung nach Riyadh gekommen. Ohne daß die ARAMCO es ahnte, war sie Ihnen behilflich dabei«, er spielte damit auf unsere Autofahrt mit den beiden ARAMCO-Beamten Kelly und Cosinsky an, »und als Sie schließlich in Riyadh waren, da haben Sie sich – das war Ihr großes Glück – gleich ›an der Zeltstange angehalten‹. Ich selbst war diese symbolische Zeltstange, und nun sind Sie nach altem arabischem Brauch Gäste am Königshof mit aller Pracht und allem Prunk getreu der Sitte: ›Dem Gast das Beste‹.«

»Und wenn schon diese fürstliche Aufnahme, warum dann kein fürstliches Geschenk im arabischen Sinn?«

»Weil Sie Ausländer sind, Fremde und Ungläubige. Die Uhr soll Sie daran erinnern, daß eine Frist gesetzt ist: Drei Tage sind Sie Gäste des Königs, am vierten werden Sie – ob Sie wollen oder nicht – wieder ganz weit von Riyadh sein …«

Die Berater kommen!

Abu Dhabi, Vereinigte Arabische Emirate

30

Um 1960 war Abu Dhabi ein Fischernest mit einem Fort und etwa 4.000 Einwohnern, die hauptsächlich in Barastis (Schilfhütten) lebten und weder fließendes Wasser noch Kanalisation oder elektrisches Licht kannten. 1962 verließ die erste Schiffsladung Öl das Land, und trotz des Widerstandes des Scheichs Shakhbut, den Hugh Boustead sehr einfühlsam beschreibt, hielt die moderne Zeit auch in Abu Dhabi mit Riesenschritten Einzug.

Nicht alle Berater, die in die arabischen Länder strömten, um – je nach Sichtweise – von den neuen Reichtümern Arabiens zu profitieren oder zur Entwicklung dieser Länder beizutragen, erwiesen ihren Kunden ehrliche Dienste. Überdimensionierte Projekte, minderwertige Lieferungen, Verkäufe zu überhöhten Preisen führten schnell zu Mißtrauen bei den Abnehmern. Heute gibt es Materialprüfungsanstalten, eine Mischung aus TÜV und Stiftung Warentest, in denen Importe getestet werden.

Die sieben Staaten der ehemaligen Piratenküste, später Vertragsstaaten genannt nach ihren Abmachungen mit der britischen Regierung, nämlich Abu Dhabi, Dubai, Sharjah, Ras al-Khaima, Fudjaira, Umm al-Qwain und Adjman, schlossen sich 1971/72 zu den Vereinigten Arabischen Emiraten zusammen, geführt vom Scheich von Abu Dhabi, Zayed, der im folgenden Text als Herr über die Oase Al-Ayn erscheint. Qatar blieb ein Staat für sich.

Hugh Boustead (1895–1980), der sein berufliches Leben als Diplomat in den verschiedensten islamischen Ländern zubrachte, war der Political Resident und damit Vertreter der britischen Regierung vor Ort. Der Schriftsteller Hammond Innes schrieb, er habe eine »schlechthin magische Fähigkeit« gehabt, die Herzen der Araber zu gewinnen.

Am Anfang [des Ölbooms] sammelten sich alle möglichen Geschäftsgewaltigen aus jeder Firma unter der Sonne beim Scheich [Shakhbut], um ihn dazu zu bringen, ihnen das abzunehmen, was sie anzubieten hatten. Bis zum Alter von fast 60 Jahren hatte er sparsam und in Armut gelebt und war bis zur Entdeckung des Öls für die Welt völlig bedeutungslos gewesen. Für einen Beduinen mit einer gewissen angeborenen Klugheit und einem ererbten Mißtrauen jedem Menschen gegenüber muß es eine erstaunliche Erfahrung sein, sich von bedeutenden Männern aus der Wirtschaft umgeben zu sehen, die sich als Bittsteller um den eigenen Thron scharen.

Eine Szene, die mir noch lebendig vor Augen steht, ist die, wie der Manager eines der größten Bankhäuser seine Bank in Abu Dhabi einführen wollte. Er sprach in preisenden Tönen von seinem obersten Chef, der ein Lord war, und Shakhbut wollte sofort wissen, welche Art von Lord er war und wie viele Lords es vor ihm gegeben hätte. Die Antwort schien ihn zufriedenzustellen, und er fragte mich, ob Adlige unter meiner Verwandtschaft seien. Der Bank-Manager wurde von einem hochrangigen Libanesen als Dolmetscher begleitet, der vor dem Scheich auf den Knien lag und ihn und seine Weisheit, Großzügigkeit und Liebenswürdigkeit pries. Es war wirklich nicht einfach für den Scheich, sich dem Geschäft zu entziehen; erst als der Bank-Manager seine Hand in die Brusttasche steckte und dabei war, ein Papier herauszuholen, das der Scheich offensichtlich unterzeichnen sollte, schreckte Shakhbut zurück und sah dabei aus wie jemand, der in eine Falle geraten ist.

Der Libanese beugte sich auf den Knien mit bittend erhobenen Händen nach vorn wie eine Gottesanbeterin. Der Scheich lehnte sich entsetzt in seinem Sofa zurück; ich schüttelte den Kopf, um dem Bank-Manager zu signalisieren, daß er sein Papier wegstecken möge. Der war aber so erpicht auf sein Geschäft, daß er nicht reagierte und weiter drängte, was natürlich nur dazu führte, daß die Bedenken des Scheichs und seine Entschlossenheit, das Papier nicht zu unterzeichnen, umso größer wurden.

Shakhbut zeigte keine Andeutungen von Träumen von einem großen Palast oder zur Schau gestelltem Reichtum. Er war religiös sehr tolerant und besuchte offiziell mit seiner gesamten Familie den ersten Gottesdienst in der römisch-katholischen Kirche von Abu Dhabi und verfolgte ihn mit Interesse. Er war tolerant gegenüber dem Genuß von Alkohol und erlaubte ihn den Europäern. Er hatte eine tiefverwurzelte Abneigung gegen Ägypter. Viele Jahre der Armut und eine natürliche, angeborene Verehrung des Geldes an sich ließen ihn jene Großzügigkeit vermissen, die Teil der Persönlichkeit seines Bruders Zayed [seit 1966 Shakhbuts Nachfolger] ist.

Von Anfang an war Shakhbut von der Idee besessen, Wasser aus dem Landesinneren heranzuschaffen. Etwa um die gleiche Zeit, als sich die Episode mit dem Bank-Manager zutrug, kam der Vertreter einer sehr renommierten amerikanischen Firma, die sehr erfolgreich in Kuwait gearbeitet hatte, zu mir und bat mich um Unterstützung. Er strebte die Genehmigung für eine landesweite Untersuchung auf Wasservorkommen an. Shakhbut war aber von der Kostenschätzung entsetzt und sagte, er dächte nicht einmal im Traum daran. Statt dessen schlug er vor, ein Wasserprojekt ohne vorherige Untersuchung durchzuführen, denn er wisse, wo es reichlich Wasser gäbe, und deshalb wären die Ausgaben für die Untersuchung unnütz. Alle denkbaren Argumente für die Durchführung einer solchen Studie, bevor man eine Million Pfund oder mehr für eine Wasserleitung von etwa 100 Kilometer Länge ausgibt, blieben fruchtlos.

Ich erinnere mich, wie diese Firma gleich am Anfang das Gesicht verlor, als ihr Direktor zu Shakhbuts öffentlicher Audienz kam, um die Unterschrift unter eine Absichtserklärung für ein Projekt zu erhalten. Er hatte, wie auch der Bank-Manager, Shakhbuts Horror vor einer Unterschrift unter etwas, was ihn zu Zahlungen verpflichten könnte, nicht erkannt. Als der Brief laut vorgelesen wurde, zerriß ihn der Scheich, gab die Schnipsel dem Direktor zurück und sagte: »Sie wollen mich in eine Falle locken!« Die Wasserleitung wurde später gebaut, glücklicherweise von einer sehr professionellen und effizienten Firma, und die Wasserversorgung scheint gesichert. In diesem Bereich stellte sich die Vermutung des Scheichs als richtig heraus.

Als ich mich so in Abu Dhabi umsah, wurde mir klar, daß die Entwicklung des Landes entsprechend dem zu erwartenden Reichtum mit Schulen, Gesundheitswesen und Landwirtschaft einen Hafen und eine Stadt als vernünftige Grundlage bräuchte. Deshalb war ich bemüht, einen

Entwicklungsplan in Gang zu setzen, der so schnell wie möglich realisiert werden sollte.

Unter den hochrangigen Geschäftsleuten, die nach Abu Dhabi kamen, war ein Mister Spencer von der Firma Scott Wilson and Kirkpatrick, die als Berater engagiert werden wollte; er kam mir zu Hilfe. Zusammen arbeiteten wir die Vertragsunterlagen für einen Entwicklungsplan aus, den seine Firma erstellen sollte, und legten sie dem Scheich vor.

In den »Flitterwochen« kurz nach meiner Ankunft war der Scheich voll von frohem Optimismus und schien begeistert über den Plan. Er wurde ein bißchen blaß, als er von den Planungskosten hörte, einige 10.000 Pfund, und meinte, nur für die Planung sei das einfach lächerlich. Wir redeten und überredeten ihn, während er die ganze Zeit direkte Geschäfte mit den Baufirmen anstrebte. Ich versuchte ihm klarzumachen, daß die Baufirmen ihn ausmanövrieren würden und er keine Möglichkeit hätte, sie zu kontrollieren. Schließlich gab er nach und unterschrieb den Auftrag für den Entwicklungsplan. In Bahrain herrschte große Überraschung nach diesem erstaunlichen Sieg, und Spencer nahm erfreut – zusammen mit der Firma Sir William Halcrow and Partners – den Plan in Angriff.

Der Scheich war glücklich und zufrieden. Mittlerweile wollte er unbedingt einen Erziehungsbeauftragten haben und zwei Buchhalter und Regierungsbeamte einstellen. Peter Tripp, der britischer Beamter in Dubai gewesen war, mit Shakhbut über Jahre hinweg zu tun gehabt hatte und jetzt bei der britischen Vertretung in Bahrain arbeitete, schrieb mir, wie überrascht er über diesen unglaublichen Erfolg bei Shakhbut sei, und Sir William Luce [Leiter der britischen Vertretung in Bahrain] wollte es kaum glauben. Ich wußte nicht, was noch kommen würde.

Im Mai 1962, vier Monate nach dem Beginn der »Flitterwochen«, fiel der Schlag. Shakhbut war voll tödlichem Haß auf den Scheich von Qatar. Die Insel Halul war ein Zankapfel zwischen ihnen, und es gab eine Kommission, die die Eigentumsrechte untersuchte. Die Mitglieder dieser Kommission hatten zu Hause in England alle Unterlagen durchgearbeitet und waren überzeugt, daß Halul Shakhbut gehörte, meinten aber, persönlich vor Ort die Scheichs anhören zu müssen, bevor sie eine Entscheidung träfen. Der Scheich von Qatar betraute einen ägyptischen Rechtsanwalt damit, seinen Fall vor der Kommission zu vertreten, und der vergaß auch nicht einen Beweis zugunsten seines Auftraggebers. Als die Kommission zu Shakhbut kam, bekam der nur einen von seinen Zornesausbrüchen und behauptete, es sei keine Frage von Beweisen, sondern eine Frage der Tatsachen: Halul sei seine Insel, und er habe es nicht nötig, das zu diskutieren. Die Kommission und der britische Vertreter versuchten zu erreichen, daß auch er einen Anwalt hinzuzog, er aber sagte, er wolle sein Geld nicht an Anwälte verschwenden. Die Beweisführung hatte nun die Kommission überzeugt, daß Qatar im Recht sei, und schlug Qatar Halul als Eigentum zu. Das Ärgerliche war, daß ich selbst in Liwa [im Hinterland] unterwegs war, als beschlossen wurde, daß die Entscheidung sofort rechtskräftig wurde; ein Telegramm an meinen Assistenten besagte, daß er den Scheich im Falle meiner Abwesenheit persönlich zu informieren habe. Als ich wegfuhr, war der Scheich freundlich, herzlich und zur Zusammenarbeit bereit. Als ich zurückkam, fand ich ein finsteres Gesicht mit haßerfüllten Augen vor. Bei meiner Begrüßung sagte er: »Was für ein Freund sind Sie, wenn Sie mein Land weggeben, ohne es mir auch nur zu sagen?« Ich hatte keine Ahnung, wovon er sprach. Er redete mit einer sich schrill erhebenden Stimme wie ein Kind weiter. Dann wurde mir klar, daß Halul das Land war, um das es ging, und erklärte ihm, daß es um Ereignisse lange vor meiner Ankunft ginge, in die weder ich noch der britische Vertreter am Golf eingreifen könnten.

Die Wirkung war verheerend. Shakhbuts Vertrauen war dahin. Der Entwicklungsplan war zwei Monate später fällig, und Shakhbut erklärte sich daran uninteressiert und war nun völlig dagegen, eine Regierung zu bilden oder Personal einzustellen oder irgend etwas anderes zu tun. Während der folgenden Monate waren alle Pläne gestoppt, und das erste Mal seit meiner Ankunft hatte ich Zeit dazu, die alten Akten über Halul zu lesen und das zu entdecken, was ich oben berichtet habe. Ich hielt Shakhbut den Vorgang später vor und erklärte ihm, daß es meiner Meinung nach weitgehend sein Fehler gewesen sei, weil er den Fall nicht dargelegt hätte. Ich sagte ihm: »Bis jetzt haben wir uns ausgezeichnet verstanden; alles ist vor meiner Ankunft passiert, Sie haben kein Recht, es mir zum Vorwurf zu machen, und ich werde mir Ihr Verhalten nicht bieten lassen!« Er lud mich zum Essen ein, das Verhältnis wurde wieder besser, aber ein richtiges Weiterkommen gab es nicht mehr.

Ich bin mir nicht ganz sicher, ob es nur Shakhbuts Zorn über die Halul-Frage war, die alle Entwicklungspläne stoppte. Er konnte sich auch ganz einfach nicht dazu durchringen, Geld auszugeben, vielleicht weil er nicht glauben konnte, daß die Öl-Einnahmen weiter so fließen würden.

Während der dreieinhalb Jahre, die ich auf dem Posten [in Abu Dhabi] verbrachte, war das einzige Projekt, das vollständig realisiert wurde, die schon erwähnte Wasserleitung der Firma Paulings. Wie sie zu ihrem Auftrag kam, war schon in gewisser Weise komisch. Als der Scheich von der Firma hörte, sagte er, er würde nicht mit so einem gewöhnlichen Mann wie einem General Manager in Kontakt treten – es müsse schon ein Lord zum Verhandeln kommen. Die Firma Paulings, die auf einen Auftrag von etwa einer Million Pfund aus war, mußte also einen Adligen als Chef aus dem Hut zaubern. Schließlich wurde Lord Brentford dazu berufen. Er kam angereist, und wir saßen zusammen mit dem ausgesprochen fähigen Bauleiter, auf dessen Kenntnisse sich Lord Brentford berufen mußte, wenn der Scheich eher technische Fragen stellte.

Lord Brentford wohnte etwa drei Wochen bei mir, und wir wurden Freunde. Die Firma fand Gnade vor den Augen des Scheichs, und ihre gesamte Tätigkeit wurde gut beurteilt. Sie arbeitete in der Tat ausgezeichnet und war mit dem Auftrag lange vor dem vereinbarten Termin fertig. Der Lord erschien noch einmal und verschwand dann in der Versenkung.

Die Entdeckung von Dilmun

Bahrain

31

Geoffrey Bibby (1917–2001) war englischer Archäologe mit dänischer Wahlheimat, der nach dem 2. Weltkrieg zunächst für die Iraq Petroleum Company auf Bahrain arbeitete. Als Professor der Universität Aarhus kehrte er 1953 nach Bahrain zurück, um das sagenhafte Dilmun zu finden, das Paradies der mythischen Gestalt Gilgamesch aus dem Zweistromland zwischen Euphrat und Tigris, den Ort, an dem es keine Krankheit gibt, aber süßes Wasser im Überfluß – die bis heute sprudelnden Quellen im Meer hat ja auch Jean Thevenot im Text Nr. 7 in diesem Band beschrieben.

Bis 1997 unternahm Bibby archäologische Expeditionen an die Golfküste und kehrte immer wieder nach Bahrain zurück. Sein Buch über die Entdeckungen, die er und seine Mitarbeiter gemacht hatten, berichtet nicht nur von seiner archäologischen Arbeit, sondern ist auch ein spannendes Dokument aus der Zeit, in der das Erdöl eine zunehmend wichtige Rolle in den Golfstaaten spielte und das Leben sich grundlegend änderte.

Die mehr als viertausend Jahre alten Überreste von Dilmun und über 100.000 antike Grabhügel machen Bahrain zu einem der wichtigsten Orte archäologischer Feldforschung in Arabien. Auch die Klimaforscher der verschiedensten Disziplinen haben heutzutage die Möglichkeit, in Arabien Forschungen zu betreiben – klar ist bisher, daß es in Arabien und Nordafrika kühlere Perioden mit erheblich mehr Vegetation gab, daß also das heutige Wüstenklima nicht immer herrschte. Möglicherweise reichten die regenbringenden Monsunwinde, denen heute der südliche Oman sein Klima verdankt, früher viel weiter nach Norden. Mit zunehmender Trockenheit konzentrierte sich dann vermutlich die Bevölkerung entlang den Flüssen, dem Nil, Euphrat und Tigris.

In unserer Arbeit auf Bahrain mußte noch eine große Lücke ausgefüllt werden. Wir wußten zuwenig über die frühesten Perioden der Kalaat-al-Bahrain-Stätte. Gebäude der ersten beiden Städte aus der Kettenrippen-Periode und der Barbar-Periode (die wir allmählich zusammenfaßten und Frühes Dilmun nannten) hatten wir nur bei unseren Grabungen hinter der Nordmauer gefunden. Überall sonst waren unsere Sondagen hinsichtlich dieser Perioden merkwürdig unergiebig. Innerhalb der Süd- und der Westmauer gab es zwar Schichten mit der bekannten roten gerippten Ware, aber keine Gebäude. Es schien, als habe das Barbar-Volk, als es seine Festungsmauer baute, ein viel größeres Gebiet als die Stadt selbst ummauert. Nur im Norden lagen die Straßen und Häuser nahe bei der Mauer. Auch wo es uns möglich war, unter den »Palast« und das kassitische Lagerhaus im Zentrum des Tells hinunterzugraben, hatten wir keine Gebäude aus der Barbar-Zeit gefunden, die mit denen der nördlichen Ausgrabung zu vergleichen waren. Wir entschlossen uns also, an die Nordmauer zurückzukehren und zwei Jahre darauf zu verwenden, dort eine große Fläche neben unserer früheren Ausgrabung freizulegen, die uns eine »Breitenansicht« der Stadt in ihren frühesten Phasen vermitteln sollte.

Das Ergebnis war aufregend. Denn wir stießen direkt auf das Stadttor.

Das Gebiet, das wir ausgewählt hatten, war eine Strecke der Stadtmauer, die etwa zwanzig Meter östlich der Fläche, wo wir die Nordmauer zuerst gefunden hatten, verlief. Die Mauer selbst sollte die nördliche Begrenzung der Ausgrabung bilden, und das zu erforschende Gebiet sollte sich innerhalb der Mauer zehn Meter nach Süden erstrecken. Wir teilten das Gebiet in zwei Hälften, wobei ein zwei Meter breiter, nord-südlich verlaufender Steg zwischen ihnen stehenbleiben sollte, so daß wir je nach Wunsch zwei Schnitte zum Zeichnen hatten. Das war auch der einzige verfügbare Streifen der Nordmauer, denn weiter nach Westen war sie von den Portugiesen als Steinbruch benützt worden, und gegen Osten brachen die Mauer und auch der ganze Tell ab, wo ein Gebiet längs der Küste eingeebnet worden war, wahrscheinlich um in jüngerer Zeit Gärten anzulegen.

Unsere ursprünglichen Grabungen hatten hier vor vier bis sechs Jahren eine Sackgasse freigelegt, die nordwärts auf die Mauer zulief, mit ansehnlichen Steinhäusern auf beiden Seiten und einem Brunnen und einem vertieften Becken am Ende der Straße. Das waren Anzeichen für eine Stadtplanung, die in scharfem Gegensatz zu den gewundenen Gäßchen und wahllos hingestellten Häusern des zeitgenössischen Ur standen und den gitterähnlichen Grundrissen der ebenfalls zeitgenössischen Städte Mohendscho-Daro und Harappa ähnelten. Wir waren gespannt, ob das neue Gebiet die gleiche Planung in einem größeren Maßstab enthüllen würde.

Die Ausgrabung des Jahres 1964 tat das freilich nicht. Else und Svend gruben durch Schichten, die von zahlreichen sich überschneidenden Steinräuberlöchern gestört waren, während sechs Meter südlich der Mauer in dem ganzen Gebiet eine einzelne gewaltige, mit praktisch sterilem Sand gefüllte Aushöhlung zutage kam, die unsere Fläche von Anfang an auf die Hälfte reduzierte. In den noch verbleibenden sechs Metern stießen wir in jeder Richtung auf Fragmente von Hausmauern und Fußböden. Sogar die Perioden schienen hier durcheinandergeraten zu sein, denn Fragmente von Räumen und Häusern aus islamischer Zeit kamen in derselben Schicht ans Licht wie Räume und Häuser der seleukidischen Periode. Das hatten wir erwartet, denn wir glaubten, daß die Stadtmauer zweitausend Jahre in den Trümmern noch über dem Boden gestanden hatte, nachdem sie als Befestigung aufgegeben worden war, bis die Portugiesen sie dann vor weniger als fünf Jahrhunderten bis zum Erdboden – und noch weiter hinunter – abgetragen hatten. Die Menschen, die die Stätte bewohnten, hatten diese alten Befestigungsanlagen in der Weise benützt, wie die Menschen von Istanbul heute noch ihre alte Stadtmauer benützen, indem sie ihre Häuser an sie anbauten, wobei sie Steine aus ihrer Fassade und den Steinschutt im Inneren entfernten, ja sogar höhlenähnliche Räume in das eigentliche Gefüge der Mauer gruben.

In diesen gestörten Schichten fand sich eine ungestörte Struktur. Genau auf der Linie unseres Schnittstegs verlief eine zementgepflasterte Straße aus der seleukidischen Periode nordwärts zur Mauer. In der Mauer war ein Tor mit einem Schwellenstein und Angellöchern für eine Tür. Das Tor wurde in einem späteren Stadium verengt und schließlich vollständig verbaut.

Das regte uns nicht übermäßig auf. Die Mauer war zur Zeit dieser Straße – vielleicht 300 v. Chr. – nicht als Befestigungsanlage in Gebrauch gewesen. Wie wir wußten, wurden Häuser aus derselben Periode jenseits der Mauer und an ihrer Außenseite gebaut. Das war kein Stadttor, sondern nur ein Durchlaß durch ein Hindernis.

Aber im folgenden Jahr gingen wir tiefer hinunter, unter die seleukidischen Schichten ins Frühe Dilmun mit seinen sauber stratifizierten Schichten von Barbar-Töpferware. Und wieder, wie in der früheren, westlich danebenliegenden Grabung befanden wir uns in einem wohlgeordneten, geplanten Stadtbezirk. Wieder verliefen alle Mauern genau nord-südlich oder genau ost-westlich; und wieder fanden wir eine genau nordwärts auf die Stadtmauer zu verlaufende Straße. Aber diese Straße, einen Häuserblock östlich von der, die wir früher gefunden hatten, war keine Sackgasse. Sie lag unter der Straße aus der seleukidischen Zeit und führte, wie diese, zu einem Tor in der Mauer.

Das war es nun wirklich, ein Tor in der Umwallung der Stadt, ein Tor hinaus in das unbewohnte Küstengebiet. Es lag nicht genau unter dem seleukidischen Tor. Aus irgendeinem Grund war das spätere Tor einen Meter weiter östlich verlegt worden, so daß die beiden Tore sich überschnitten, aber nicht miteinander übereinstimmten. Beide Lücken in der Mauer waren etwa drei Meter breit, aber durch die Türangeln auf ein wenig unter zweieinhalb Meter verengt. Denn auch bei dem unteren Tor fand sich ein Paar Angelsteine, diesmal aus poliertem schwarzem Diorit, etwa fünfzig Zentimeter breit, bei denen oben Vertiefungen für die Anbringung der Angelpfosten ausgehöhlt waren. Auch das untere Tor war, bevor es aufgegeben wurde, mit einer Mauer aus rohen Steinen zugebaut worden.

Als wir weiter in die Tiefe gruben, stellten wir fest, daß nicht einmal dieses Tor das früheste war. Die Mauer war in der Mitte der Barbar-Periode ausgiebig repariert worden, und unter der Höhe der Reparatur erschien ein drittes Tor. Auch dieses stimmte nicht mit dem darüber überein, sondern überschnitt es; seine Torpfosten standen noch einen Meter weiter westlich. Dieses tiefste Tor war nie zugebaut worden, und in der Lücke senkten sich die Sandablagerungen leicht nach unten, wo der Verkehr die Straße ausgehöhlt hatte.

Wir waren versucht, die Tore zu »öffnen«, hindurchzugraben und nachzusehen, wie hier die Außenseite der Mauer ausgesehen hatte. Aber das Überschneiden der Tore machte das unmöglich. Es wäre nötig gewesen, den späteren Überbau jeder Mauer zu zerstören, um das Tor darunter zu erreichen. Das Projekt wurde auf die Liste der »später auszuführenden Arbeiten« gesetzt, und wir wandten uns der Freilegung des Gebiets innerhalb des Tors zu.

Ich hatte immer behauptet, daß ein Tor in der Stadtmauer eine wichtige Entdeckung sein würde, weil natürlich viele wirtschaftliche und behördliche Tätigkeiten einer Stadt unmittelbar hinter den Toren stattfanden. Aber irgendwie hatte ich doch nie wirklich erwartet, daß die Tatsachen mit meiner Theorie übereinstimmten, die auf Berichten über andere Ausgrabungen beruhte. Es war geradezu ein Schock, daß wir unzweifelhafte Anzeichen genau solcher Tätigkeiten entdeckten, wie ich sie vorausgesagt hatte.

Wenn man die Stadt durch das Tor vom Küstenstreifen her betritt, sieht man gleich rechts einen kleinen offenen Platz. In seiner Mitte befindet sich ein Brunnen und daneben ein ovaler Zementtrog. Das ist ohne Zweifel ein Halteplatz für Lasttiere, wo Esel getränkt werden konnten, während sie be- und entladen wurden. Aber warum mußten Lasttiere gerade hier hinter dem Stadttor anhalten, das nur zum Ufer führte? Die Antwort erhielten wir durch den Inhalt der angrenzenden Gebäude.

Auf beiden Seiten des Platzes waren zwei Häuser mit je zwei Räumen. Im einen Gebäude fanden wir nicht weniger als neun Stempelsiegel; im anderen drei Siegel und fünf Steingewichte. Zwei der Gewichte waren leicht als solche erkennbar. Es waren kleine Würfel aus poliertem Feuerstein, der eine mit weniger als einem Zentimeter Seitenlänge und der andere unglaublich klein mit nicht mehr als vier Millimeter Seitenlänge. Wir wußten, was sie bedeuteten, denn wir hatten ein Gewicht dieses Typs schon früher in der Sackgasse einen Häuserblock entfernt gefunden. Sie waren die in den Städten der Induskultur normal gebräuchlichen Gewichte. Die anderen drei erkannten wir nicht sofort als Gewichte. Sie waren größer, Kugeln aus poliertem Marmor mit zwei abgeplatteten Seiten, und wir dachten eine Zeitlang an Knöpfe von Amtsstäben oder unvollendete Marmorschalen. Erst als wir die drei zusammen sahen, ergab es sich, daß sie Gewichte waren, und erst als wir zu Hause unsere Nachschlagewerke durchblätterten, stellten wir fest, daß die größeren Gewichte der Harappa-Kultur genau von diesem Typ waren. Zu Hause konnten wir sie auch wiegen. Das größte wog 1.370 Gramm und die anderen jeweils 685 Gramm,

170 Gramm, 13,5 Gramm und 1,7 Gramm. Dasjenige, das wir schon früher gefunden hatten, paßte in die Reihe, es wog 27 Gramm. Die kleineren waren also die Hälfte, ein Achtel, ein Fünfzigstel, ein Hundertstel und ein Achthundertstel des größten. Diese Gewichte stimmten bis auf weniger als ein Prozent mit den in den Indusstädten gefundenen überein.

Jetzt wissen wir, warum die Esel mit ihren Ladungen, die sie vom Ufer zur Stadt oder umgekehrt trugen, gerade hinter der Stadtmauer anhielten. Die beiden Gebäude auf beiden Seiten des Platzes müssen städtische Dienststellen gewesen sein, wo Ladungen gewogen und entweder diese selbst oder die Begleitdokumente auf Tontafeln mit den Siegeln der Beamten gestempelt wurden, die ein- oder ausgehende Ladungen kontrollierten. Hier haben wir wahrscheinlich das Zollhaus und die Hafenbehörde von Dilmun. Alles war sehr modern und leistungsfähig. Und man konnte sich kaum vorstellen, daß die Beamten, die Frachtbriefe und andere Papiere in den Hafenbehörden von Dilmun kontrollierten, diese ganzen viertausend Jahre schon tot waren.

Ein Rätsel blieb aber bestehen. Warum benützte Dilmun die Standardgewichte der Induskultur? Die Babylonier und Sumerer hatten ein völlig anderes System. Nicht nur waren die Gewichte verschieden, sondern es wurde auch mit anderen Verhältnissen gerechnet, mit Dritteln, Zehnteln und Sechzigsteln. Es gab nur zwei Erklärungen. Entweder waren die ersten Handelsimpulse nicht von Mesopotamien nach Dilmun gekommen, sondern von Indien, oder aber es waren die Handelsbeziehungen nach Indien für Dilmun weit wichtiger als die nach Mesopotamien.

Wir setzten unsere Grabungen fort. Denn sogar hier in der frühesten Periode der Mauer waren wir noch anderthalb Meter über dem gewachsenen Boden. Und wie schon früher stellten wir fest, daß in diesem Gebiet die Stadt schon existiert hatte, bevor die Mauer überhaupt gebaut worden war. Die Töpferware wandelte sich zu unserer Kettenrippenware, und wir trafen auf Hausmauern, die unter der Stadtmauer hindurch verliefen. Zwischen diesen Mauern und der Stadtmauer lag wieder die Brandschicht, aus der hervorging, daß die unbefestigte Stadt durch Feuer zerstört worden war. Wir fanden sogar eine mit einer Hülse versehene kupferne Speerspitze …

Schließlich stießen wir auf Sand und einen halben Meter tiefer auf Fels, und wir glaubten, damit seien wir am Ende. Aber diesmal hatten wir eine größere Fläche freigelegt als je zuvor in diesen frühesten Schichten. Und als wir den Fels sauberfegten, stellten wir fest, daß er aus Farusch bestand. Dieses Gemisch aus Muscheln, Korallen und anderem Geröll, auf das wir auch schon früher gestoßen waren, ist eine Art beginnender Kalkstein, der sich anscheinend sehr schnell in den flachen, den Gezeiten ausgesetzten Gewässern des Golfs bildet. Man kann ihn in große, dünne Platten aufbrechen, und er wird heute in großen Mengen als Baumaterial verwendet. Als wir ihn sauberbürsteten, konnten wir sehen, daß Topfscherben in ihn eingebettet waren. Wir brachen diesen Farusch auf einer Fläche von mehreren Quadratmetern auf und fanden Sand darunter. Und auch in diesem Sand gab es noch immer Topfscherben.

So gruben wir weiter. Und über weitere fünfzig Zentimeter tiefer fanden wir abwechselnd Schichten aus Farusch und aus Sand, die alle große Mengen von Topfscherben enthielten, bis wir eine Schicht von sterilem grünem Lehm erreichten, genau dem Lehm, den das Kettenrippen- und das Barbar-Volk als Mörtel für ihre Gebäude verwendet hatten; und darunter kam wieder Sand, aber diesmal ohne Topfscherben.

Jetzt hatten wir wirklich das Ende erreicht. Aber wir hatten sechs Kästen schichtweise abgelagerter Scherben, die früher sein mußten als alle Scherben, die wir je vorher auf Bahrain gefunden hatten. Nur sehr wenige dieser Scherben gehörten zur roten Kettenrippenware. Die meisten stammten von einer dickeren, strohfarbenen Ware, mit Rändern und Böden von völlig neuem Typ. Wir hatten hier eine neue und ganz unerwartete Kultur, die früher war als die Kulturen, die wir vielleicht vorschnell das Frühe Dilmun genannt hatten.

In den Ölfeldern von Dhahran

Saudi-Arabien

32 *Das Erdöl hat das Aussehen Arabiens verändert. Dabei fallen die technischen Anlagen in der Landschaft kaum auf – das zeigt der folgende Text. Aber viele Städte haben sich moderne Gebäude zugelegt, die eigentlich überall in der Welt stehen könnten. Lediglich Moscheen und einige geschichtlich bedeutsame Bauten weisen darauf hin, daß man sich in Arabien befindet.*

Daß Arabien heutzutage weitgehend amerikanisch geprägt ist, ist eher ein Zufall als folgerichtiges Ereignis der Geschichte. Die Briten hatten sich dem späteren König Ibn Saud in zweifacher Weise präsentiert: Sie unterstützten ihn in den Jahren nach dem 1. Weltkrieg von Bombay aus, denn zum Verwaltungsgebiet der indischen Regierung gehörte auch die Golfregion. Das auswärtige Amt in London aber unterstützte über das Arab Bureau in Kairo (dem auch T. E. Lawrence angehörte) die Herrscher von Mekka; Sherif Abdullah wurde lange Jahre vom britischen Konsul in Jeddah mit Gold versorgt und als König von Jordanien eingesetzt, nachdem Ibn Saud und seine Krieger Mekka erobert hatten.

Als nun die Briten die ihnen von Ibn Saud in den zwanziger Jahren gegebenen Konzessionen zur Suche und Förderung nach Öl nur halbherzig wahrnahmen, kamen die Amerikaner ins Geschäft, weil sie aus Ibn Sauds Sicht politisch unbelastet, weit weg und deshalb ohne eigene politische Absichten waren – sie spielten damals auch noch keine Rolle in der Palästinapolitik. Die Amerikaner ihrerseits trieb die Sorge um, daß ihre eigenen Ölvorräte in absehbarer Zeit zur Neige gingen.

John Henry Mueller war Repräsentant einer Schweizer Baufirma und hat mehrere Jahre in Arabien gelebt.

Ich fuhr an den ersten Abgasfackeln vorbei und hörte ihr Donnern und Heulen einen halben Kilometer weit. Hier begann das Ölgebiet von Saudi-Arabien, und ich fuhr über die größten der festgestellten Ölvorkommen der Erde! Es ist falsch, sich ganze Wälder von Bohrtürmen vorzustellen und Hunderte von langsam arbeitenden Pumpen zu erwarten. Saudi-Arabiens Ölfelder sind prosaisch und wenig spektakulär. Man kann sie von einem Ende zum andern durchqueren, ohne auch nur einen einzigen Tropfen Petroleum zu sehen. Vom Christmastree, dem »Weihnachtsbaum«, an der Bohrstelle zum Separator und durch die Flowlines zu den Tanklagern oder der Raffinerie für den Lokalbedarf oder bis zur Verschiffung mit den Tankern in Ras Tanura oder Banias im Libanon bleibt das Erdöl ein unsichtbares Produkt. Es legt 2.000 Kilometer in der Pipeline zurück und wird auf den Pumpstationen in der Wüste weiter nach Westen gejagt, ohne auch nur von eines einzigen Menschen Augen gesehen zu werden. Das hauptsächliche Endprodukt, Benzin, sehen wir nur dann, wenn wir es in den Tank unseres Autos füllen lassen. Rohöl und die Produkte der ganzen Petro-Chemie bleiben für uns unsichtbar.

Wir können zwar da und dort die Anlagen der Ölfelder sehen und bewundern, und wir finden immer Männer, die uns alles erklären. Wir dürfen auch gelegentlich die Verladeeinrichtungen der großen Oil Ports of the World besichtigen und wissen, daß hier 324.000-Tonnen-Tanker umschlagen. Wir sehen die größten Lagertanks der Welt mit 650.000 Barrels Inhalt und wissen, daß sie alle gefüllt sind, und wir staunen über die wenigen Männer, die solche Anlagen von einem einzigen Pulte aus bedienen oder aus 900 Kilometer Entfernung durch Druckknöpfe oder Computer steuern. Trotz aller Bewunderung für diese technischen Anlagen – wir können beim besten Willen in diesem ganzen Unternehmen keine Romantik entdecken! Und besonders in Saudi-Arabien hat in den Ölfeldern noch nie jene Stimmung geherrscht, die man bei der Erschließung von Feldern in Texas, Kalifornien oder Venezuela angetroffen hatte.

Das saudiarabische Ölgeschäft ist ein wissenschaftliches, geschäftliches und rentables Unternehmen, und seine wichtigsten Männer sind die Manager, Geologen, die Marketing-Experten und die Leute an den

Computern des Transportwesens. Sie sind wichtiger geworden als die »Driller«, die Bohrmänner, draußen in den Wüsten. Öl ist das größte Geschäft Saudi-Arabiens, und das ganze Land ist mit dem Oil Business auf das allerengste verbunden. Nirgends sieht man aber davon weniger als in Saudi-Arabien, und nirgends wird darüber weniger gesprochen als gerade dort. Nur ganz selten sieht man eine Bohrmaschine auf dem Transport nach einer neuen Bohrstelle, und sobald eine Bohrung fündig geworden ist, wird sie mit dem Christmastree gefaßt. Wenn sie im Jahr auch drei Millionen Faß produziert, steht sie als bescheidene, unscheinbare Installation von einigen Rohrleitungen und Ventilen irgendwo in der Wüste, und man kann sie wirklich nur noch finden, wenn man sich die Mühe nimmt, einer Flowline bis dorthin zu folgen. Die Felder sind erschlossen, Installationen bestehen, und heute wird in erster Linie produziert. Man sieht in Dhahran oder Ras Tanura viele Amerikaner in Khakihosen und -hemden, aber man findet keine Ölmänner mehr mit verschmierten Overalls und dreckigen Händen. Dhahran ist ein Stück nach Saudi-Arabien verpflanztes Southern California mit Bungalow-Boulevards, Security und General Headquarters, und die amerikanischen Sekretärinnen schirmen ihre Bosse genauso wirkungsvoll ab, wie sie das an der Wall Street oder im Pentagon tun.

Die Ölquellen brennen

Kuwait

Mit den Öleinnahmen wurden aus arabischen Fischern, Händlern und Nomaden Bürger von Wohlfahrtsstaaten, die ihresgleichen auf der Welt suchen – ohne Steuern, Gebühren für öffentliche Dienste oder Beiträge für Sozialversicherungen, aber mit großzügigen Subventionen für jeden von ihnen von der Wiege bis zur Bahre. Millionen fremder Arbeitskräfte wurden in die Ölländer geholt: Bauarbeiter aus Bangladesch, Hausmädchen von den Philippinen, Ingenieure und Ärzte aus Palästina, Europa und Amerika. Der wichtigste Treibstoff und der vielfältigste Rohstoff der Welt, aus dem Tausende von Produkten entstehen, hat Kuwait aber auch Unglück gebracht.

Saddam Hussein, Herrscher über den benachbarten Irak, annektierte Kuwait im August 1990 mit der Begündung, es habe schon immer zum Irak gehört. Mit der gleichen Begründung könnte auch die türkische Regierung den Irak annektieren, denn beide Länder gehörten im 19. Jahrhundert zum Osmanischen Reich, und ihr gemeinsames Verwaltungszentrum war Bagdad.

Der Kampf gegen die brennenden Ölquellen, die die Irakis bei ihrem Rückzug angesteckt hatten, war die größte Feuerwehraktion der Geschichte, aber auch eine Umweltkatastrophe ohne Beispiel. Innerhalb von 10 Monaten wurden mehr als 600 Brandherde gelöscht und gesichert. Das brennende Öl war aber – von Toten und Verwundeten ganz zu schweigen – nur die sichtbarste Auswirkung der irakischen Kriegsführung – Rohöl war auch aus Pipelines ins Meer geleitet worden, und mehr als 1,5 Millionen Landminen mußten unschädlich gemacht werden.

Die apokalyptischen Bilder von den Feuern der Finsternis – bis in den Himalaya wurde der Ruß vom Wind getrieben – werden beschworen von zwei ökologisch orientierten Publizisten.

Während die Diskussionen [über die besten Methoden zur Sicherung der brennenden Ölquellen] im Komfort und in der Sicherheit westlicher Hauptstädte stattfanden, setzten die Feuerbekämpfer in Kuwait ihre Arbeit fort und löschten die Brände mit den Mitteln, die sie am besten kannten. Auf den Ölfeldern herrschte ein dramatisches Bild. Riesige Säulen aus Flammen und Rauch stiegen aus Hunderten von Brunnenköpfen. Selbst aus der Ferne war der Lärm ohrenbetäubend, es hörte sich an wie eine 707 ohne Schalldämpfer beim Start! »Das Feuer steigt in einen Himmel, der vom Ölqualm so schwarz ist, daß Kuwait am Tag meistens aussieht wie Kuwait bei Nacht«, schrieben Tony Horwitz und Ken Wells, zwei Journalisten des Wall Street Journal.

Wir trafen Ken, als er im Februar in Bahrain war, um seine Story von der Ölpest zu schreiben. Als erfahrener Umweltreporter hatte er auch schon über den Ölunfall der Exxon Valdez berichtet. Wir waren nun genauso scharf auf seine Geschichte wie er auf unser Wissen über die Umweltfolgen des Krieges, so daß wir die folgenden Monate gemeinsam damit verbrachten, aus erster Hand Wissen und Erfahrungen über die unglaublichen Verwüstungen dieses Krieges zu sammeln.

Viele Reporter und Filmteams wollten nach der Befreiung nach Kuwait, aber das war nicht so einfach. Hatte man die Visabestimmungen erfüllt und ein Transportmittel ins Landesinnere gefunden, stand man vor dem Problem, in einer Stadt zu leben, deren Grundversorgung durch Sabotage lahmgelegt war. Selbst wenn man alle diese Probleme gelöst hatte, blieb noch der Rauch. Häufig mußten die Fahrzeuge mitten am Tag halten, da die Fahrer nicht über die Kühlerhaube hinweg sehen konnten. Einige Tage nach der Ankunft in Kuwait begannen die Leute, unter Nebenhöhlenbeschwerden, Halsentzündungen und Schmerzen in der Brust zu leiden. In den meisten Fällen verschwanden diese Beschwerden, sobald sie das Land verließen und einigermaßen saubere Luft atmeten.

Die meisten waren bald genauso begierig auf die Ausreise aus diesem Land wie sie es auf die Einreise gewesen waren. Kuwait war kein Ort, in dem man sich aufhielt, wenn es nicht zwingende Gründe dafür gab. Der beste aller Gründe war, die lähmende Verschmutzung zu stoppen: die Feuer zu löschen.

Der bekannteste Name in der Bekämpfung von Ölbränden ist Red Adair aus Houston, Texas. Die Firma, nach ihrem legendären Chef Paul »Red« Adair benannt, der sein Image sorgsam pflegt und unter anderem rote Overalls trägt und einen roten Cadillac fährt, brachte ihre Leute so rasch wie möglich vor Ort. Ihr mit der kuwaitischen Exilregierung geschlossener Vertrag verpflichtete sie für ein Jahr, die Brände zu einem Tagessatz von rund 10.000 US-Dollar für jedes Fünf-bis-sechs-Mann-Team zu bekämpfen. Die Ölfeuerbekämpfung scheint sich in ein texanisches Monopol ausgewachsen zu haben, denn drei von vier anfänglich unter Vertrag genommene Firmen stammten aus diesem Ölpionierstaat. Boots and Coots wurde von Asgar »Boots« Hansen und Edward »Coots« Matews gegründet, nachdem Red Adair sie wegen »Ungehorsam« hinausgeworfen hatte. Im Gegensatz zu Red Adairs Feuer-Image trägt Boots weiße Overalls und fährt einen weißen BMW.

Eine weitere Gruppe, die an der Bekämpfung der Feuer beteiligt war, war die Safety Boss aus Kanada. Auch Joe Boldens Wild Well Control Inc. ist eine texanische Firma, die einen bedeutenden Beitrag zum Löschen der Brände und zum Versiegeln der Brunnen leistete. Als wir Pat Campbell, den Partner Boldens, baten, uns etwas über die Zusammenarbeit zwischen den Firmen und das Ausmaß des Informationsaustauschs zu sagen, erklärte er uns eilfertig, daß jede Quelle sehr unterschiedliche Eigenschaften besitze. Der Druck an den einzelnen Brunnenköpfen variiert erheblich. Einige Brunnen sind flach, andere reichen bis in 3.960 Meter Tiefe.

Zu dieser Zeit tauchten in der Presse Berichte auf, daß die vier vor Ort tätigen Firmen langsam vorankamen. In der Tat ergaben Gespräche mit den Mitarbeitern, daß sie sowohl in erbitterter Konkurrenz zueinander standen als auch offensichtlich bis zur Leistungsgrenze arbeiteten, zumal ein großer Bedarf an weitreichender logistischer Unterstützung abseits der Brunnenköpfe bestand. In unseren Augen schienen sie sich ihrer Aufgabe mit der Hingabe und dem Professionalismus eines Chirurgenteams zu widmen.

Bis Ende März hatten diese vier Firmen, die durch die Santa Fé Corporation (die seit 1963 für die Erstellung der meisten Ursprungsbohrungen in Kuwait verantwortlich zeichnete) koordiniert wurden, rund 40 Hard-Core-Verschlußkappen in Kuwait angebracht. Sie hatten erhebliche operative Schwierigkeiten und wurden durch Minen, Blindgänger der Alliierten, auslaufendes Öl, Wassermangel, fehlende Ausrüstung und Atembeschwerden durch den Rauch behindert. Ihre Aufgabe wäre noch erheblich schwieriger gewesen, hätte es nicht den mutigen Einsatz jener fünfundzwanzigjährigen Mitarbeiterin der Kuwait Oil Company gegeben, die es während der irakischen Besetzung der Stadt Ahmadi, wo das Ölkontrollzentrum in ein militärisches Hauptquartier umfunktioniert worden war und wo Folter und Vergewaltigung zum Alltag gehörten, fertigbrachte, in die Kommandozentrale der KOC einzudringen und die einzige existierende Mikrofilmdatei an sich zu bringen, die die genaue Lage und Einzelheiten über die unterirdischen Quellen der Ölfelder von Ahmadi enthielt. Pat Campbell von der Wild Well Control Inc. machte uns auf diese Leistung aufmerksam und unterstrich die grundlegende Bedeutung dieser Daten.

Jede Quelle brachte ihre eigenen Probleme mit sich und erforderte eine sorgfältige Analyse, bevor der Versuch, den Brand zu löschen und den unkontrollierten Ölfluß zu unterbrechen, gemacht werden konnte. Eine der wichtigsten Techniken zum Verschließen der Quellen ist ein zweistufiges Verfahren. Zunächst wird ein mit Wasser besprühter Bulldozer, der an einem langen Ausleger an der Vorderseite des Fahrzeugs ein mit Dynamit gefülltes Ölfaß trägt, in Position gebracht. Der brennende Brunnenkopf und die glasartige Kruste, die ihn umgibt, werden mit Wasser besprüht, um die Temperatur zu senken und zu verhindern, daß die Arbeiter bei lebendigem Leib geröstet werden. Der Fahrer des Bulldozers hat mit starker Hitze zu kämpfen, während er sich der Quelle nähert und den vulkanförmigen, wabenartigen Kohlekegel, der sich durch das Feuer gebildet hat, aus der unmittelbaren Umgebung der Quelle schleppt. Die gängigste Technik, um den Bulldozer vor der intensiven Hitze zu schützen, ist ein Aufbau aus verzinktem Eisen mit einem kleinen Guckloch für den Fahrer. Der Fahrer setzt das Faß mit dem Sprengstoff vorsichtig auf der einen Seite des Brunnenkopfes ab. Durch die Explosion der Sprengladung wird Sauerstoff aus der umgebenden Luft gesaugt, wodurch das Ölfeuer, zumindest theoretisch, erlischt. Wir haben solche Versuche mehrere Male beobachtet und gefilmt. Zwar verschwanden im Moment der Explosion die Flammen für kurze Zeit, in jedem Fall waren jedoch mehrere Versuche erforderlich, um die Flammen zu löschen.

Über dem heraussprudelnden Öl wurde dann ein großes Rohr angebracht, um eine sorgfältige Inspektion des Brunnenkopfes zu ermöglichen, bevor das Feuer endgültig gelöscht werden konnte. In besonders schwierigen Fällen quillt das Öl aus verborgenen Brüchen und zwingt die Feuerbekämpfer, diagonal zum Boden der Ölquelle hin zu bohren. Dann wird Schlamm in diesen Entlastungsbrunnen gepumpt, der in den Hauptbrunnen fließt und den Ölfluß unterbricht.

Wie auch immer – es bleibt eine äußerst gefährliche Arbeit. Die Feuerbekämpfer sind daran gewöhnt, mit Problemen wie Giftgas (Schwefelwasserstoff) fertig zu werden oder an Brunnen zu arbeiten, die sich plötzlich entzünden, während sie dabei sind, den Ölfluß zu stoppen, aber sie sind nicht daran gewöhnt, ihre Arbeit mitten in Minenfeldern oder zwischen Blindgängern der von den Amerikanern geführten alliierten Streitkräfte durchzuführen. Wie ein alter Mitarbeiter sagte: »Du brauchst Froschaugen, um lebend herauszukommen.« Aber sie spielen mit hohen Einsätzen. Die Ölbrandbekämpfung läßt sich nicht wie ein normales Geschäft vermarkten. Entweder eine Quelle fliegt in die Luft und erfordert sofortigen Einsatz, oder sie tut es nicht. Es ist ein unsicheres Geschäft, das durch steigende Sicherheitsstandards und technische Verbesserungen sowie durch sinkende Ölpreise und die Schließung von Ölquellen beeinträchtigt wird. Bislang war 1980 das beste Jahr für Boots and Coots, als sie 64 Brunnen unter Kontrolle brachten. 1990 war diese Zahl auf 27 gesunken, und man begann sich zu fragen, woher das nächste Geschäft kommen würde. Saddam Husseins Sabotage erlaubt der Firma und ihren Mitarbeitern für ein paar weitere Jahre ein komfortables Auskommen. Während geschickte Arbeiter bisher in einem guten Jahr rund 100.000 Dollar verdienen konnten, hat die derzeitige Krise es möglich gemacht, 1991 bis zu 500.000 Dollar und 1992 sogar noch mehr zu verdienen.

Aber für Kuwait stand viel mehr auf dem Spiel. Regierungsverantwortliche haben berechnet, daß täglich bis zu sechs Millionen Barrel durch Feuer oder Auslaufen verlorengingen und daß bis zu fünf Prozent der gesamten Reserven verschwinden könnten, bevor man Herr der Lage ist. Dies war an sich schon schlimm genug, doch nicht nur der Verlust von Reserven löste Alarm aus. Unter der Erde fanden dramatische Veränderungen der geologischen Struktur der Ölfelder statt. Kuwaits Ölreserven sind einzigartig ob ihrer Oberflächennähe und aufgrund der

Tatsache, daß die meisten Ölfelder vor der Sabotage durch natürlichen Wasserdruck strömten. Diese Umstände machten es zum Öl mit den billigsten Förderpreisen der Welt, rund 1 Dollar pro Barrel, im Vergleich zu 1,50 Dollar in Saudi-Arabien und rund 6 Dollar in den USA. Die plötzliche Öffnung von über 500 Ölquellen wirkt, als wenn man die Verschlußklappe von einer Sodaflasche entfernt und die Kohlensäure herausläßt.

Unter normalen Umständen wird der Ölfluß jeder Quelle sehr sorgfältig kontrolliert, um größere Störungen in den unterirdischen Öl- und Wasserschichten zu verhindern. Die kuwaitischen Ölfelder bestehen aus einer Reihe übereinanderliegender Schichten undurchlässigen Schiefers und porösen Felsgesteins. Das Öl schwimmt in den Poren von Sandstein oder Kalkstein und strömt, von einer Schieferhaube gehalten, auf der Oberfläche einer Wasserader. Die Rohre der Ölbrunnen durchstoßen diese Schichten und werden sorgfältig so angeordnet, daß perforierte Rohrabschnitte durch ölhaltige Gesteinsschichten führen, während wasserführende Schichten von unmodifizierten Rohren durchquert werden. Das Öl ist mit Gas durchsetzt, das die Lagerstätte unter Druck hält. Infolge der irakischen Sabotage gab es keine Möglichkeit, den Fluß zu kontrollieren, so daß derartige Mengen Öl und Gas entwichen, daß der Druck abfiel, geologische Formationen zerbrachen und das unterirdische Wasser sich mit Öl vermischte und auf diese Weise beides, das Öl und das für die natürliche Vegetation und die Landwirtschaft so wichtige Grundwasser, verunreinigt wurden. Mit den Worten Allana Sullivans, die am 26. April im Wall Street Journal schrieb, ausgedrückt: »Kuwaits Ölfelder verlieren etwas von ihrer göttlichen Spritzigkeit.«

In der letzten Märzwoche wurde der erste Ölbrunnen in diesem Kampf verschlossen. Er hatte täglich 15.000 Barrel in die umliegende Wüste gespien und massive örtliche Verschmutzung verursacht, ganz zu schweigen von seinem Beitrag zum Druckabfall innerhalb des Ölfelds.

Die Quellen

1 Strabo
Erdbeschreibung in siebzehn Büchern
Übersetzt von C. G. Groskurd
Berlin und Stettin 1831–1834

2 Fabricius, B.
Der Periplus des Erythräischen Meeres; von einem Unbekannten
Leipzig 1883

3 Baumhauer, Otto (Hrsg.)
Arabien (Dokumente zur Entdeckungsgeschichte I)
Stuttgart 1965
Abdruck mit freundlicher Genehmigung von Prof. Dr. Otto A. Baumhauer

4 Goergens, E. P. (Hrsg.)
Arabische Quellenbeiträge zur Geschichte der Kreuzzüge
Band 1, Berlin 1879; Nachdruck 1975

5 Phillips, G.
Mahuan's Account of Cochin, Calicut and Aden
in: Journal of the Royal Asiatic Society, 1896
Übersetzung: U. Keller

6 Birch, Walter de Gray
The Commentaries of the Great Afonso Dalboquerque
Band 1, London 1875
Übersetzung: U. Keller

7 Thevenot, Jean
Des Herrn Thevenot Reysen in Europa, Asien und Africa
Frankfurt/Main 1693

8 Rocque, Jean de la
Voyage de l'Arabie Heureuse
Paris 1716
Übersetzung: U. Keller

9 Niebuhr, Carsten
Reisebeschreibung nach Arabien und den umliegenden Ländern
Kopenhagen 1774

10 Buckingham, James
Silk Travels in Assyria, Media, and Persia
London 1829; Reprint Westmead (England) 1971
Übersetzung: U. Keller

11 Tamisier, Maurice
Die Einwohner von Dschedda
Das Ausland
Heft 17, 1840

12 Nostitz, Pauline Gräfin
Johann Wilhelm Helfers Reisen in Vorderasien und Indien
Leipzig 1873

13 Rödiger, E. (Hrsg.)
Wellstead's Reisen in Arabien
1. Band, Halle 1842

14 Wrede, Adolph von
Reise in Hadhramaut
Braunschweig 1870

15 Doughty, Charles
Travels in Arabia Deserta
Band 1, Cambridge 1888
Übersetzung: U. Keller

16 Haffter, Ernst
Briefe aus dem Fernen Osten
5. Auflage, Frauenfeld 1898 (Huber)

17 Euting, Julius
Tagebuch einer Reise nach Inner-Arabien
1. Theil, Leiden 1896

18 Müller, Dav. Heinrich von; Rhodokanakis, N. (Hrsg.)
Eduard Glasers Reise nach Marib
Wien 1913

19 Bent, James Theodore
Exploration of the Frankincense Country, Southern Arabia
in: Journal of the Royal Geographical Society, 1895
Übersetzung: U. Keller

20 Auler Pascha
Die Hedschasbahn
in: Petermanns Geographische Mitteilungen, Ergänzungsheft 161, 1908

21 Lawrence, Thomas E.
Die sieben Säulen der Weisheit
aus dem Englischen von Dagobert von Mikusch
München 1936
© Paul List Verlag

22 Weisl, Wolfgang von
Zwischen dem Teufel und dem Roten Meer
Leipzig 1928 (Brockhaus)

23 Weiss-Sonnenburg, Hedwig
Zur verbotenen Stadt Sanaa – eine Reise von Abessinien nach Arabien
Berlin 1928
Es ist nicht gelungen, einen Rechtsinhaber ausfindig zu machen. Berechtigte Ansprüche werden von der Herausgeberin abgegolten.

24 Muhammad Asad
Der Weg nach Mekka. Reporter, Diplomat, islamischer Gelehrter: Das Abenteuer eines Lebens
Hamburg und Zürich 1992
Es ist nicht gelungen, einen Rechtsinhaber ausfindig zu machen. Berechtigte Ansprüche werden von der Herausgeberin abgegolten.

25 Helfritz, Hans
Im Land der Königin von Saba
2. Auflage, Wiesbaden 1953
© Eberhard Brockhaus Wiesbaden

26 ***ARAMCO-Handbook for American Employees***
hrsg. von Roy Lebkircher, George Renz und Max Steineke
New York 1960
Übersetzung: U. Keller
Es ist leider nicht gelungen, mit der Saudi-ARAMCO Kontakt herzustellen. Berechtigte Ansprüche werden von der Herausgeberin abgegolten.

27 Thesiger, Wilfred
Die Brunnen der Wüste – Mit den Beduinen durch das unbekannte Arabien
München 1959
© Piper Verlag GmbH

28 Rautenbach, Liselotte
Fatime. Als Hofärztin im Harem König Ibn Saud's
Hamburg und Uelzen1958
© Medizinisch-literarische Verlagsgesellschaft Uelzen

29 Reisch, Max
König im Morgenland – Im Auto durch Saudi-Arabien
Berlin, Frankfurt/Main und Wien 1954
Abdruck mit freundlicher Genehmigung von Herrn Dipl.-Ing. Peter Reisch

30 Boustead, Hugh
The Wind of Morning – the Autobiography
London 1979
Übersetzung: U. Keller
Abdruck mit freundlicher Genehmigung von Mrs. A. L. West

31 Bibby, Geoffrey
Dilmun – Die Entdeckung der ersten Hochkultur
Deutsch von Gustav Kilpper
Reinbek bei Hamburg 1973
© Rowohlt Verlag GmbH

32 Mueller, John Henry
Beduinen und Computer – Quer durch Saudi-Arabien
Zürich 1974
Es ist nicht gelungen, einen Rechtsinhaber ausfindig zu machen. Berechtigte Ansprüche werden von der Herausgeberin abgegolten.

33 McKinnon, Michael; Vine, Peter
Quellen der Finsternis. Welche Auswirkungen hat die ökologische Katastrope am Golf?
Köln 1991
© vgs Verlagsgesellschaft

Alte Texte wurden behutsam heutigen Lesegewohnheiten angepaßt.
Einschübe der Herausgeberin in den Originaltexten sind in eckige Klammern gesetzt.

»*Das andere Reisebuch*« - Bücher zum Schmökern für Touristen und Daheimgebliebene, für kulturhistorisch und politisch Interessierte mit einem Hauch von Abenteuer.

Ulrike Keller (Hrsg.)
REISENDE IN ÄGYPTEN
2200 v. Chr. - 2000 n. Chr.
Ein kulturhistorisches Lesebuch
232 Seiten, br., € 17,90/sFr. 32,50
ISBN 3-85371-169-3

Ägypten, das Land zwischen Wasser und Wüste, fasziniert die Menschheit seit Jahrtausenden. Ebensolange existieren Reiseberichte über die unterschiedlichen Kulturen am Nil. Mit dem ägyptischen Prinzen Herchuf, der seinem Pharao vor 4200 Jahren einen Zwerg aus Nubien an den Hof nach Memphis brachte, beginnt das vorliegende kulturhistorische Lesebuch. Es wurden 34 Originalberichte aus fünf Jahrtausenden zusammengetragen und daraus ein kulturgeschichtliches Panorama Ägyptens vom Alten Reich bis in das 20. Jahrhundert erstellt. Es enthält antike Quellen über Alexander den Großen, Kleopatra und Mark Anton, Erzählungen von christlichen Pilgern und Kreuzrittern.

Ulrike Keller (Hrsg.)
REISENDE IN DEN USA
1541-2001
Ein kulturhistorisches Lesebuch
232 Seiten, br., € 17,90/sFr. 32,50
ISBN 3-85371-186-3

38 Berichte aus fünf Jahrhunderten als farbiger Streifzug durch die Geschichte der USA. Den Anfang macht die spanische Expedition, die 1541 den Grand Canyon entdeckte. Der aus dem Amt scheidende Präsident Washington bereitet seine Heimreise vor. Ein Sioux-Indianer erzählt vom Leben und Untergang seines Volkes, ein Millionär vom Beginn seines Arbeitslebens, ein Schwarzer von seiner Sklavenzeit und ein junges Mädchen von einer Reise durch das vom Bürgerkrieg verwüstete Land. Darüber hinaus berichten britische, französische und deutschsprachige Forscher, Siedler und Abenteurer von der mühseligen Eroberung des Westens. Am Beginn des 20. Jahrhundert steht ein Text zu den Flügen der Gebrüder Wright und am Ende ein Bericht von John Updike über die Zerstörung des World Trade Center in New York.

PROMEDIA

Fordern Sie unseren Gesamtkatalog an bei:
Promedia Verlag · Wickenburggasse 5/12 · A-1080 Wien
Fax 0043/1/405 71 59 22 · E-mail: promedia@mediashop.at